中国史学永恒魅力十八讲

陈其泰　刘永祥　著

中国出版集团有限公司

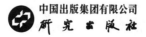研究出版社

图书在版编目 (CIP) 数据

中国史学永恒魅力十八讲 / 陈其泰, 刘永祥著.
-- 北京 : 研究出版社, 2024.7
ISBN 978-7-5199-1666-4

Ⅰ.①中… Ⅱ.①陈… ②刘… Ⅲ.①史学 – 中国
Ⅳ.①K092

中国国家版本馆CIP数据核字(2024)第070478号

出 品 人：陈建军
出版统筹：丁　波
责任编辑：谭晓龙

中国史学永恒魅力十八讲
ZHONGGUO SHIXUE YONGHENG MEILI SHIBAJIANG
陈其泰　刘永祥　著
研究出版社 出版发行
（100006　北京市东城区灯市口大街100号华腾商务楼）
北京新华印刷有限公司印刷　新华书店经销
2024年7月第1版　2024年7月第1次印刷
开本：710毫米×1000毫米　1/16　印张：23.125
字数：241千字
ISBN 978-7-5199-1666-4　定价：69.00元
电话（010）64217619　64217652（发行部）

目　录

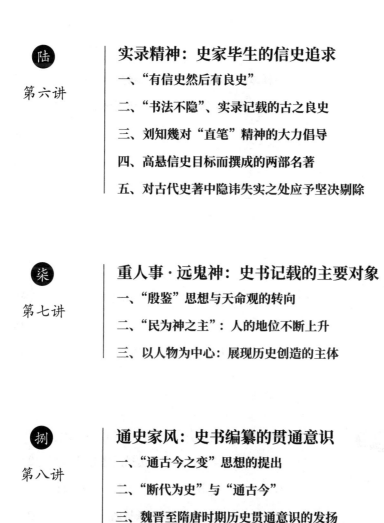

第一讲

史学：展现中华文化独特魅力的新视角

　　中华文化的优良传统是我们民族的血脉，也是今天实现中华民族伟大复兴的强大精神动力。在当前激烈的国际竞争中，我们要立于不败之地，就必须不断提高国家的文化软实力，大力弘扬优秀的传统文化，增强民族自信心，激发民族伟大的创造力。习近平总书记说："提高国家文化软实力，要努力展示中华文化独特魅力"；"把跨越时空、超越国度、富有永恒魅力、具有当代价值的文化精神弘扬起来"；"要系统梳理传统文化资源，让收藏在禁宫里的文物、陈列在广阔大地上的遗产、书写在古籍里的文字都活起来"（《人民日报》2014年1月1日1版）。

　　因此，当前，努力展现中华文化独特魅力的工作既有重大的学术价值，又有重大的现实意义。而要实现这一目标，历史学科负有光荣的任务，而且具有独特的优势。因为，第一，史学是文化的重要载体，古代优秀文化传统，历代志士仁人的卓越建树，大量的是靠历代史籍记载下来。第二，传统史学源远流长，高度发达，举世公认，形成了三大特点，历史记载长期连续，史书内容极其丰富，史书体裁形式多种多样。古代史家这种重视传承、又勇于创新的精神，本身就是留给后人的一笔宝贵思想财富！我们要努力做好发掘、总结的工作，从历史学这一新视角系统梳理文化资源，让史籍中记载的珍贵内容都活起来，展现中华文化的独特魅力，并且推动中国学术走向世界！

一、深入发掘古代史学名著所蕴涵的深刻哲理和高度智慧

中国古代史书体裁的丰富多样，体现出中华文化的博大精深。《四库全书总目》将史书体裁区分为十五类：正史、编年、纪事本末、别史、杂史、诏令奏议、传记、史钞、载记、时令、地理、职官、政书、目录、史评。而几乎每一种体裁都经过了长期发展，并产生出优秀之作。正如梁启超所言："中国各种学问中，惟史学为最发达；史学在世界各国中，惟中国为最发达。"（梁启超：《中国历史研究法》，《饮冰室合集》专集之七十三）更加令世人叹服的，是中国历史记载的长期连续，成为中华五千多年文明不竭的创造力的明证。拿几个文明古国来说，古代希腊有著名的历史著述，后来没有了。古代埃及几经波斯人、希腊人、罗马人、阿拉伯人征服

而灭亡，这期间谈不上有自己的历史著述，埃及古代史上有许多无法解决的疑问，连著名的《伊浦味陈词》究竟是说明古王国末期还是中王国末期的情况，至今学者都弄不清楚。古代印度只有宗教经典和传说，而几乎没有历史记载。

　　外国学者高度赞誉中国历史记载的世代相续、绵延不断。黑格尔将古代印度几乎没有历史记载与中国典籍的丰富相对比，感叹说："中国人具有最准确的国史……中国凡是有所设施，都预备给历史登载个仔细明白。印度则恰好相反。"（黑格尔：《历史哲学》）弗朗斯瓦·魁奈同样赞誉中国史书编纂的传统："历史学是中国人一直以其无与匹伦的热情予以研习的一门学问。没有一个国家如此审慎地撰写了编年史，也没有什么国家这样悉心地保护自己的历史典籍。"（弗朗斯瓦·魁奈：《中华帝国的专制制度》）著名的科技史家李约瑟在其《中国科学技术史》第一卷总论中称中国是"最伟大的有历史编纂传统的国家之一"，"尽管朝代的称号不断变化，但每一朝代都有史官专门记载不久前发生和当代发生的事件，最后编成完整的朝代史。这些史书表现的客观性和不偏不倚的态度，最近还曾有德效骞与修中诚加以赞扬和描述"。

　　从黑格尔到李约瑟诸多外国学者给予盛赞，每一个中国人都会为此感到自豪。他们赞扬中国人对历史记载的饱满热情和高度重视，赞誉中国历史记载的长期连续和高度准确，赞扬历史文献在中国受到悉心保护和史官所持的审慎、客观的态度；而且外国学者是从中国与其他国家相比较而得出的认识，由此而道出中国文化具有的特质。我们难道不应该以开拓创新的精神，对这样具有重要价值的中国历史编纂学发展史，作深入的发掘和总结吗？

不仅如此。这项研究工作更加深层的意义还在于：我们站在当今时代高度，除了总结中国古代历史记载的长期连续、制度的严密和文献价值的宝贵以外，还要大力进行创造性的阐释，发掘出古代中国历史编纂学所蕴涵的创造的力量、深刻的哲理和高度的智慧，由此进一步展示中国传统文化独特的魅力。

例如，对于《史记》这部古代史学名著，我们从历史编纂学这一视角，能对其杰出成就进行许多极具价值的新探索，并且得出具有中西学理融通意义的新概括。首先，司马迁创立的体裁实现了中国史学的巨大飞跃，其深远影响长达两千多年。先秦主要史书体裁是编年体，司马迁继承了其年代线索清晰、叙事简洁的优点，克服了其记载范围不够广阔、一事前后隔越数卷的缺点，而创立了"五体"结合的纪传体裁，容量广阔，诸体配合。在内容上，贯彻了"通古今之变"的指导思想，从五帝时代一直写到汉武帝。本纪是全书的纲领，记载政治、经济、军事等各项大事，其余各篇表、书、世家、列传都围绕本纪展开，作为对本纪的补充，各个部分互有分工，而又有机结合，使全书成为一个整体，因而被后代史家称为著史之"极则"。今人史学评论文章中每每提出要"宏大叙事""全景式著史"，或者《史记》的体裁和内容才足以真正与之相副。

其次，司马迁的体裁创造，又包含着深刻的哲理思考。《史记》"五体结合"的史书形式能够成立的内在根据是什么？其成功的奥秘又在哪里？其根据和奥秘，就是多维度、多视角、多方位地观察和叙述历史。换言之，司马迁苦心擘画，其著史目的是要使读者明了事件发生、演变的年代先后，了解历史变局的因果关系，睹见人物这一历史创造主体的活动和风采，同时又能知晓治理国家和传承文明所依赖的各种典章制度和复杂的社会情状。"多维历史视野"，是一种抽象和概括，以此可以更清晰地揭示出：司马迁在哲理高度和认识本原上，发现、掌握了如何再现客观历史进程的根本要领和途径。这是司马迁杰出创造才能在哲学思维上的体现，是笼罩《史记》全书的哲学光华。

惟其成功地运用了多维度历史视野，而非单线式、单角度的观察，他呕心沥血著成的《史记》才为我们展现了华夏民族有史以来全景式的、丰富、生动的画卷，有血有肉，内涵深刻，令读者百读不厌，感悟奋起！正因为"多维历史视野"符合从广度和深度再现客观历史进程的需要，因此《史记》体裁不仅成为传统史家著史之"极则"，而且在进入二十世纪以后，成为梁启超、章太炎设计以"新综合体"撰著中国通史的原型，他们共同地继承了《史记》诸体配合、容量广阔的格局，在此基础上根据时代的需要加以改造和再创造。同样极具启发意义的是，1956年旅美学者邓嗣禹先生在其撰写的文章中，还提出可以依照《史记》的体裁纂修一部美国史（邓嗣禹：《司马迁与希罗多德之比较》，《历史语言所研究集刊》1956年第28卷）。这些事例生动地证明了：正因为司马迁"多维历史视野"在哲理上具有宝贵的价值，因而影响极其深远！

再次，《史记》以记载人物活动为中心，是对人在创造历史活动中的作用的充分肯定。全书一百三十卷中，传记占了七十卷之多，记载了文臣武将、谋士能吏、学者说客，以及游侠、刺客、医生、卜者、滑稽倡优、工商业者等各阶层人物。司马迁以生动而饱含感情的笔触，记述他们语言、行事，塑造他们栩栩如生的性格，其中如记载伍子胥、信陵君、廉颇、蔺相如、屈原、聂政、荆轲、苏秦、张仪、李斯、萧何、韩信、张良、樊哙、刘敬、叔孙通、周勃、周亚夫、李广、汲黯等人物活动的篇章，令读者千载之后读之，犹活现于眼前。

列传叙事手法尤为出色之处是，既有贯通全书的成熟、严谨的体例，又能根据需要灵活运用。《李斯列传》即为典型篇章，此篇无论从李斯对历史进程的影响或是从记载史实的复杂程度而言，在七十列传中都占据着重要地位，如何撰写，司马迁尤作了苦心经营。前半篇，集中记载李斯本人入秦前后的行事，而到了后半篇史家记述的格局却明显变化。原因何在？这是因为，此前所记主要是李斯本人的活动，而后面则是李斯与赵高、秦二世三人的所为纠集在一起，史家组织材料的方法就由单线条叙述变为多线条结合的记述。后半篇的内容超出了李斯本人的传记，是写李斯、赵高、秦二世三人在秦帝国晚期阴谋策划、倒行逆施，最终覆灭的下场。既写李斯应负的历史罪责，又刻画了阴谋家赵高、暴君秦二世的面目。李斯后期的所作所为自然是其原先性格、行事在新的条件下的发展，而赵高和秦二世二人是最终葬送秦皇朝的祸首，由于无法单独写此两人，也无法放在《秦始皇本纪》中去写，而其行事与李斯紧密联系，因此采取多线条结合的手法，集中记载于此。司马迁这种剪裁和组织手法不但巧妙，而且使历史画卷内容更加丰富，情节曲折动人，寓含极其深刻的教训。这样，《李斯列传》后半篇便与《秦始皇本纪》相辅相成，构成秦皇朝由统一到走向灭亡的全景图。这就说明，《李斯列传》的记载是以李斯的活动为主线，而为了再现秦朝最后覆亡之历史的需要，史家又有意突破个人传记写法的常轨，采取多线条结合的写法，让此篇与《秦始皇本纪》互相配合，以完整地写出秦皇朝如何由成功的顶点，到经由赵高、秦二世、李斯之手而迅速灭亡的！明代学者茅坤即评论说："此是太史公极用意文，极得大体处。学者读《李斯传》，不必读《秦纪》矣。"（《史记钞》）

而对于记载经历不太复杂的人物，如《蒙恬列传》《刘敬叔孙通列传》等，司马迁也有巧妙、周密的安排，做到主线清楚，又有恰当的烘托手法，因而生动地写出了人物的性格、行事，又表明了他们对时代的影响。总起来说，《史记》中无论是鸿篇巨制或是所载内容不甚复杂的篇章，司马迁无不匠心独运，力求达到内容和形式的尽善尽美。他从再现历史进程的需要出发，既有通盘考虑的严密体例，而在具体运用上又根据情况作灵活变通，在必要时突破成例，因而被章学诚称誉为体圆而用神（《文史通义·书教下》）。

二、体裁发展的动力源于史家创造精神

中国史家在历史编纂上的创造精神，又体现于不同时期史家对同一体裁的运用，并非一成不变，而是因时制宜，加

以发展，重视加进新内容。以下仅举出若干典型事例加以证明。

譬如，《史记》所创立的体裁历代最为重视，称为"正史"，长期效法。实则此后纪传体经历过三次重要的创造。一是东汉初班固撰成《汉书》，改变司马迁的纪传体通史为纪传体断代史，并且去掉"世家"，因而实现了意义重大的创造，这种以朝代的兴废为起讫、详一代之治乱的编纂形式恰恰与中国历代封建皇朝周期性更迭的现象相适应，因而为后代正史纂修者沿用不改。二是陈寿著《三国志》，他记载的对象是东汉末全国统一局面遭到破坏之后出现的魏、蜀、吴三国历史。它们合起来代表着一个历史时期，并且鼎峙的三国互有密切的关系，三国虽是分立的政权，但它是全国统一过程中短时期出现的分裂，至西晋建立全国又重归统一。因此陈寿不将三国各立一史，而是同置于一书之中，既要写出三国的兴灭，又要写三国彼此之间紧密的关系。这又是一个出色的创造，既如实记载了三国的分立，又体现出在全中国大格局之内经过暂时分裂而最终走向统一这种历史的实质和发展的趋势。至唐初修《晋书》，在全书纪传体总格局之内，设立"载记"三十篇，分国记述前赵、后赵、前燕、前秦、后秦、成汉、后凉、后燕、西秦、北燕、南凉、南燕、北凉、夏等十四个政权，它们基本上都是五胡所建，形成短暂割据的纷乱局面。唐代实现了历史上空前规模的统一，《晋书》的编纂贯彻了唐太宗华夷一家的思想，加强国家统一观念，在三十篇"载记"中，只称"僭伪"，不辨华夷，以示四海一家。三是同在唐贞观年间由李延寿撰成的《南史》《北史》。这两部书是在《宋书》《南齐书》《梁书》《陈书》《魏书》《北齐书》《周书》《隋书》八书的基础上编纂而成。李延寿打破八书各记一朝、各自为书的界限，而贯通南北各朝，总为二史，因而在纪传体史书体系中别开生面地创立了记载一个历史时期通史的独特体裁。以往处于南北朝对峙时期，"南书谓北为'索虏'，北书指南为'岛夷'"，至此局面完全改观。其后，《史通》《旧唐书·经籍志》等载录史籍，均列《南史》《北史》为通史。由于将南朝、北朝都作贯通的记载，因而在内容和篇目上减少了许多重复，原来头绪纷繁之史，也变得比较简明易读了。

以下再举出编年体、纪事本末体演进过程中显示出史家非凡创造力的例证。同是编年体，《春秋》记载简略，只有简单的事目，而《左传》则是一部记载翔实、生动的春秋史，它记述了包括事件、制度、氏族、社会生活等广泛的内容，而且有人物的活动，如齐桓公、晋文公、郑子产等。但《左传》的缺点是体例庞杂，对于无年可考或不便于分散于年月之下的史事没有能做出适当的安排。荀悦《汉纪》依据《汉书》的内容作了改编，而创立了编年体断代史的成熟的体制。经过荀悦成功的改编、重写，克服了《汉书》"文繁难省"的缺点，被刘知幾誉为"历代宝之，有逾本传"。北宋司马光在其助手刘攽、刘恕、范祖禹帮助下完成的《资治通鉴》，记载内容上起战国，下迄五代，合一千三百六十二年史事为一书，共计二百九十四卷，更是一部编年体通史的空前巨著。《通鉴》改变了以往编年体史书只能断代为史的狭小规模，如学者所赞誉的，"编年之史，备于司马氏"（胡应麟：《史书占毕》卷一），"此天地间必不可无之书，亦学者必不可不读之书也"（王鸣盛：《十七史商榷》卷一百）。在相当长时间内，有不少史家尝试过改变班固以后断代为史相沿成习的格局，创作贯通古今的通史。南北朝时有《通史》《科录》的撰修，刘知幾曾发愿对旧史"普加厘改"，杜佑《通典》叙述历代典章制度的沿革，都是想朝着这个方向去努力。司马光是在北宋时期经济文化进一步发展所提供的基础上，以十九年艰苦努力，耗尽心血，才完成了这样一部巨著。自从有了《通鉴》这部杰作，曾经一度中衰的编年体史书体裁得以重振雄风，令人刮目相待。清人浦起龙曰："上起三国，下终五代，弃编年而行纪传，史体偏缺者五百余年，至宋司马氏光始有《通鉴》之作，而后史家二体，到今两行，坠绪复续，厥功伟哉！"（《史通通释》卷十二）从内容上说，《通鉴》按年月日记载了千余年错综复杂的历史事件的发生、发展和结束，记述了历史人物，记述了典章制度，记述了各种议论，内容丰富翔实。因而人们将司马光的成就与司马迁相提并论，称为前后"两司马"。

三、时代剧变推动历史编纂的新创造

进入近代以后，历史编纂翻开了新的一页。由于御侮图强、了解外部世界成为紧迫的时代课题，历史编纂学作为社会意识形态的一部分，就必须反映时代要求，在内容和格局上实现跨越和突破。魏源极其敏锐地感受到时代的迫切需要，他明确地提出："地气天时变，则史例亦随世而变。"（《海国图志》卷五《叙东南洋》）说明他有过人的智慧，自觉地把实现历史编纂的革新作为自己的目标，因而既能成功地继承传统，又勇于超越传统。他对典制体加以改造，充分发挥其容量广阔、灵活设立志目的特点，大量介绍当时国人所急迫需要的外国史地及社会制度知识，同时灌注了呼吁抗击侵略的新内容，纂成《海国图志》这部爱国主义的先驱名著，该书不仅风行海内，而且远传日本。此后，徐继畬、黄遵宪、王韬同样用改造了的典制体，分别纂成《瀛寰志略》《日本国志》《法国志略》，在新的时代条件下一再表现出中华民族的文化创造力，并为十九、二十世纪之交"新史学"思潮的涌起准备了条件。

魏源《海国图志》初稿五十卷本成书于道光二十二年（1842）十二月，时距南京条约签订才四个月。后于道光二十七年（1847）增订为六十卷，咸丰二年（1852）再次增订为一百卷。全书包括论（《筹海篇》一至四）、图（各国沿革图）、志（志东南洋海岸各国、志东南洋各岛、志大西洋欧罗巴各国、志北洋俄罗斯国、志外大洋弥利坚等）、表（西洋各国教门表、中国西洋纪年表等）以及附录（《夷情备采》《器艺货币》等）。黄遵宪《日本国志》是他在驻日使馆参赞任上创稿的。光绪八年（1882）春他由日本调任美国旧金山总领事时已写出初稿。至光绪十一年（1885）秋黄遵宪由美告假回国后又继续编纂，历二年最后完成，时为光绪十三年（1887）夏。全书共四十卷，分为十二"志"（国统、邻交、天文、地理、职官、食货、兵、刑法、学术、礼俗、物产、工艺），并配合以"表"（《中东年表》，东指日本）和"论"

（各卷几乎都有序论或后论，且有不少长达数千字）而成。

《海国图志》《日本国志》的撰写目的，都可以用"救亡图强"来作概括，但又明显地反映出近代史进程不同的阶段特点。前者主要服从于反抗英国武装侵略这一紧迫需要。魏源介绍外国史地，特别注意搜求外国人的记载，"以西洋人谭西洋"，力求可靠。他绝不是将材料平摆罗列，书中介绍外国史地明显地贯串着反侵略思想这一主线，点明书各部分都直接间接地服务于对付英国这一当时的主要敌人。

黄遵宪的撰述意图，在《日本国志书成志感》诗中有深刻的反映，他目睹中国处于风雨如磐的险恶局势中，怀着满腔"忧天热血"，把日本明治维新的成效作为自己国家的千秋史鉴，同时着意介绍西方国家的发展取向。所以他提醒人们《日本国志》实际上是一部政论，书中有他开出的医治祖国积弱的药方。黄遵宪在《日本国志·凡例》中还强调说："检昨日之历以用今日则妄，执古方以药今病则谬，故俊杰贵识时；不出户庭而论天下事则浮，坐云雾以观人之国则暗，故兵家贵知彼。日本变法以来，革故鼎新，旧日政令，百不存一。今所撰录，皆详今略古，详近略远。凡牵涉西法，尤其详备，期适用也。"这同样表明：在《日本国志》中，他汇合了考察日本"维新"和后来在美国直接考察"西法"两个认识过程的结晶，目的就是为了治愈中国"今日之病"。

《海国图志》和《日本国志》在历史编纂学史上的共同宝贵价值，是创造性地运用典制体以容纳具有时代色彩的内容。在中国史学史上，典制体向为有识史家所重视。司马迁的"八书"、班固的"十志"都是典制体的杰作。以后，又发展为大型的典制体史书，最著名的有《通典》《通志》《文献通考》。典制体在传统史学中占据这样重要的地位，近代史家魏源、黄遵宪又如此重视，其中有深刻的原因。最主要有两条。一是它适合于反映社会史的丰富内容。史书是记述人类活动的，人类史包括多种因素、多个侧面，同时又可储备各种知识。在近代，迫切需要了解外国的历史、地理、制度文化，典制体史书正适合囊括这些内容。二是具有灵活性。这种体裁没有固定的框框，可根据需要调整，可以灵活变通。魏源、黄遵宪运用典制体的成功，也启发了今天的史家。

站在当今时代，回视三千年中国史学起伏跌宕的壮阔历程，我们深感先辈惠饷给我们的遗产至为珍贵而丰厚，深感到我们继承发扬、向前拓展的任务艰巨而光荣！中国传统史学长期连续发展，成就璀璨光华，它是中华民族五千多年文化的载体，在历史上为推进统一多民族国家的发展和文化认同作出了无可比拟的巨大贡献，同时又有力地展示出中华文化的基本特质和独特魅力。对于近现代史学，从文化视角这一崭新的切入点进行考察，也能得出一系列的新创获：从近代史开端时期魏源《海国图志》的编纂，到黄遵宪《日本国志》的著成，乃是晚清时期志士仁人呕心沥血探索救亡图强道路的结晶。至二十世纪前期形成了新史学流派、新历史考证学和马克思主义史学流派，鼎足而三，交相辉映。先辈们精勤治学，自觉继承祖国学术的优良传统，同时勇立中西文化交流的潮头，成就斐然，因而将中国史学的优良传统推向新的阶段。围绕三大流派的形成、传承、成就、风格等项，同样有大量新课题值得我们发掘和研究。

当前，我们正处在社会主义学术文化发展的黄金期，党和国家对历史研究和创造性阐释传统文化高度重视，社会主义经济的迅速发展为学术文化事业提供了有力的物质支持！尤其是，我们有理论指导的优势。唯物史观传入中国，至今已有百年。这中间，虽然有不少曲折、不足和教训，但总的来说，中国学人经过实践、反思和探索，形成了自觉地以唯物史观为指导、将其基本原理与中国历史实际相结合、创造性地运用的优良传统，这是中国学人独具的学术品格。这种学术品格的形成是同传统文化的精华与唯物史观原理相通有着密切的关系。这么大的国度，史学遗产这么丰厚，史学队伍如此人数众多，而经过长期的锤炼，形成了创造性运用唯物史观的学术品格，这是一件了不起的大事情，也是我们必须珍惜和发挥的巨大优势。有正确的理论指导，我们就能不断提高科研水平。当前，学术界创新意识普遍强烈，学者们力戒因循守旧，力求有新的创造，与时俱进，既发扬本国优良传统，又大力吸收西方新学理，做到善于鉴别，综合运用。我们一定要把握大好机遇，艰苦努力，不断提出具有主体性、独创性价值的新观点，迎接新时代学术更加美好的未来！

第二讲
史学经典与中华民族文化基因的锻造

文化基因是民族特质和生命力的集中体现，是数千年奋斗前行的中华民族躯体内流淌的血脉，是民族精神的根基。中华民族文化基因的锻造形成是一个历史过程，经历了漫长的孕育、产生、壮大，又在严峻考验中得到淬厉而升华。

大体而言，从黄帝时代至夏、商时期，是萌发阶段；西周至春秋战国时期，是产生和光彩展露阶段，其标志是《尚书》《周易》《论语》《孟子》《左传》《国语》及其他战国诸子文献中对民族文化基因的一些特征、智慧作了极其简要的概括，成为著名的古训，这是民族文化基因的重要渊源，也是后代卓荦人物认识中华文明特质并加以阐释的纲领；秦汉以后至明代，是民族文化基因壮大和芳华盛放阶段，众多政治家、思想家和有为之士结合所处时代特点，吸收新的智慧，对民族文化基因做了出色的丰富、提升，为汉唐盛世的出现和古代文化的光辉灿烂提供了创造的凭借和睿思卓识，在此漫长时期中也有过严峻的考验、磨难，但依靠文化基因的优良和坚韧，中华民族得以衰而复振、蹶而复起；自清初至二十世纪，民族文化基因在社会趋势走向近代、救亡图强思潮涌起的新环境中得到淬厉、升华，凤凰涅槃，为民族伟大复兴提供助力。

中华民族穿越历史上几千年狂风暴雨、曲折磨难，发皇壮大、坚不可摧，至今成为世界人口最多的民族并焕发出蓬勃生机，她的文化基因一定具有醇美质朴、蕴蓄深厚、广纳互通、绵延持久的优良品格，因而在历史长河中不断吸收时代的营养而得到提升。毫无疑问，各个时代的文化经典都为民族文化基因的形成和发展作出贡献。然则《史记》因其得天独厚的时代机遇和生动记述汉武帝时期以前全部历史与文化的宏富内容，而理所当然地最受人们关注。这部史学宝典对锻造与提升中华民族文化基因的贡献，主要体现在五个方面。

一、弘扬传统　疏通知远

"疏通知远"是华夏先民很早提出的观念，是中华民族文化基因重要源头之一。这一观念出于《礼记·经解》："疏通知远，《书》教也。"准确地道出《尚书》开创了中华民族历史记载长期连续性的传统这一重要价值，"疏通"是指要认识历史的发展变迁，"知远"是指要追溯前代，记述祖先的历史，传承文明。还有《周易》所言"君子以多识前贤往行，以畜其德"（《周易·大畜》），《诗经》所言"殷鉴不远，在夏后氏之世"（《诗经·大雅·荡》），这些著名的古训同样昭示后人要弘扬传统，重视总结历史经验，同样鲜明地体现了中华民族这一重要的文化基因。

《史记》的著成，使华夏先民"弘扬传统，疏通知远"这一重要文化基因得到有力的提升。司马迁确立的著史宗旨"通古今之变"，就是《尚书》"疏通知远"精神的直接发展，是站在新的高度对中华民族全部历史，总结其发展的全过程。《史记》继往开来，史识卓越，气魄更雄伟，再现中华民族有史以来历史进程更加连贯和丰富，对锻造中华民族文化基因贡献巨大，成为后代著述历史尤其是通史著作的楷模。由于《史记》自觉地弘扬传统，因而成为中华文明的根基之一，世界文化史上的瑰宝。

生当总结华夏文明前所难逢的最佳机遇，司马氏又是世代担负史官重任，所以他以著成《史记》、接续五帝三代，直至记载秦、汉历史为本人的崇高使命。在这种历史责任感鼓舞下，在许多关键问题上，司马迁做出了典范性处理，彰显了中华民族珍惜祖先成果、高度重视人的活动、以理性态度解释历史创造进程的人文精神。

首先，确认黄帝为中华文明始祖，是在审慎"考信"基础上对于先秦儒家典籍记载的恰当的继承并作出定论，这对于几千年来民族文化认同具有重大意义。《史记》以十二"本纪"为全书记载历史的纲领，首篇《五帝本纪》始于黄帝，确认黄帝、颛顼、帝喾、尧、舜为上古时代"五帝"。当时司马迁面对两类史料，一类是"百家杂语"，其言不雅驯，无法与其他典籍记载相参稽而论定；另一类是《左传》《国语》《五帝德》《帝系姓》的记载，这些有关古史的说法可以从其他典籍中得到参照，尤其是能与司马迁在全国各地调查访问、采访故老传说相印证。司马迁以"考而后信"所作的裁制，在中华文明史上有重大的意义。两千多年来，中国人世世代代普遍地以黄帝为中华民族共同祖先，形成了占全世界人口最多的中华民族对于自己的民族历史和文化"本根"的共同认识，促进了"大一统"局面的巩固，加强了民族向心力，其意义极其深远。

其次，《史记》明确记载，夏、商、周三代鼎革，但是文明相承，以周公为代表的周初政治家所总结的王朝盛衰的历史教训一直为后代传承下来，成为加强民族文化认同的宝贵思想营养。以周公为代表的周初政治家明确地认识到，商之代夏、周之代商，盛衰规律相同，历史教训相同：失德就失去民心，失去民心就失去天命，夏商以来，一贯如此。周初这种对历史的认识的价值，对于中国历史文化认同的传统具有开山的意义，在人类的认识史上也是具有开创性的意义的。

再次，继承先秦政治家、思想家的进步观念，对于秦汉之际历史变局和西汉建立这一大历史关节点做出深刻的总结。秦始皇以"振长策而御宇内"之势，兼并六国、威震天下，但是为何秦朝却在反秦起义烈火中顷刻灭亡？继而，楚汉相争长达六年，项羽本来号令天下，占有巨大优势，却为何最后众叛亲离败走东城，而刘邦转弱为强，建立了西汉帝业？

书中的记载极为详实，而寓含的哲理至为深刻。秦汉之际历史变局对于汉武帝时期来说是近现代史，司马迁却能准确地把握其大格局，大趋势，不但再现其风云变化，生动地写出跌宕起伏的场面和众多人物活动，而且总结出复杂历史运动背后深刻的教训和哲理，继承并发挥了孟子对战国时局的判断和贾谊对秦亡汉兴历史经验的总结。

总之，历史记忆是民族文化认同的基础。司马迁无比珍惜中华民族壮阔的历史道路和文化成就，由于他如此高度重视搜集、整理有关先民活动的一切有价值的史料，重视中华民族的优良文化传统，重视继承前代明君贤士观察历史时势的嘉言傥论，而把这一切囊括于书中，成为华夏子孙保存集体历史记忆的依据，这正是司马迁为锻造"弘扬传统，疏通知远"这一民族文化基因作出的不可磨灭的贡献。

二、革新创造　穷变通久

贯彻革新、创造的精神，根据客观形势的需要制定正确的施政方针，是中华民族克服艰难、发展壮大的力量源泉。《易经》上说："天行健，君子以自强不息。"（《周易·乾卦·象辞》）又说："穷则变，变则通，通则久。"（《周易·系辞下》）正是民族精神的最好概括，也是面对积弊或艰危局面、勇于变革旧章开辟新路的规律之总结。

司马迁以史实对《易经》的古训作了充分的阐释，而其"通古今之变"的著史宗旨，首先即要探究变革对推进历史进程的意义。对于战国时期的历史，他突出记载了商鞅变法、吴起变法和赵武灵王胡服骑射对于实现强国的明效大验。司马迁为商鞅设立专传，这是历史上大有作为人物才享有的待遇。篇中记载，商鞅对秦孝公说，"圣人苟可以强国，不法其故；苟可以利民，不循其礼"，大得孝公赞赏。商鞅总结历史经验，对保守派的阻挠作有力批驳，因而大受秦孝公信用，任左庶长，实行变法。主要措施有：民有二男以上者必须分户居住，否则"倍其赋"，加速旧的氏族制的瓦解；奖励军功，"各以率受上爵"；为私斗者以罪服刑；以军功等级占有田宅，宗室无功者不得滥赏，"有功者显荣，无功者虽富无所芬华"。因旧势力反对阻挠，太子犯法，商鞅以刑其师傅，重办其罪，以树立法令权威。篇中盛赞变法的巨大成效："行之十年，秦民大悦。道不拾遗，山无盗贼，家给人足，民勇于公战，怯于私斗，乡邑大治。"孝公任商鞅为大良造，又主持第二次变法，主要内容有：合乡邑为县；为田开阡陌封疆，废除井田制，准许土地买卖；统一度量衡制度。其卓著效果是："居五年，秦人富强，天子致胙于孝公，诸侯毕贺。"（《史记》卷六十八《商君列传》）司马迁大力肯定商鞅变法为秦国富强奠定了基础，对此又在《太史公自序》中作了画龙点睛的评论："鞅去卫适秦，能明其术，强霸孝公，后世遵其法。"（《史记》卷一百三十《太史公自序》）楚悼王时，任吴起为相，实行改革措施："明法审令，捐不急之官，废公族疏远者，以抚养战斗之士。"变法的结果，楚国骤强："于是南平百越；北并陈蔡，却三晋；西伐秦。诸侯患楚之强。"（《史记》卷六十五《孙子吴起列传》）司马迁在《赵世家》中同样有声有色地记述赵武灵王胡服骑射、实行军事改革的成功。其时，赵国之国中有中山腹心之患，四周受到燕、东胡、楼烦、秦、韩的威胁，武灵王遂果断地决定改用胡服，求强国之策。中间受到宗室公子成、贵族赵文等人的质疑、反对，赵武灵王却表现出坚定不可动摇的意志，以历史经验论述变革是时势变化提出的客观要求和强国的必由之路："法度制令各顺其宜，衣服器械各便其用。故礼也不必一道，而便国不必古。"（《史记》卷四十三《赵世家》）遂下令全国，胡服骑射，使赵国国势勃兴，连年攻略中山，乘胜攘逐群胡。赵国一举成为战国中期北方的强国。

司马迁特别以浓墨重彩，再现了汉朝因成功实行治国政策的改变而成为中国历史上第一个强盛朝代的历程，《高祖本纪·赞》所论"故汉兴，承敝易变，使人不倦，得天统矣"，就成为《史记》有关西汉前期历史记载的纲；相关的史实依次详细展开，与"承敝易变"这一哲理概括相呼应，有力地彰显了正确的变革方针对于推动社会前进的意义。西汉前期的成功变革主要包括：一者，因谋士陆贾及时向高祖谏议："马上得天下，不能马上治之"，使他省悟到面对秦国严刑峻法、重赋暴敛而骤亡，必须反其道而行之，实行宽省政策，国家才能长治久安。遂让陆贾著《新语》，总结秦亡汉兴的经验教训，"每奏一篇，高帝未尝不称善，左右呼万岁"（《史记》卷九十七《郦生陆贾列传》）。由此实行以儒家"德治"为指导的政治方针，"德治"成为汉初君臣的共识。这一政治变革对于西汉立国实具生死存亡的意义。《高祖本纪》中尤详载刘邦实行恢复生产、招集流亡、安抚百姓、蠲免赋税以及恢复因战争被掳为奴者平民身份的政令，由于实行"承敝易变"的方针，奠定了西汉社会走向强盛的基础。二者，高后、惠帝年间，继续有效地实行顺流更始、休养生息的政策。刘邦卒后，丞相萧何"休息无为，故天下俱称其美矣"（《史记》卷五十三《萧相国世家》）。曹参依然奉行"因民之疾秦法，顺流与之更始"（《史记》卷五十四《曹相国世家》）。吕后秉政时，继续减轻刑罚，还避免了与匈奴的大规模战争。因此，吕后当政的十五年中，生产得到发展，社会经济处于上升趋势。《吕后本纪·赞》对此大为赞赏："孝惠皇帝、高后之时，黎民得离战国之苦，君臣俱欲休息乎无为，故惠帝垂拱，高后女主称制，政不出房户，天下晏然。刑罚罕用，罪人是希。民务稼穑，衣食滋殖。"（《史记》卷九《吕太后本纪·赞》）

在《平准书》中，司马迁真切地描写西汉立国之初因长期战乱而造成的民生极度凋敝、社会残破不堪的景象："民亡盖藏"，"自天子不能具钧驷，而将相或乘牛车"。经过六七十年间实行宽省政治、休息民力，到武帝初年，社会财富大大增加，百姓号称丰足，社会状况极大改观："国家无事，非遇水旱之灾，民则人给家足，都鄙廪庾皆满，而府库余货财。京师之钱累巨万，贯朽而不可校。太仓之粟陈陈相因，充溢露积于外，至腐败不可食。众庶街巷有马，阡陌之间成群，而乘字牝者傧而不得聚会。"前后如此鲜明的对比，所展示的正是革新和创造的力量！司马迁不仅总结了"承敝易变"的深刻哲理，又清醒地提出"见盛观衰"的重要命题。《平准书》中尖锐地提出：由于社会财富充溢，造成了公卿大夫"争于奢侈"，无有限度，而武帝连年大事征伐，百姓因赋税和转运军需造成无法承受的负担，"兵连而不解，天下苦其劳，而干戈日滋"，引起社会的动荡。司马迁之实录式著史和"盛极而衰"的敏锐观察，恰好与武帝晚年"深陈既往之悔"而转变政策、实行"罢兵力农"的历史进程相符合。其"物盛而衰，固其变也"的观察，也影响了后代史家，如司马光在《资治通鉴》中评论汉武帝云："有亡秦之失而免亡秦之祸。"（《资治通鉴》卷二十二）

三、加强统一　凝聚团结

不断加强全国范围内的统一，是中华民族在自然环境和社会文化心理双重作用下形成的必然历史趋势。中华民族的生存环境构成一个自然格局，东西南北四周有大海、高山、大漠、急流等形成天然屏障，而中原地区土壤、水利、气候环境优越，很早就发展了农业生产，由此滋养了先进的古代文明，因而成为周边居民向往之所在和向四周边远地区传播先进文明的中心。中原地区与周边地区相互交流、融合的趋势，早在古远的新石器时期已开始显示。汉族（先秦时期是华夏族）在多民族统一过程中是起到核心和主导民族的作用。而汉族之所以成为全世界人数最多的民族，其原因即在长期发展过程中不断吸收、融合了周边少数民族，因而像滚雪球一样越滚越大。至秦汉国家大一统时期形成了汉族这一坚强的民族共同体，此后在漫长的历史进程中，起到多民族统一和融合之核心的作用。全中国各民族共同创造历史，各有自己的特点、各自作出贡献，同时各民族有强大的凝聚力、向心力，促进全国统一不断加强，这就是中华民族多元一体的格局。我们的祖先赞赏"协和万邦"（《尚书·尧典》），就是在小国林立的时代表达对广大范围内实现统一的愿景。《论语》中所载孔子梦周公，赞美周礼，要求"天下有道，则礼乐征伐自天子出"（《论语·季氏》），都是向往西周初年以封土建邦形式体现的统一局面，反对诸侯分立、纷争和对抗王室的行为。孟子则在上述观念的基础上呼吁制止列国攻伐争夺，早日实现全中国统一。我国最早的历史典籍《尚书》《春秋》《左传》《国语》，都是在当时历史条件下尽可能地搜集史料，编纂记述全国范围的历史活动。上述古代政治家、思想家的遗训和典籍记载的特点，都对中华民族不断巩固和推进统一局面产生极其深远的影响。

司马迁深谙中华民族统一发展的历史趋势及其重大意义，他不仅自觉继承上述优良传统，更以精心创造的著史格局和丰富确凿的内容，为提升世代中华儿女的文化认同和维护统一事业发挥了巨大的作用。《史记》首创的"五体"配合的著史体制，以十二"本纪"为总纲，其余"八书"、三十"世家"、七十"列传"等相环绕，如众星拱北辰，"以奉主上"（《史记》卷一百三十《太史公自序》），恰恰是现实大一统政治结构在历史编纂上的投影，极其形象地体现了中央集权体制，成为意识形态上潜移默化的力量。从《史记》开始，二千年间历代纂修的纪传体史书被尊奉为正史，纪传体被誉为著史之"极则"，对加强全国统一实有十分重要的意义。在内容上，司马迁更殚精竭虑、旗帜鲜明地记载了大量有关国家统一不断加强的史实。仅举数例。

其一，作为全书总纲的十二"本纪"所贯穿的一条主线，就是统一规模不断向前推进。如叙述商朝兴起，是因为汤体恤民众的疾苦，重视人心的向背。武丁治国五十年，是殷商最强盛的时期，号为高宗。至殷纣王残暴骄淫，众叛亲离，终于自取灭亡。周代商而起，经过武王伐纣的胜利，周公平定武庚叛乱、艰难创业，实行大分封，创设制度，奠定立国基础，至成王、康王时期，政治比较清明，赋敛有度，出现了西周的"盛世"。《史记·三代世表》谱列了自夏以下三代君主的世系，从此以后，中国历代君主世系直至清末止迄未曾中断。《十二诸侯年表》自共和元年（公元前841年）始，从此中国史书纪年迄无中断。

其二，专门设置《秦本纪》和《秦始皇本纪》两篇，充分肯定秦的历史地位，这个原先僻居西陲的小国，因历代国君、能臣奋力经营，逐步强大，最后终于完成了统一全国的大业。这一认识是有关中国历史进程的大问题。但有的前代学者对此并不理解，因而不恰当地评论司马迁"自乱其例"，对此，我们应从《史记》成功地记述国家统一规模不断发展这一高度，重新予以评价。

其三，文帝、景帝时期，政论家贾谊、晁错针对诸侯王国势力膨胀、尾大不掉的严重问题，相继提出削藩建议。如晁错"请诸侯之罪过，削其地，收其枝郡"（《史记》卷一百一《袁盎晁错列传》），这就成为西汉解决藩国割据势力的指导方针。司马迁高度评价这种巩固中央集权、强干弱枝的政策和发展趋势，详细记述景帝平定吴楚七国之乱和武帝实行"推恩令"，赞赏诸侯王势力大大削弱，最后的局面是大国不过十余城，小侯不过数十里，实现了"强本干弱枝叶"（《史记》卷十七《汉兴以来诸侯王年表·序》）。

其四，以"宣汉"的鲜明立场，大力赞扬汉朝推进全国统一规模的历史功绩。他把记述国家的统一兴旺、社会的进步、君臣建树的功业，视为不可推诿的责任。在政治上，司马迁歌颂汉代把人民从秦的暴政下解救出来，获得民心，是历史的巨大进步。以"得天统矣"对此作了很高的评价，指出汉代政策符合历史发展的趋势。又说："汉兴，至汉文四十余载，德之盛也。"（《史记》卷十《孝文本纪·赞》）在经济问题上，司马迁赞颂汉兴六七十年间生产的发展和社会的丰足景象，而且概述"汉兴，海内为一，开关梁，弛山泽之禁，是以富商大贾周流天下，交易之物无不通，得其所欲"（《史记》卷一百二十九《货殖列传》），讴歌国家空前统一为经济和交通的发展开创了新局面。在文化上，他谴责秦"焚《诗》《书》，坑术士"，赞扬"汉兴，然后诸儒始得修其经艺"，而武帝兴儒学，"天下之学士靡然乡风矣"（《史记》卷一百二十一《儒林列传》）。《史记》百科全书式的宏伟结构，和"整齐百家杂语，厥协《六经》异传"的大规模整理文献、熔铸成书的功绩，本身更是汉代空前统一的产物。司马迁以其"实录"精神对汉武帝连年征伐及与民争利等曾提出批评，而同时，对武帝的雄才大略、建树功业又是明确赞扬的。如说："明天子在上，兼文武，席卷四海。"（《史记》卷二十《建元以来侯者年表·序》）"汉兴五世，隆在建元，外攘夷狄，内修法度，封禅，改正朔，易服色。作《今上本纪》。"（《史记》卷一百三十《太史公自序》）都是对武帝功业作高度评价。今本《孝武本纪》并非司马迁原文，历代学者均认为属后人割裂《封禅书》以充篇幅，不能为据。

其五，司马迁以宏大气魄记述了国家大一统局面下，各民族的活动、边疆民族与中原民族联结一体的关系。《史记》撰有《匈奴列传》《南越列传》《东越列传》《朝鲜列传》《西南夷列传》《大宛列传》一共六篇记载少数民族的专传，详载边疆各族的生产生活情况、源流沿革、各族与中原汉族联系的加强，如讲南越"保南藩，纳贡职"，大宛和西域各族"引领内乡，欲观中国"，证明各民族的巨大向心力和民族文化认同具有牢固的基础（《史记》卷一百三十《太史公自序》）。

以上司马迁大处落笔记述、歌颂国家统一发展的宗旨和风格，为东汉初班固所继承，《史》《汉》两部巨著深深刻印在中华儿女的脑海里，使加强统一、团结凝聚的文化基因得到极大提升。

四、热爱和平　反抗压迫

热爱和平是中华民族历史文化的传统。《尚书》讲"协和万邦"（《尚书·尧典》），在上古时代是希冀天下各小邦和平相处、互助发展，可以此推演成为后世处理各国关系的原则。孔子讲"四海之内皆兄弟也"（《论语·颜渊》），更是表达了中华民族热爱和平的情怀。《礼记》中描绘的"大同"理想"天下为公，选贤与能，讲信修睦"（《礼记·礼运》），以及儒家春秋公羊学派憧憬的人类社会进化的高级阶段"至所见之世，著治太平，夷狄进至于爵，天下远近小大若一"（《春秋公羊经传解诂》鲁隐公元年何休注文），都以根绝战争、压迫、剥削，臻于理想境地的愿景，滋养、熏陶世代中华儿女。

司马迁继承了华夏先人热爱和平的传统，在《史记·律书》中，对汉文帝成功实行对匈奴"坚边设候，结和通使，休宁边陲"的政策，"故百姓无内外之徭，得息肩于田亩，天下殷富"，表达了衷心赞赏，称其达到了"仁"的境界，使这一传统得到强有力的传承。中华民族向来以热爱和平著称，中国共产党人在经历二万五千里长征那样的艰难严酷环境后，却以豪情高扬起"太平世界，环球同此凉热"（毛泽东：《念奴娇·昆仑》，《毛泽东诗词选》）的旗帜，而今天，在建设现代化道路上奋进的强大的中国，更以政治上的非凡定力，成为世界和平的忠实维护者。

热爱和平与反抗压迫，是正义事业相辅相成的两翼。制止战争、掠夺，才能维护和平；反抗压迫、强暴，才能实现社会安定。毛泽东主席说："我们中华民族有同自己的敌人血战到底的气概，有在自力更生的基础上光复旧物的决心，有自立于世界民族之林的能力。"（毛泽东：《论反对日本帝国主义的策略》，《毛泽东选集》第一卷）这是革命领袖总结中华民族精神而发出的气壮山河的时代强音，在民族危亡时刻发挥了动员亿万民众战胜日寇凶残侵略的伟大作用。中华民族自古有反抗压迫、伸张正义、坚强不屈的光荣传统。《周易》上说："汤、武革命，顺乎天而应乎人。"（《周易·革卦·象辞》）《论语》说："三军可夺帅也，匹夫不可夺志。"（《论语·子罕》）又说："岁寒，然后知松柏之后凋也。"（《论语·子罕》)孔子严斥"苛政猛于虎",他的学生冉求为季氏敛财,遭到孔子呵斥,说:"小子鸣鼓而攻之可也。"(《论语·先进》)孟子同样严正宣称推翻残害民众的暴君统治是正义的事业:"闻诛一夫纣矣,未闻弑君也。"(《孟子·梁惠王下》)

《史记》将这种民族精神大力发扬光大。楚怀王昏庸误国,屈原忠心爱国而被放逐,《屈原列传》称颂他:"推此志也,虽与日月争光可也。"(《史记》卷八十四《屈原贾生列传》)又表彰蔺相如面对秦昭王恃强对赵国欺诈侵夺侮辱,大义凛然、视死如归,怒喝:"五步之内,相如请得以颈血溅大王矣!"秦王左右欲以利刃加害,"相如张目叱之,左右皆靡"(《史记》卷八十一《廉颇蔺相如列传》)。相如为捍卫赵国尊严而表现出的英勇气概,令秦国君臣大惊失色。司马迁又郑重表彰鲁仲连义不帝秦的事迹。鲁仲连是个没有官职的平民,当时,秦国大军包围邯郸,兵临城下,而赵国刚刚在长平之战大败,损失了四十万大军。魏国又派客将军新垣衍来催促赵国投降秦国,尊秦为帝。鲁仲连处危城而不惧,他面见新垣衍,分析利害,义正词严地告诉他:如果尊秦为帝,那就堕落为秦的臣妾仆役,丧失了起码的人格!鲁仲连这番大义凛然的言词,使新垣衍羞愧得无地自容,承认自己是个"庸人","不敢言帝秦"!秦将闻之,为却军五十里,后又引兵而去。司马迁大力赞许他刚直不屈的精神:"余多其在布衣之位,荡然肆志,不诎于诸侯,谈说于当世,折卿相之权。"(《史记》卷八十三《鲁仲连邹阳列传》)而《史记》提升抗击强暴、伸张正义的民族精神的高潮,更在于表彰雇农出身、揭竿而起、点燃了反秦起义烈火的英雄陈涉，破格立了《陈涉世家》，生动地表现他为解救民众敢于举起反抗大旗的精神，并满怀激情赞颂陈涉起义的历史功绩："秦失其政，而陈涉发迹，诸侯作难，风起云蒸，卒亡秦族。天下之端，自涉发难。"（《史记》卷一百三十《太史公自序》）由于《史记》的大力表彰，蔺相如视死如归捍卫赵国尊严的气概，陈涉揭竿而起反抗暴秦的精神，就成为教育后代中华儿女、提升民族精神的崇高典范。

五、包容共辉　和谐有序

《周易·坤卦》载有重要古训："地势坤，君子以厚德载物。"《坤卦》爻辞讲的这句话，与"天行健，君子以自强不息"同样表达了中华民族精神的基本特征。"自强不息"概括民族文化的革新性、创造性——生机勃勃、永远进取；"厚德载物"则概括民族文化的兼容性、广博性——博大精深、多元并存。

《史记》这部巨著囊括了中华民族几千年的历史事件、众多人物活动，和丰富的典章制度、社会情状，恰恰典型地体现了中华文化"厚德载物"、海纳百川的宏伟气魄和特征。司马迁是如何有力地提升了广泛包容、共存共辉的中华文化基因的？这里举出突出例证。

一是，《史记》首创从多方面记载各边疆民族的历史、文化，并揭示出边疆民族与中原民族的紧密联系，证明一部中国历史是各民族的共同创造；又称被视为"蛮夷"的荆楚与偏处东南的吴与中原华夏民族是兄弟关系，称惯于骑射的游牧民族匈奴也与华夏民放是兄弟关系。诚如白寿彝先生所说：《史记》所写的各篇民族传，"把环绕中原的各民族，尽可能地展开一幅极为广阔而又井然有序的图画"（白寿彝主编：《中国通史》第一卷《导论》）。司马迁在其纂修的通史巨著中把详细的记载边疆各民族活动视为不可或缺的一部分，开创了中国史学重视民族史撰述的成例，对于推进包容共辉、多元一体的文化传统，其功甚伟。

二是，《史记》又展示出拥抱全民族文化的宽阔胸怀。司马迁生活在儒家学说地位迅速上升、武帝提倡"独尊儒术"的时代，其学术思想无疑是以尊儒为主。他立孔子为"世家"，赞颂其"高山仰止，景行行止"；全书各篇中评价历史事件和人物，大量采用孔子的观点，"折中于夫子"。董仲舒之尊儒主要是进行经义的推演，司马迁则与之不同，他是出于尊重历史的发展和孔子的学术地位，而对同样在历史上起过作用的其他学派，他也予以承认并且吸收。在他看来，尊崇当时处于上升趋势的儒学与容纳各家学说可以并包俱存，各采其长，这正是司马迁文化观点的卓越之处。《曹相国世家》《商君列传》《吴起列传》《苏秦列传》《张仪列传》诸篇，各对道家、法家、纵横家的作用适当地予以肯定。兼容各家、不拘一格的胸怀和见识，还使司马迁善于从各种类型的人物身上，发现其嘉言善行，采撷入史，从而使全书蕴含着大量的思想资料，丰富了我们的民族智慧。概言之，《史记》将各家各派的学术思想都囊括其中，把各具智慧和光彩的历史人物都载入史册。就汉以前的历史说，《史记》反映了儒学地位的上升，学派的繁盛；又写了儒家以外的思想家老子、韩非、庄周、申不害、邹衍；写了政治人物管仲、晏婴、商鞅、魏冉、李斯、吕不韦、孟尝君、平原君、信陵君、春申君、田单；写了军事家司马穰苴、孙子、吴起、白起、王翦、蒙恬、乐毅、廉颇；写了文学家屈原、司马相如；写了策士苏秦、张仪、陈轸、犀首、甘茂、甘罗、范雎、蔡泽；还有反映其他社会阶层如刺客、医生、游侠、龟策、货殖等的传记。故梁启超推崇司马迁是古代文化思想的集大成者："其于孔子之学，独得力于《春秋》，西南学派（老庄）、北东学派（管仲齐派）、北西学派（申、商、韩）之精华，皆能咀嚼而融化之。又世在史官，承胚胎时期种种旧思想，磅礴郁积，以入于一百三十篇之中，虽谓史公为上古学术思想之集大成可也。"（梁启超：《论中国学术思想变迁之大势》，《饮冰室合集》文集之七）

与此密切相连的，和谐有序这一文化基因也在《史记》中得到大力发扬、提升。"和"既可以指陈政治上的和平、正义，又具有社会伦理和审美观念上的重要意义。中华民族的先人认为"和"是事物的极高境界，列国之间以玉帛通好，不以兵戎相见谓之"和"，人际关系感情融洽谓之"和"，群体相处有共同遵守的秩序，长幼有序、以礼相待谓之"和"，不同品味的食物，放在一起煮成一锅佳肴，各自发挥自己的特性而又互相补充，谓之"和"，如《左传》所载春秋时齐国名臣晏婴对齐景公所言："和如羹焉，水、火、醯、醢、盐、梅，以烹鱼肉，燀之以薪，宰夫和之，齐之以味，济其不及，以泄其过。君子食之，以平其心。君臣亦然。"（《左传》昭公二十年）"和"是中国古代哲学的极高境界，也是古人的高度智慧，要求达到和谐、协调，事物之间既保持本身的特点、而又彼此融洽相处。司马迁以高明的手法，将这种智慧用到史书体例上，经过他精心组织、安排，使全书各大部件之间、篇章之间、相关的重要内容之间形成一种统一、协调的关系。

这里以司马迁对七十"列传"的精心安排为例证。纪传体以记载人物活动为主，七十"列传"尤在《史记》全书中占有重要地位，司马迁对这一部分的设目、编次、结构安排更是煞费苦心。将《伯夷列传》居于全部列传之首篇，一是因两人是商周时期最早的有事迹可以记载的历史人物，而且受到孔子的表彰，二是由于司马迁对于流行的说法，所谓"天道无亲，常与善人"，表示极大的疑惑，对于人的不同命运和遭遇表示无限感慨。因此，《伯夷列传》置于首篇，又有作为全部七十"列传"之总序的作用。而以下，从《管晏列传》开始，记述从春秋时期至"今上"汉武帝时期的人物事迹，构成浩繁丰富而又激动人心的篇章。通过仔细研读，我们可以归纳出司马迁设置列传的主要体例为：以时间先后为顺序；凡是地位重要而又事迹丰富的人物，设立为专传；对于人物事迹互相关联密切或风格相近者，设立合传，如《管晏列传》《老子韩非列传》《孙子吴起列传》等；先记载有重要作为、建立功名的人物活动，然后安排记载边疆民族的传，和记载某一阶层、某一类型人物的类传，前者如《匈奴列传》《东越列传》，后者如《循吏列传》《儒林列传》《货殖列传》等。最后一篇《太史公自序》，更是对《史记》全书的总结和提升。其中，讲了司马氏的先世和他本人著史的家学渊源；

高度评价儒家《六经》的地位，抒发他继承孔子学说的强烈愿望；尤其是，作为全书的总结，司马迁一一提炼出《史记》一百三十篇的撰著义旨，进而概括全书的著述目标是"成一家言，厥协《六经》异传，整齐百家杂语"。司马迁在著成全书之后，又如此完整、准确地将各篇撰著义旨和全书宗旨全部论定，成为后人理解《史记》深邃蕴涵的准绳。其时，他已处于生命最后阶段、精神恍惚情况下，却仍以惊人的毅力做到如此精当、严密、完善的安排。这一成就使《史记》世代为广大民众所传诵，也启发人们对运用均衡协调观点审美的追求，使和谐有序这一民族文化基因提升到更高层次。

中华民族文化基因的塑造和发挥强大作用，与五千年恢宏历史进程相表里，举世独有，这是她的坚韧性。中华民族文化基因传承发展，由此创造了古代文化的光华灿烂，在经受困厄危难之后又能衰而复振、浴火重生，而今重新焕发青春，阔步前进，这是她的优良性。中华民族五大文化基因又是综合地发挥作用，因而具有融通性特点，因此文化基因的传承力极其强大，举世难有其匹。弘扬传统是中华文化持续发展壮大的根脉；革新、创造是中华文明演进的动力；加强统一、团结凝聚是中华文明战胜一切艰难险阻、不断取得胜利的强大保证；热爱和平、反抗压迫是中华文化的愿景和气概；包容和谐是中华文化的胸怀和神韵。这五大文化基因在先秦时期已经产生，到了西汉盛世，经过司马迁以其全部智慧和生命加以继承、总结、淬厉，而大大提升，堪称在中华民族文明基因锻造史上放一异彩！《史记》的杰出成就为世代中华儿女提供思想营养，后代具有创造魄力的卓荦之士又吸收时代智慧再加丰富、发挥，并且在当今建设现代化伟业中仍然产生潜在的、却又是巨大的推进作用——这就是如此独特、坚韧、强大的中华民族文化基因为中国历史创造奇勋的奥秘所在。习近平总书记指出，要"把跨越时空、超越国度、富有永恒魅力、具有当代价值的文化精神弘扬起来"（习近平：《建设社会主义文化强国 着力提高国家文化软实力》，《人民日报》2014年1月1日第1版）。确立文化自信，在新时代阳光照耀下，将独特的中华民族文化基因结合实现民族伟大复兴的现实需要大力发扬，我们就一定能够不断创造新的辉煌！

第三讲

辩证思维：史家对历史哲学的探索

中国古代史学在历史记载的连续性、丰富性和准确性等方面都远远领先于世界，这本是中国史学的优势所在，却被某些西方史家称之为：只知整理史料、缺乏反省态度和精神追求，属于"原始的史学"。这一观点自近代以来广泛流传，给人留下中国史学只重考证不重理论的刻板印象。事实上，这是极大的误解。中国传统史学绝非只重视历史考证和编纂，而是高度重视历史理论问题，并形成了鲜明的特色。一是，多采取历史评论的方式；一是，"未尝离事而言理"；一是所讨论的问题具有时代连续性。即便达到极盛的乾嘉时期，考证也没有真的"一统天下"。乾嘉学者中有一些特识之士，能够超出广搜材料、严密考订的"朴学"范围，对一些问题进行具有理论意义的探讨，做出很有时代特色、足以发人深省的回答。举其最为显著者，如戴震，不但擅长于精密考证，而且精心撰写哲学著作，勇敢地打破"存天理、灭人欲"的思想枷锁；如"考史三大家"钱大昕、王鸣盛、赵翼，在其考证学著作中揭示出"追求历史真实性"的价值取向，对于流毒极深的滥用褒贬手法痛加抨击，并且表达出对经国养民问题的关怀；如章学诚，他逆于时趋，抨击考证学末流以"补苴罅漏"为能事造成的严重流弊，倡导"学术经世"，并且重新解释儒家经典，大力探求作为人类社会演进客观趋势的"道"。其中，以章学诚对历史哲学的探索成就最大。

一、哲学探索：《文史通义》重要立意所在

章学诚（1738—1801）所著《文史通义》，一向被视为史学评论名著，而它作为十八世纪中国学者哲学探索的重要著作的价值则尚未受到应有的重视。实际上，无论是从《文史通义》篇目所反映的探讨范围，从《文史通义》一书命名的寓意，或从章氏对本书著述宗旨的"夫子自道"，都说明哲理探索是其撰著的重要立意之所在。

从《文史通义》① 的篇目内容看，列于全书"内篇"之首

---

① 《文史通义》在章学诚生前曾刊刻过一部分，但非全帙。学诚临终前，以全稿托友人萧山王宗炎为之编校。以后由嘉业堂主人刘承幹刊刻为《章氏遗书》，又称《章学诚遗书》，征辑较完备，除有其主要著作《文史通义》外，还有《校雠通义》，论方志文章（包括所修方志序跋等），及其他文章。此书刻于1921年，称《章氏遗书》本。另一是章学诚次子华绂在河南编辑刊刻的，刻

者，即是《易教》上、中、下篇，继之为《书教》上、中、下，《诗教》上、下，《礼教》，《经解》上、中、下。再其后，是《原道》上、中、下，《原学》上、中、下，《博约》上、中、下，以及《浙东学术》《朱陆》诸篇。这些篇目内容即已清楚地显示出：阐释儒家《六经》中蕴涵的哲学内容，专题论述传统思想中"道"这一哲学范畴，以及评论总结宋代理学盛行以来到清代学术中的义理问题，在《文史通义》全书中不但在位置上最为重要，而且论述方面甚广，内容分量甚重。此外，其他篇目中相关的论述也所在多有。

章学诚作为一位思想深刻的学者，对其《文史通义》的命名和本人的学术宗旨，曾经一再予以揭示。《上晓徵学士书》云："学诚自幼读书无他长，惟于古今著述渊源、文章流别，殚心者盖有日矣。尝谓古人之学，各有师法，法具于官，官守其书，因以世传其业。访道者不于其子孙则其弟子，非是即无由得其传……盖向、歆所为《七略》《别录》者，其叙六艺百家，悉惟本于古人官守，不尽为艺林述文墨也。其书虽佚，而班史《艺文》独存。《艺文》又非班固之旧，特

（接上页）于道光十二年（1832），称大梁本。这两种刻本，就"内篇"部分言，大多相同，而《章氏遗书》本多《礼教》《所见》《博杂》《同居》《感赋》《杂说》六篇，而大梁本的篇目则不甚完备。再就"外篇"言，《章氏遗书》本所收录是学诚致友人及家人的书信，为友人文集著作写的序跋，解答别人问题的文字，在书院教导学子的言论等，这些文章都可与"内篇"之内容相发明。而"大梁本"之"外篇"所收者为章氏有关方志叙例的文章。这些对于理解章氏学术思想体系来说，关系相对小一些。但章华绂在"大梁本"序言中却云王宗炎校定本"多与先人原意互异"。故叶瑛《文史通义校注·例言》中批评华绂"则亦未必合得先生意也"。本文引用的《文史通义》篇目，均据《章氏遗书》本。

其叙例犹可推寻……然赖其书，而官师学术之源流，犹可得其仿佛。故比者校雠其书，申明微旨，又取古今载籍，自六艺以降讫于近代作者之林，为之商榷利病，讨论得失，拟为《文史通义》一书。分内、外、杂篇，成一家言。"他所确定的目标，是要分析古今学术的渊源，评判著作之林的利病。这就大大超出了史学评论的范围，证明他要探讨的是自六艺以来讫于当代学术的指导思想及其演变，探讨二千多年来不同著作家学术根本观念的得失。他之所以一再强调古人之学"法具于官，官守其书"，且认为自刘向、歆至班固《汉书·艺文志》的主要价值是"悉惟本于古人官守"，即强调古代学术的本原在于国家施政部门治理政事的职能，学术的发生、儒家经典中记载精深义理，都与国家治理、社会生活密切联系。

正由于此，章氏更直接说出《文史通义》所要探究的是"古人之大体"。何谓"古人大体"？即指影响两千年来学术发展、世道人心的根本原理和指导思想，也就是哲学问题。当时没有"哲学"一词，章氏论著中所言"古今学术渊源""校雠心法""著述义理""别识心裁""学术经世"等，乃即指哲学思想，或是与哲学思想密切相关之问题。处于乾嘉当日，学者无不奔竞于文字训诂、史实考订、校勘辑佚等项，且以为此即学问的最高境界、学问的全部，章学诚却倾其全力探究有关古今学术演变、有关世道人心的哲学问题，其立意何等高远，思想何等深刻，但又不被理解，甚至被诧为"怪物""异类"，他的心境又是何等凄苦！故章氏晚年致信向知己朱少白吐露心曲，告知《文史通义》一书乃发愤之作："鄙著《文史通义》之书，诸知己者许其可于论文，不知中多有为之言，不尽为文史计者，关于身世有所怅触，发愤而笔于书。尝谓百年而后，有能许《通义》文辞与老杜歌诗同其沈郁，是仆身后之桓谭也。"（章学诚著，仓修良编：《文史通义新编》）

由此可以明了，章氏在书中所发的议论，不只超过史学评论范围，且不限于一般分析学术源流或评价其高下得失，而是针对与社会历史和学术指导思想有关的深层次问题而发，所以才称"中多有为之言"，并且将深沉地忧国忧民、向以沉郁顿挫著名的杜甫诗歌引为同调，自信百年之后能有人真正理解其"学术经世"的深刻意义。章氏考察的范围极为广阔而深刻，既总结千年史学的演变、讨论"史学义例"，做到"辨章学术、考镜源流"，又论述有关社会历史和学术变迁的哲学问题，力求发挥学术经世、挽救时代风气的作用。章氏命名其书为《文史通义》，正是自标界说，表明他在训诂考证之风盛行情况下，独树一帜，打通文史，以"义理"即哲学思想为指导，对于深层次问题进行探讨、总结。

二、历史哲学探索的第一层次：对儒家经典的新诠释

中国古代，哲学与儒家经典几乎成为同义语，章学诚的哲学探讨，自然必须依据儒家《六经》，以之为资料，据以提出问题展开讨论。章学诚是以与前人不同的时代眼光、不同的态度来研究问题的。历代儒者视经典词句为万古不变的教条，只能顶礼崇拜，甚至将其神秘化，缺乏独立思考和理性

批判的精神，更不能引发和创立新的哲学原理。而章学诚则迥异流俗，他要从经典中探求、阐释有关社会、世风和学术的真理性认识，他以实事求是、独立思考的态度，既能揭示出经典中的真价值，又能评判其中得失，并进行创造性的发挥。《文史通义》中，《易教》《书教》《诗教》《礼教》等篇都是针对各部经典作论说。他论述的问题颇为广泛和深刻，择其最具理论价值者，约有以下四项。

一是，倡"《六经》皆史"说，鲜明地提出"儒家经典是圣人头脑制造出来的，还是古代治国实践的产物"的问题，并给以发人深省的回答。

《文史通义》首篇《易教上》开宗明义提出："《六经》皆史也。古人不著书；古人未尝离事而言理，《六经》皆先王之政典也。"（章学诚著，仓修良编：《文史通义新编》）章学诚提出的"《六经》皆史"命题，实具深刻的哲理性和明确的针对性。自从儒学确立为独尊地位以来，千百年来，因封建帝王的提倡，世代儒生的鼓吹传播，儒家经典已被神圣化——《六经》是孔子"天纵之圣"头脑中固有的，具有纲举天下的意义，而且将万古不变，成为不可移易的定理。历代的所谓贤者加以神化、经师们大力推演，将《六经》和孔子之教涂上一层神圣的光环，如董仲舒言"天地之常经，古今之通谊"（《汉书·董仲舒传》）。整个社会实则弥漫在这种神秘化、凝固化的思想体系之下，这种体系造成严重的禁锢作用，压制、摧残活泼的创造和革新精神。

章学诚"《六经》皆史"说恰恰在"儒家经典是如何生成的"这一具有根本意义的问题上同传统提出了挑战。他明确提出：《六经》是古代治理国家的制度和智慧的记载，"《六经》皆先王之政典"。儒家经典虽然地位很高，但不是古代圣贤周公、孔子有意专门写出一部包含极其高深的"道"的书，古人没有离开具体活动、闭门写书的事情。《六经》中的"道"和"理"，都是与古代社会生活、人伦日用密相联系的，《六经》乃先王治理国家的历史记载，所以，"《六经》皆史也"。章学诚又提出，《六经》是先王之政典，以《诗》《书》《礼》《乐》《春秋》等经典的内容言，应当容易理解，而《易》是讲阴阳变化的，为何也是"先王之政典"呢？答曰："其道盖包括政教典章之所不及"，"其教盖出政教典章之先矣"。故《易》不但与五经同为政典、具有"与史同科"之义，而且，《易》之道是具体典章制度之本原。庖羲、神农、黄帝有"三《易》"，都是出自"天理之自然"，他们用对自然现象观察、总结而得的规律性知识来教民。章学诚又引孔子所说："我观夏道，杞不足征，吾得夏时焉；我观殷道，宋不足征，吾得坤乾焉。"（《文史通义》内篇一《易教上》）可证《易经》究明阴阳道理，是与观象授时、制定历法同为一代法宪，故也是有关治世之记录；此又足以说明《易经》并不是圣人"空言著述"，有意专门写一部讲抽象的"道"的书。

章学诚将"《六经》皆史"作为《文史通义》全书开篇首先提出的命题，意义是很深刻的。以往研究者曾论述"《六经》皆史"的论点是扩大了史学的范围，提高了史学的地位，将儒家经典也作为史料看待，还有的论述章氏的论点有抹去儒家经典神圣光环的意义，将经书降至与史学平起平坐的地位。这些看法无疑都有道理，对于理解章氏观点有积极的意义，但若仅只限于这种认识则显然是很不够的。"《六经》皆史"这一理论创造的深刻意义在于：首次提出和辨析古代经典不是圣人头脑演绎、构建出来的，而是古代国家治理、社会生活的产物这一哲学根本性范畴的命题。处于乾嘉时期考证之风盛行、理论思维相对弱化的现实条件下，章氏的论点便具有别树一帜、引导学者向哲理探索的正确方向努力的重要意义。至于有的文章曾经争"《六经》皆史"是谁首创的问题，这显然并不重要。章氏以前，确有人讲过类似的话。即使能找到很早的出处，也不会降低章学诚这一命题的意义。因为前人都只是行文中涉及，并无专门论述。章学诚是作为重要理论主张提出来，深入地加以论证，并且是针对时弊而发，是与他强调学术必须"经世"的主张密切相联系的。

二是，论述学术史上的重要规律：战国之文多出于《诗》教，后世文章各种体裁，其发端在战国。由此也可证明古代未尝有著述之事，至战国而著述之事专。

在《诗教上》篇中，章学诚认为，从文章体裁演变史考察，战国为一关键时期，"至战国而后世之文体备"，"至战国而著述之事专"。战国诸子争鸣，他们都得六艺道体之一端，而后能恣肆其说，以成一家之言。如"老子说本阴阳，庄、列寓言假象，《易》教也；邹衍侈言天地，关尹推衍五行，《书》教也；管、商法制，义存政典，《礼》教也；申、韩刑名，旨归赏罚，《春秋》教也"。章氏进而提出，战国之文，"其源多出于《诗》教"。何以见得呢？他认为，春秋、战国典籍的大量记载说明，春秋行人，深明《诗》之比兴、讽谕之义，列国大夫聘问诸侯，出使专对，熟习《诗》篇而又灵活运用以达其旨；战国纵横之士，推衍而敷张扬厉，正是行人辞令运用之极致。"孔子曰：'诵诗三百，授之以政，不达，使于四方，不能专对，虽多奚为？'是则比兴之旨，讽谕之义，固行人之所肆也。纵横者流，推而衍之，是以能委折而入情，微婉而善讽也。"从学术史的演进言，战国是一大关键。战国以前，"未尝有著述之事"，官、守、史、册合一，故说"官师守其典章，史臣录其职载，文字之道，百官以之治而万民以之察，而其用已备矣"。至战国而著述之事专，"《论语》记夫子之微言，而曾子、子思，俱有述作以垂训，至孟子而其文然后闳肆焉，著述至战国而始专之明验也"。

三是，认为《尚书》对后代的最大启示是，因事命篇，不拘一格，详略去取，体圆用神。特别对于解决史学演进出现的严重积弊具有开创新局的意义。

千百年来，《尚书》这部经典，确实被视为古代圣君遗留的宝典，只能恪守、尊奉。章学诚在《书教上》篇中，则明确地将《尚书》置于学术演变的长河中来评论。首先他批评前人据《礼记》所称"动则左史书之，言则右史书之"（《礼记·玉藻》），而长期以《尚书》分属记言，《春秋》分属记事的普遍说法，指出它至为不当："夫《春秋》不能舍传而空存其事目，则左氏所记之言，不啻千万矣。《尚书》典谟之篇，记事而言亦具焉；训诰诸篇，记言而事亦见焉。"其次，他总结先秦至两汉史学的演变，概括其规律性现象，指出："《尚书》一变而为左氏之《春秋》，《尚书》无成法而左氏有定例，以纬经也；左氏一变而为史迁之纪传，左氏依年月而迁书分类例，以搜逸也；迁书一变而为班氏之断代，迁书道变化，而班书守绳墨，以示包括也。"因此，认为《史记》《汉书》分别代表历史编纂的两种不同风格："盖迁书体圆用神，多得《尚书》之遗，班氏体方用智，多得官礼之意也。"再次，他重点分析当前秉承《书》教具有极大的现实意义，应该大力发扬《尚书》"疏通知远"的精神和"体圆用神"的遗规，破除历史编纂长期以来形成的墨守成规的严重积弊。那么，历史编纂如何变革现状，开辟一条新路呢？他认为，犹如迷路的人为找到正确方向必须回到原先的起点一样，这就必须探究和恢复《尚书》创立朴实记事所体现的原则："夫经为解晦，当求无解之初；史为例拘，当求无例之始。例自《春秋》左氏始也，盍求《尚书》未入《春秋》之初意哉！"《尚书》的最大优点是，因事命篇，起讫自如，灵活变化，体圆用神。"夫史为记事之书，事万变而不齐，史文屈曲而适如其事，则必因事命篇，不为常例所拘，而后能起讫自如，无一言之或遗而或溢也。"而纪事本末体之法实能体现这种编纂原则："按本末之为体也，因事命篇，不为常格，非深知古今大体，天下经纶，不能网罗隐括，无遗无漏，文省于纪传，事豁于编年，决断去取，体圆用神，斯真《尚书》之遗也。"因此，他提出"仍纪传之体而参本末之法"（《文史通义》外篇三《与邵二云论修宋史书》）作为历史编纂改革的方向，对于十九世纪以来历史编纂的发展产生了很深远的影响。

四为论述三代之礼的实质，皆折衷于时之所宜。指出当时学者从事礼学考证，固然重要；但更要紧的是以所治之

《礼》，折中后世之制度，以断今之所宜。

其《礼教》篇针对的是乾嘉学者研治《礼经》者，兀兀穷年，所致力的都是在文献整理考证范围，即溯源流、明类例、综名数、考同异、搜遗逸等项的严重局限性，章学诚强调应以哲理为指导，提高研治礼学的层次。他认为，三代之礼，皆折中于时之所宜，可知典章制度与道，都因时而异，由社会生活需要而得。故云："或曰：周公作官礼乎？答曰：周公何能作也！鉴于夏、殷而折中于时之所宜，盖有不得不然者也，故曰'道之大原出于天'也。"对此，他进一步引申"《六经》皆先王之政典"的观点，论述礼经是当年治国制度之记录："夫一朝制度，经纬天人，莫不具于载籍，守于官司。故建官治典，决非私意可以创造，历代必有沿革，厥初必有渊源。"明了《礼经》是古代治国成功经验的记载，是"折衷于时之所宜"，则可判定当今学者尽心竭力于古代文献的搜辑、考订固然也有其价值，但决不能错误地视此为学问的最高境界，而应该追求学问更高的层次。故谓："然以此为极则，而不求古人之大体以自广其心，此宋人所讥为玩物丧志。"章氏处在当日学者醉心考证工作的情况下，却难能可贵地告诫人们，真正有意义的工作，是学以致用，结合现实，指导现实。他又借此精辟地阐释考证之学和创造发挥两个不同的层次："夫名物制度，繁文缛节，考订精详，记诵博洽，此藏往之学也；好学敏求，心知其意，神明变化，开发前蕴，此知来之学也。"跳出名物训诂考证的局限，掌握并运用哲学观点，勇于从事"开发前蕴"的创造，则礼学也成经世之学，且将拥有多么广阔的天地！

三、历史哲学探索的第二层次：论证具有深刻意义的 新命题

以上所论《易教》《诗教》《书教》《礼教》诸篇，都是章氏对儒家经典的新解，从而提出"《六经》皆史"，要"断以今之所宜"，"开发前蕴"等重要的理论主张。古代的哲学原理大量的都是包涵在儒家经典之中，章氏借诠释经典来讨论哲学问题，是很自然的事，而且有其方便之处。然而，托庇于经典，本身又受到很大的局限。只有把哲学问题独立出来进行探讨，才能大大推进一步，提出真正能"成一家之言"的理论体系。章学诚正是按照这一思路前进。对儒家经典的新诠释为第一层次，是他探索历史哲学的基础；围绕哲学的最高范畴"道"提出重要的新命题为第二层次，是他探索历史哲学的深化和升华。

《文史通义》中《原道》（上、中、下）三篇，阐述了极具深刻性的三项命题，构建了章氏历史哲学的初步体系。这三篇作于章氏五十二岁时，是代表其晚年学术思想成熟之作，成为中国古代思想史上极其珍贵的理论成果。

第一个命题：论"道出自然"，"渐形渐著"，存在"不得不然"的客观演进趋势。这是明确阐述"道"的客观性和历史渐进性。

《原道上》的开篇，章学诚即提出本篇主要论点："道"并不是玄妙、神秘的，作为根本原理和社会法则的"道"，是随着社会生活逐步发展的，有其客观的演进过程，国家制度等等都是后起的。"道"的根本源头出于天。这个"天"，可

有两种理解：一是自然的天；一是有意志的天。章学诚发问："天难道真的是不知疲倦地指挥号令着吗？"通过回答，逐层递进，强调"道"是客观趋势推演形成的，否定了是由有意志的"天"的安排的神秘观念。首先，当混沌之初，刚刚有了人类时，天地阴阳变化、四时运行的"道"就存在了，但作为社会生活的"道"却未出现。这是鲜明地亮出其唯物的、发展的观点：未有圣人之前，"道"就存在了，可见"道"不是圣人头脑里创造出来的，而是由社会一步步演变而产生和发展的。其次，当远古人类数量很少，即群居生活（原始社会）的最初阶段，规定社会生活法则的"道"的最早形态已经出现。再次，群居的人类数量越来越多，社会越来越复杂，不同的部落、部族，不同的阶层、等级出现了，作为社会生活法则性的"道"便越来越复杂、显著。最后归结说：仁、义、忠、孝这些观念，刑、政、礼、乐各种制度，都是由于客观趋势的推动而在后来逐步形成的。

以上章氏所作的论述是前人从未有过的新观点，因此必须进一步展开论证，尤其是要强调"道"在不同阶段如何"渐形渐著"，道是客观法则，事势自然不断演进，不是圣人智力所为。章氏极具说服力地论证了：群居的人类为了解决日常生活需要问题、居住安全问题，就逐步产生分工、管理制度，由简单到复杂逐步形成，反映在观念上，"均平秩序之义"也逐步产生、发展；又由于公共事务越来越复杂，逐步从产生管理小部落的首领，到产生管理国家的杰出人物。名目越来越多，制度越来越复杂，君臣制度、各种行政部门、行政区划、封建诸侯、设立学校，都随之形成、发展起来。

章氏强调，不论是最初阶段的"三人居室，则必朝暮启闭其门户，饔飧取给于樵汲，既非一身，则必有分任者矣，或各司其事，或番易其班"；或是其后"又恐交委而互争焉，则必推举长者持其平"，"至于什伍千百，部别班分，亦必各长其什伍而积至于千百"；或者国家形成之后，"作君、作师、画野、分州、井田、封建、学校"等等制度或观念的确立；都是按照人类生活和生产的演进而逐步产生和发展的，都显示出"不得不然之势"。因此必然得出这样的结论："故道者，非圣人智力之所能为，皆其事势自然，渐形渐著，不得以而出之，故曰'天'也。"尽管章氏远未达到系统、详尽、科学，也比不上摩尔根对易洛魁部落的充分调查、达尔文的科学考察，其中还有不少推论的成分。但其重要理论价值，在于他探讨了历史哲学中具有核心意义的各种社会国家制度形成的客观性和渐进性课题，而且所作的描画，毕竟与人类社会演进和社会生活法则的实际进程大体相符合，坚持了正确的认识路线，具有很高的唯物主义思想价值。

那么，"道"与各种治国制度、"圣人制作"是什么关系呢？章学诚进一步论述："道"是万事万物形成之"所以然"的客观法则，万事万物、"圣人制作"都是在理和势条件下产生的结果，是道在不同阶段的表现和形式。道好比是不停地前进的车轮，《六经》、"圣人制作"等则是车轮留下的辙印。总之，应当区分推动形成万事万物客观法则的"道"本身，和万事万物的具体形式（包括《六经》中记载的具体道理和"圣人制作"）。故言："《易》曰：'一阴一阳之谓道。'是未有人而道已具也。继之者善，成之者性。是天著于人，而理附于气。故可形其形而名其名者，皆道之故，而非道也。道者，万事万物之所以然，而非万事万物之当然也。人可得而见者，则其当然而已矣。""天著于人，而理附于气"，就是强调社会历史演进和国家制度产生背后的法则性是客观的（"天"和"理"），其表现则是人事活动和各种具体的事物、制度（"人"和"气"）。故此，凡有具体的事物，凡是起了具体名称的，都是"道"的生成物（"道之故"）而不是"道"本身。"道"是推动万事万物形成的客观法则，而不是万事万物的具体形式。人能看得见摸得着的，就是它的具体形式。至此，章氏乃以酣畅的气势论述历代制度的创设，是由于事物的不得不然：

> 人之初生，至于什伍千百，以及作君、作师，分州、画野，盖必有所需而后从而给之，有所郁而后从而宣之，有所弊而后从而救之。羲、农、轩、颛之制作，初意不过如是尔。法积美备，至唐、虞而尽善焉；殷因夏监，至成周而无憾焉。譬如滥觞积而渐为江河，培塿积而至于山岳，亦其理势之自然，而非尧、舜之圣过乎羲、轩，文、武之神胜于禹、汤也。后圣法前圣，非法前圣也，法其道之渐形而渐著者也。三皇无为而自化，五帝开物而成务，三王立制而垂法，后人见为治化不同有如是尔。当日圣人创制，只觉事势出于不得不然，一似暑之必须为葛，寒之必须为裘，而非有所容心，以谓吾必如是而后可以异于人，吾必如是而后可以齐名前圣也。

以如此透彻的语言论述由草昧初开，到各种国家制度的建立，都是有了需要以后促成创造，有了郁积因而需要宣泄，有了弊病而后需要革除；伏羲、神农、黄帝、炎帝、颛顼这些古帝先王所有的制作发明，其动因莫不如此；这好比小泉汇成江河，小土丘积成高山，是道理和事势决定的必然趋势，并不是后代帝王的个人才能一定超过前代帝王——论述对于历史哲学具有根本性原理意义的这一道理，章学诚无疑是第一人！

由此也就应当理解：后圣效法前圣，并不是效法前圣的具体做法，而是效法前圣依据客观的理、势所推动，把制度创制得更加显著、更加完善的道理，所以，客观趋势（或言"事物法则性"）的道，好比是车轮永远转动、向前发展，而具体的制度、事物，则好比车轮留下的一段一段的轨迹。"一阴一阳，往复循环者，犹车轮也；圣人创制，一似暑葛寒裘，犹轨辙也。"章学诚就是这样以极其形象、极其简洁明了的语言，解答了"道"与各种国家制度、"圣人制作"二者的关系。

第二个命题："言圣人体道可也，言圣人与道同体不可也。"

在上述透彻地论证了"道"是事物的内在法则，历代制度、"圣人制作"是因理和势客观推动形成这一根本命题以后，章学诚已经掌握了充分的立论根据，因而能够有的放矢地澄清一些长期被混淆的观点。

首先是，能不能把圣人的制作、经典，等同于"道"？道有自然，与圣人不得不然，二者能等同吗？

千百年来儒生对经书极度崇奉，认为圣人和儒家经典就是"道"的化身，圣人——《六经》——"道"三位一体，成为根深蒂固、牢不可破的观点。章氏却振聋发聩，提出针锋相对的观点："道"与圣人不能等同。所论极为有力："道有自然，圣人有不得不然，其事同乎？曰：不同。道无所为而自然，圣人有所见而不得不然也。故言圣人体道可也，言圣人与道同体不可也。圣人有所见，故不得不然；众人无所见，则不知其然而然。孰为近道？曰：不知其然而然，即道也。非无所见也，不可见也。不得不然者，圣人所以合乎道，非可即以为道也。"（以上引文均见《文史通义》内篇二《原道上》）

"道"是客观法则，圣人是体认客观法则所显示出来的客观趋势，认识到客观的需要。"道"是客观进程的演进，仿佛是无意志、无知觉的，圣人是对理与势的需要有所认识而创设。言"圣人体道"符合实际，言"圣人与道同体"则大错特错，表面上只是字句稍有不同，实质上是非正相反。圣人不是"道"的化身，圣人只是对当时理势的需要有正确的认识，历代儒者却因为错误地把圣人以及《六经》当作"道"的化身，所以忘记了认识新事物、总结理势的新变化、创设新制度的责任，这正是问题的症结所在，这个根本性的是非不可不辨！章氏对"言圣人体道可也，言圣人与道同体不可也"这一重要命题的论证，是针对千百年来流行的谬见的有力辩驳，表明了对认识新的理势、担当起把"道"向前推进的历史责任的一种初步觉醒。因此两种提法是保守锢蔽与革新进取两种精神状态的对立，是保持中世纪的蒙昧迷信意识与追求理性觉醒的近代意识的对立，是唯心与唯物两种思想路线的对立。这一见解在当时讲出来，确是惊世骇俗，以至大梁本的整理者心有顾虑而把这一重要命题在《原道》篇中删去了！

章氏进而论述："圣人求道，道无可见，即众人之不知其然而然，圣人所藉以见道者也。故不知其然而然，一阴一阳之迹也。学于圣人，斯为贤人。学于贤人，斯为君子。学于众人，斯为圣人。"这是为了澄清千百年来视圣人为"天纵之才"，神秘莫测，众人是芸芸众生，只能盲目服从的糊涂观念，提出"圣人学于众人"的新观点。因为圣人的作为只是体现了客观理势的需要，圣人如果不从众人的行为、欲望中得到正确认识，就不能成为"圣人"。这一观点在将圣人视为万世师表、视众庶为愚昧无知的时代，更不愧为石破天惊的伟论。

第三个命题："道"与事功密切相连，《六经》不能尽"道"，事变之出于后者，《六经》不能言，立言之士的责任是总结出新的"道"。

对此，章氏分三层进行论证。第一层是：孔子未尝离开三代之政教，而以空言存其私说。欲学孔子而离开事功，是不知孔子。"夫子尽周公之道而明其教于万世，夫子未尝自为说也。""虞廷之教，则有专官矣……然既列于有司，则肄业存于掌故，其所习者修齐治平之道，而所师者守官典法之人。治教无二，官师合一，岂有空言以存其私说哉！"（《文史通义》内篇二《原道中》）他尖锐地批评世儒欲学孔子而摒弃事功，抱着经书而不作为，这恰恰违背了孔子的学说。第二层是：《六经》是明道之器，政教典章人伦日用之外，更无别出著述之道。三代以前，典章制度、人伦日用和《六经》中治国之"道"，是统一的，治教合一、官师合一；后代儒者却视《六经》为圣人专门言"道"的书，把"道"与社会生活相割裂，将"道"与"器"相割裂，这是完全错误的。第三层是：事物不断发展，"道"也要发展，当代学者应担负"约《六经》之旨而随时撰述以究大道"的时代责任，对后世事变予以总结，以推进对社会生活演进法则性之认识。这是《原道下》篇的核心观点，也是章学诚在哲学探讨上远远高于同时代学者之处！章氏强调当时考证学者以训诂章句专攻一经为学问的极致，实则只得一隅，未能认识古人学问的全体。他又认为，孔子所言"予欲无言"，孟子所言"予岂好辩哉？予不得已也"，恰恰证明古代圣贤是由于总结出客观社会生活的规则性而后不得不发之为言，那么，当今学者也应当具有高度的使命感，担负阐明穷变通久，总结《六经》之后社会生活发生的变化，推进和究明大道的时代责任："夫道备于《六经》，义蕴之匿于前者，章句训诂足以发明之。事变之出于后者，《六经》不能言，固贵约《六经》之旨而随时撰述以究大道也。太上立德，其次立功，其次立言，立言与立功相准。盖必有所需而后从而给之，有所郁而后从而宣之，有所弊而后从而救之，而非徒夸声音采色，以为一己之名也。"（《文史通义》内篇二《原道下》）

因此，他认为当今对待《六经》、对待学术的正确态度是，抛弃《六经》是孔子因其"天纵之圣"，从头脑中演绎出来的旧观念，抛弃"道"是固定不变、《六经》已经穷尽的旧观念，改变以为凭训诂章句即能获得古人学术真谛的错误态度，树立"道"与社会生活密切联系、因事物发展"道"也向前发展的正确态度，明确学者的责任是针对现实社会中"有所需""有所郁""有所弊"的问题，着力探究，总结哲理性的认识，勇于创造，回答时代的要求。

四、"其所发明，实从古未凿之窦"：将"道"的探究推向新境界

关于"道"的内涵和古今哲学家对"道"如何阐释，一向诚为哲学史、思想史论著所关注。《中国大百科全书·哲学卷》"道"的词条说"道"是道家（老庄）提出的，其解释基本上不涉及儒家，这似乎是明显的缺陷。其实，在中国历史上，儒家对"道"的讨论甚多，对意识形态的发展关系更大。词条对"道"下的定义为："用以说明世界的本原、本体、规律或原理。"这一定义颇有学术参考价值。而结合章学诚《原道》上中下三篇所阐发的，觉得他所揭示的"道"的内容更为透彻、贴切，其所指包括三个方面：①根本原理、哲理的最高境界；②人类社会演进、治理国家经验的总结；③人伦日用、社会生活和其他事物演进的法则性、规律性。三个方面互相联系。

《原道》三篇撰成之时，颇受学者讥议，认为"题目太熟"，与前人所论势必雷同，难有新意。实际情况却大为不然。前人确实有过同名的三篇，但章学诚的立意很明确，他不仅不重复前人见解，而且是为了提高、辨正和探原。将这三篇与章氏著作一比较，即可看到章氏理论之价值所在。

《淮南子·原道训》中，也讲到"大道"包括广大无边的自然界，广包四方八极，包括明阴阳、四时。而主要讲道家的无为、清静、寡欲为"太上之道"，"生万物而不有，成化像而弗宰"，"是以大丈夫恬然无思，淡然无虑"。"天下之事不可为也，因其自然而推之；万物之变不可究也，秉其要归之趣"，国君"以其无争于万物也，故莫敢与之争"。圣人处事原则为："不谋而当，不言而信，不虑而得，不为而成"，"善游者溺，善骑者堕，各以其所好，反自为祸"。消极避世，反对任何干预措施。

刘勰《文心雕龙》首篇为《原道》，是很有影响的名篇，它与居第二、第三篇的《徵圣》《宗经》同样阐发刘勰著述《文心雕龙》的宗旨。"原道"就是"本乎道"，主张文章和写作，应以"道"为依据，故其《序志》篇中言："盖《文心》之作也，本乎道。"这个"道"，有客观自然地演进的含意，又是指自包牺、尧、舜以下至孔子的儒家所尊崇的体系、统绪。故言："逮及商周，文胜其质，雅颂所被，英华日新。文王患忧，繇辞炳曜，符采复隐，精义艰深。""至夫子继圣，独秀前哲，熔钧《六经》……写天地之辉光，晓生民之耳目矣。""爰自风姓，暨于孔氏，立圣创典，素王述训，莫不原道心以敷文章。……故知道沿圣以垂文，圣因文而明道。"讲文章的发生、繁复，是与儒家圣人的统系同步发展的，而圣人的"道"，又是要靠文章来体现的。正因"道沿圣以垂文"，所以第二篇要讲《徵圣》，又因"圣因文而明道"，所以第三篇要讲《宗经》。故《文心雕龙·原道》篇是讲写作文章、衡量文章好坏，要以儒家的"道"作为根本标准，而非讲"道"的生成、发展。

韩愈《原道》也是一篇重要文献，是其政治思想、哲学思想之代表作。所论的核心，是总结、确认儒家自尧、舜、禹、汤、文、武、周公、孔子至孟子一脉相传的"道统"，即儒家思想的正统，拿出来与当时盛行的佛老思想相对抗，认为惟有儒家之"道"是"为天下国家、无所处而不当"的治世良方；老子"去仁与义"，佛教"灭其天常"，都与纲常伦理相违背。韩愈维护儒家"正统"，辟除佛老，在当时有进步意义。但此篇中恰恰又宣扬道、理、纲常都是圣人头脑中先天所固有的，不需经过社会实践，"无圣人，人之类灭久矣"。这是唯心主义的说教。章学诚恰恰要批驳这种观点。

故前人之作，与章学诚撰写的《原道》，篇名相同，旨趣却殊异，论证的问题各不相同。《淮南子·原道训》讲清静、无为、寡欲，一切听其自然。《文心雕龙·原道》讲文章要以儒家的"道"来作指导，要体现"道"。韩愈是要捍卫儒家自尧、舜至孔、孟的道，来抵制佛、老，其文是宣扬维护儒家纲常名教的重要性。而章学诚的《原道》三篇围绕三个重要命题，深刻地论证作为哲学根本和核心的"道"，作为人类社会演进法则的"道"，是怎样产生？如何演变？"道"与学术应是什么关系？历代儒者把《六经》与"道"等同起来，当时许多考证学者以琐屑考证、掔绩补苴的态度对待儒家经典，这些根深蒂固的观念，究竟能不能成立？是应当维护，还是应该革除？立言之士应不应该担负起时代责任，根据时势的新变化，总结和推进大道？——毫无疑义，章学诚所从事的是具有极高价值的真理性探索，他继承发扬了中国思想史的优良成果并摒弃了种种错误的羁绊，因而在当时的历史条件下结出了宝贵的硕果，为"道"的探索开辟了新境界。

　　章学诚对《原道》三篇的撰写极其重视并持有充分的自信，在《与陈鉴亭论学》中，他明言并不因"同志诸君"不理解其著述旨意而感到丝毫气馁，他相信自己坚持的方向的正确，强调此篇的撰著实为针对以名物训诂为尽治学的能事，或人为地划分畛域的错误倾向。他进而确信无疑地指出，篇中揭示的道起于三人居室，道体之存即在人伦日用、社会生活的必然性、法则性之中，由此体现穷变通久的原理等重要命题，乃具有巨大的价值："《六经》未尝离器而言道，以孔子之不得已而误谓孔子之本志，则虚尊道德文章，别为一物，大而经纬世宙，细而日用伦常，视为粗迹矣。故知道器合一，方可言学；道器合一之故，必求端于周、孔之分，此实古今学术之要旨，而前人于此，言议或有未尽也。故篇中所举，如言道出于天，其说似廓，则切证之于三人居室。若夫穷变通久，则推道体之存即在众人之不知其然而然。集大成者实周公而非孔子，孔子虽大如天，亦可一言而尽，孔子于学周公之外更无可言。《六经》未尝离器言道，道德之衰，道始因人而异其名，皆妄自诩谓开凿鸿蒙，前人从未言至此也。"（《文史通义新编》外篇三《与陈鉴亭论学》）

　　以章学诚为代表的中国古代史家，在历史哲学探索方面也取得令人瞩目的成绩，并非只重考证和编纂。而且，中国思想史上有一个规律，即：不同时期的进步思想家总是继承孔子思想的优良遗产和重要命题，同时结合本身所处的时代条件，进行再创造，提出符合时代需要的思想主张，由此促进了中华文化的传承和民族精神的提升。就乾嘉时期学术而言，我们超越单纯学术考证尺度的局限，深入分析和正确评价乾嘉学者在"义理"层面的成就。"乾嘉学术"与"乾嘉时期学术"，是两个既互有联系但又互相区别的范畴。"乾嘉学术"，其内涵为乾嘉考证学。"乾嘉时期学术"的内涵要远为丰富，远为深刻。它不但包括人们熟知的考证学成就，而且包括这一时期学者在义理层面探讨的成就。尽管他们关注的领域不同，议论的对象有别，但其认识出发点和思想动力，就是立足于儒学中重事实，主张学术经世致用，以辩证的、发展的观点对待事物的理性精神，结合所处的时代环境，将之大力发扬！这些学者的人数并不多，但其理论上、思想上的成就却居于学问的更高层次，而且反映了社会要前进的时代脉搏。因而不仅预示了行将到来的嘉道年间学术风气的转变，而且成为二十世纪初梁启超构建"新史学"和"五四"时期革新派学者提倡思想解放的直接源头之一。

第四讲

制度特色：设馆修史与中华文化的传承

中华民族是历史意识发达的民族。相传夏代、殷代已有史官。西周以后，见于典籍记载的著名史官便代不乏人。如宗周有史官史佚、周任、史伯、内史过等，春秋时期，晋有史臣董狐，齐有太史南史，《周礼·春官·序官》载有太史、小史、内史、外史、御史之职。古代的著名经典《尚书》是最早的官方历史文献的汇集。春秋时期有"百国春秋"，见于《墨子·非命中》篇。为孟子所称道的晋之《乘》，楚之《梼杌》，鲁之《春秋》，即是各国史书中之尤为著名者。再其后，《竹书纪年》《世本》等，则由战国时期史官编纂而成。由于至春秋、战国时期，史官记载更加及时和周详，故又出现了利用这些史料而撰成的私人著述，如《春秋》《左传》《国语》等。先秦时期史官的设置和私人撰史的产生已经预示了此后中国史学将沿着两大途径发展：一是史官制度将更加发展和逐步完善，官修史书将产生更具规模的著作；二是才识过人之士将依靠官方史料为主、再加搜集其他史料，撰成体现本人历史见解之作。两者如车之两轮，鸟之双翼，相辅相成，共同汇成中国古代史学浑浩流转、波澜壮阔的长河。西汉的司马迁撰成《史记》，成为私人著史的一座丰碑。然则《史记》的伟大成功又与史官制度有着不可分割的密切联系，司马迁是以父子两代世任史官的家学传统为基础，以武帝时期皇家金匮石室所典藏的历史文献为凭藉而著成《史记》的。

一、设馆修史的肇始与推进

中国史学双流并进的趋势至东汉初年便已出现，既有继承司马迁优良传统的私修史书的名作，而且史官的作用又更加得到重视，成为古代设馆修史制度的发轫期。

东汉明帝、章帝年间，班固在其父班彪《史记后传》的基础上，撰成《汉书》一百卷，成为近两千年间历代"正史"的范本。班固著史，又直接导致他其后参与东汉官修本朝史。起先班固曾因修史致祸，被人诬告私自改作国史下狱，然明帝得见其已成之稿而"奇其书"，召至洛阳，任兰台令史（兰台是东汉皇家藏书、校书之所），诏其续成所著《汉书》。明帝令班固"与前睢阳令陈宗、长陵令尹敏、司隶从事孟异共成《世祖本纪》"，"又撰功臣、平林、新市、公孙述事，作列传、载记二十八篇"（《后汉书》卷四十上《班固传》）。这是东汉官修当朝史《东观汉记》的开始，此在中国史学史上具有重大意义，证明新建的皇朝视修史为朝政大事，一方面要修前朝史，一方面要修当朝史，由此保证历史记载的长期连续。东汉自明帝至桓帝多次撰修《东观汉记》，无疑是古代设馆修史制度的肇始。"东观"实有类于后代的史馆。班固、刘珍、蔡邕等（见于史书者先后共二十七人）即为史官，当时只称"著作东观"，尚未如后代授以"著作郎"之职。

自东汉朝在东观修当朝史，至"史馆"正式出现，中间经历了三国、两晋、南北朝长达三百余年积累经验、逐步形成的过程。曹魏太和中，始在中书省置著作郎，为专职史官。晋元康初改隶秘书省，除设著作郎一人外，还有佐著作郎八人，宋、齐以后改称著作佐郎。佐郎负责博采史料，正郎负责撰修记载。曹魏、西晋的华峤、陈寿、陆机、束皙，东晋的王隐、虞预、干宝、孙盛，宋、梁的徐爰、沈约、裴子野，都是担任过史官的优秀人才。宋、梁、陈又置修史学士。这一时期的官修史书一直为朝廷所注重。如曹魏黄初、太和中命尚书卫觊、缪袭草创纪传体魏史，后又命尚书韦诞、侍中应璩、秘书监王沉等续修，其后由王沉独自完成《魏书》四十四卷。孙吴少帝命韦曜（即韦昭）、薛莹等人撰吴史，最后成《吴书》五十五卷。西晋时，陆机撰三祖纪，束皙撰十志。东晋王隐受诏撰晋史。这一时期私人撰史风气甚盛，以陈寿《三国志》、范晔《后汉书》、沈约《宋书》、萧子显《南齐书》为最著，其他关于后汉史、晋史的著述，无论纪传、编年二体均有多种。十六国虽是少数民族建立的割据政权，但受中原文化的影响，也多有设置史官记载史事。如汉刘聪嘉平初，公师彧以太中大夫领左国史，撰其国君臣纪传。成汉与西凉都委任门下官属记本朝史事。南凉主乌孤在建立政权后，以其参军郭韶为国纪祭酒，使撰录本朝史事。其他还有前赵置著作官和苞，后燕置著作官董统。

史馆的设置，是在北齐魏收受诏撰修《魏书》之时，至此出现了史臣奉职其间专事撰述的机构。史馆设置的深刻背景，是自北魏建国以来一百多年间重视修史的长久的传统。

北魏是鲜卑拓跋部建立的朝代，当其祖先居幽都之北时，以游牧为主，未有文字，采用原始的刻木纪事的方法。北魏道武帝接受汉文化的影响，建国初年即重视历史记载，设置了史官。以后随着拓跋族汉化的加深，修史一直成为北魏君臣关注的事业。先是道武帝诏尚书郎邓渊撰《代记》十余卷。以后太武帝诏集文人崔浩、游雅、高允、程骏、李彪、崔光等撰修国史。"又特命崔浩总监史任，务从实录"，游雅等"世修其业"。崔浩后因参与谋议军国大事有功，先加侍中、特进，旋加司徒，并领秘书监，总任史务，续成前史。崔氏为北方士族之首，崔浩因主张辨别姓族门第、发展士族势力等而触怒了太武帝，太平真君十一年（450）以修史暴露"国恶"的罪名被诛，但其所撰国史并未禁毁。崔浩所修为编年体，以后李彪分作纪、表、志，下迄孝明，事甚委悉；王晖业又撰成《辨宗室录》三十卷。宣武帝时，命邢峦追撰孝文起居注，书至太和十四年（490）；又命崔鸿、王遵业补续。这些都说明元魏深深接受了华夏文化重视历史记载的优良传统，同时也为以后魏收撰成一代大典的《魏书》准备了大量有用的史料。

魏收在北魏节闵帝时，为太学博士，典起居注，参与修魏朝国史。入东魏后，以文才著名，但仕途坎坷，乃求修国史。经崔暹推荐，高澄命收为正常侍领兼中书侍郎，修国史，后加兼著作郎。北齐代东魏立国，魏收受齐文宣帝（高洋）信任，参掌机密，任秘书监兼著作郎。不久除中书令，奉诏修魏史。

北齐代东魏伊始，文宣帝即下诏在全国范围征集史料，切望撰成史著，传之万古。天保二年（551），诏魏收撰修《魏书》，房延祐、辛元植、刁柔、裴昂之、高孝干等参与修撰。四年（553），魏收除魏尹，然文宣帝"优以禄力，专在史阁，不知郡事。初，帝令群臣各言尔志，收曰：'臣愿得直笔东观，早成《魏书》。'"（《北齐书》卷三十七《魏收传》）故文宣帝令魏收专其任，又诏平原王高隆之为总监。魏收恪尽史官职守，"辨定名称，随条甄举；又搜采亡遗，缀续后事，备一代史籍。表而上闻之，勒成一代大典"（《北史》卷五十六《魏收传》）。合纪、传共一百一十卷，于天保五年奉上。嗣又续修十志，其中《官氏志》《释老志》为魏收新创。史称：高隆之任总监"署名而已"。参与修撰诸人亦殊少贡献，"房延祐、辛元植、眭仲让虽夙涉朝位，并非史才；刁柔、裴昂之以儒业见知，全不堪编辑；高孝干以左道求进"。魏收则在撰史四年之内专力以赴，博访百家谱状，搜采遗佚，包举一代始终，颇为详悉。不惟"其史三十五例、二十五序、九十四论、前后二表二启，皆独出于收"，且《魏书》全书也实赖魏收独力完成。故此书虽成书于史馆，但历代仍视为魏收私撰之作。魏收撰成后，时论颇言收著史记载不公，故曾号为"秽史"。然据学者研究，以当时诸家子弟卢斐、王松年讼魏收之言，"稽核其情，皆属无理"。再拿《魏书》纪传与《北史》相校，"则《北史》事实论赞大抵全取《魏书》，惟略有删削，极少改易增添"。"乃《北史》删《魏书》者十之一，袭《魏书》者十之九，于以知魏收之书详略得当，近于实录……有魏一代修国史者类有学识，能直笔，收书大半本于国史，故事实论断多能持平近是。后人忽于收书所本，漫以为全书出收手，故妄加疑惑，吹求不已也。"（周一良：《魏收之史学》，《魏晋南北朝史论集》）证诸多项事实，"秽史"之说实属不公之论。

魏收在北齐史馆修史期间，如《魏书·自序》所云："受诏撰魏史，除魏尹，故优以禄力，专在史阁，不知郡事。"史阁即史馆，有《初学记》卷三冬第四所载《北齐邢子才酬魏收冬夜直史馆诗》可证。这标志着古代设馆修史之初步形成。《魏书》虽被视为魏收私人所撰，但已在设馆修史方面为后代开了先河。因为事情很明显：《魏书》是奉诏修撰，他是在北魏历任史官撰成的国史资料基础上进行的；朝廷又命显贵大臣"监修"；史书成于史馆，纪、传、志兼备，被称为"一代大典"；史馆人员有著作郎、著作佐郎、修史臣、校书郎等（魏收即为北齐史馆的第一任著作郎）。总之，北齐设馆修史是由华夏民族重视历史记载的长期传统发展而来的，而更加意味深长的是，这一制度的初步形成又因鲜卑族政权实行汉化政策直接导致而来，所以它又是北朝时代汉族与鲜卑族共同的文化认同结出的珍贵果实！

当北魏时，始于秘书监置著作局，正郎二人，佐郎四人。

节闵帝普泰（531—532）以后，别置修史局，置员六人。西魏史官柳虬曾向魏文帝上疏，主张史官发扬董狐、南史直笔无畏的精神，记当朝事实均显言其状，然后付史馆保存，使是非明著，达到彰善瘅恶、收到惩戒之效的目的。其疏云："古者人君立史官，非但记事而已，盖所以示监诫也。动则左史书之，言则右史书之，彰善瘅恶，以树风声。故南史抗节，表崔杼之罪；董狐书法，明赵盾之愆。是知直笔于朝，其来久矣……伏惟陛下则天稽古，劳心庶政，开诽谤之路，纳忠谠之言。诸史官记事者，请皆当朝显言其状，然后付之史阁，庶令是非明著，得失无隐，使闻善者日修，有过者知惧。"（《周书》卷三十八《柳虬传》）朝廷采而施行。

南朝齐高帝时，诏檀超与江淹掌史职，修当朝史。所撰成的国史篇章，成为其后萧子显撰修《南齐书》的基础。姚察始撰、姚思廉续成的《梁书》（察在南朝梁末时任著作佐郎，在陈任秘书监领著作郎，入隋为秘书丞，三朝均领史职，撰修《梁书》《陈书》未成，后由其子思廉续成），其所本乃梁朝所修之国史。如赵翼所言："各列传必先叙其官，而后载其事实，末又载饰终之诏，此国史体例也。有美必书，有恶必为之讳……可见国史本讳而不书，察遂仍其旧也。"（赵翼著，王树民校证：《廿二史劄记》）可知梁时所修国史为其后《梁书》的撰成提供了重要的史实基础，但国史多所讳饰的缺陷也被《梁书》所承受。

二、史馆制度的确立及其重大意义

设馆修史制度的确立是在唐朝初年。这一在中华文明史上具有重大意义的事件在唐初出现绝非偶然。它与国家结束了长期的分裂、实现了比汉朝规模更大的统一、创建了更加强盛恢宏的朝代相适应，显示出融合了南北民族之后中华文化具有更加雄伟的创造力。特别是从保证历史记载的长期连续的传统言，从北齐天保以来经历二百六十多年，进一步积累了丰富的著史成果和修撰经验，唐初政治家和史学家共同认识到必须实现一桩宏大的文化事业，为刚刚过去的五个朝代（南朝的梁、陈，北朝的齐、周，隋）正式修成完整的史册，此项迫切需要直接推动了设馆修史制度的确立。

高祖武德五年（622），秘书丞令狐德棻奏请修梁、陈、齐、周、隋各朝史。高祖然其言，下诏曰："司典序言，史官记事，考论得失，究尽变通，所以裁成义类，惩恶劝善，多识前古，贻鉴将来……朕握图驭宇，长世字人，方立典谟，永垂宪则。顾彼湮落，用深轸悼，有怀撰次，实资良直。"令萧瑀等修魏史，陈叔达、令狐德棻等修周史，封德彝等修隋史，崔善为等修梁史，裴矩等修齐史，姚思廉等修陈史。要求"务加详核，博采旧闻，义在不刊，书法无隐"（《旧唐书》卷七十三《令狐德棻传》）。但此次决定却因迁延数年未见成效而罢。至太宗贞观三年（629），修史工作重新启动。为了表示对修史工作的重视，太宗决定移史馆于禁中，在门下省北，"宰相监修，自是著作局始罢史职"（杜佑：《通典》卷二十一《职官三》）。此举的主要目的是修梁、陈等五代史。太宗"乃令德棻与秘书郎岑文本修周史，中书舍人李百药修齐史，著作郎姚思廉修梁、陈史，秘书监魏徵修隋史，与尚书左仆射房玄龄总监诸代史"（《旧唐书》卷七十三《令狐德棻传》）。众议因魏史既有魏收之书，已为详备，遂不复修。同年朝廷还规定了《诸司应送史馆事例》，要求各行政部门务必将重要事项及时向史馆勘报。

贞观初设馆修史成效极其卓著。由于授任的人才均一时之选，简派得人，积累的前期成果和史料丰富，又有房玄龄与魏徵"总监诸史"、令狐德棻负责"总知类会"，帮助房、魏二人负责协调工作，所以保证了各史修撰工作的顺利进展。

《隋书》由魏徵主修，参加修撰的还有颜师古、孔颖达、许敬宗等人。贞观十年（636）撰成，共有帝纪五卷，列传五十卷。同年完成的还有《周书》《北齐书》《梁书》《陈书》。《周书》由秘书丞令狐德棻、秘书郎岑文本主修，侍御史崔仁师佐修，其史料来源，包括西魏史官柳虬所修国史（北周史官续修）和隋代秘书监牛弘所撰周史帝纪，以及唐初征集的家状一类资料。成书计帝纪八卷，列传四十二卷。《北齐书》经李德林、李百药父子两代完成，德林在北齐时就参加国史的编写，成纪传二十七卷，隋开皇中又奉诏续撰扩充为三十八篇。贞观元年，太宗命百药据其父旧稿续撰，至十年完成，共五十卷。《梁书》《陈书》是由姚察、姚思廉父子相继撰成。姚察在陈朝任秘书监领著作郎，参与梁史的编纂。入隋为秘书丞，受命编纂梁、陈两朝史，未成而卒。姚思廉在贞观初任著作郎，奉诏续成梁、陈二史，乃据其父旧稿，兼采谢炅、傅缚、顾野王诸家之书，撰成《梁书》五十六卷，

《陈书》三十六卷。

贞观十五年（641），签于已撰成的梁、陈、北齐、周、隋五代史都阙志书，太宗因诏命左仆射于志宁、太史令李淳风、著作郎韦安仁、符玺郎李延寿、著作郎敬播等撰修五代史志。高宗时诏令狐德棻监修。高宗显庆元年（656）修成十志，计三十卷（时梁、陈等书已单独流行，而志的内容详于隋，略于其他四朝，且隋居五代之末，故十志合在《隋书》之内）。太宗又于贞观二十年（646）颁布诏令修撰《晋书》，由房玄龄、褚遂良、许敬宗掌其事，来济、陆元仕、李淳风、李延寿等十一人分工撰录。由于撰修阵容强大，组织得当，仅用了两年多时间，便于贞观二十二年撰成，包括两晋及十六国的全史，计十纪、二十志、七十列传、三十载记，共一百三十卷。

这样，从贞观三年"别置史馆"起，经过主修、监修和各位史臣的共同努力，唐初历二十余年时间的大规模修史工程取得了极其丰硕的成果，共撰成前朝史六部，总卷数达四百零七卷，记载了自西晋至隋末长达三百五十三年，而且范围广阔的历史。加上李延寿在其父李大师旧稿的基础上奉诏修成的《南史》《北史》，在唐初修撰完成的"正史"共有八部，占了"二十四史"的三分之一。"设馆修史"制度在唐初的确立，是与成效如此卓著、成就如此巨大的修史工作相联系的，因而意义更为巨大。"设馆修史"制度确立的主要标志是：（一）政府高度重视，设立专门的历史编纂的机构，把纂修前朝史作为新立皇朝必须完成的一项大事，诏令史官在史馆中集体纂修。唐高祖、太宗都视修史为"览前王之得失，为在身之龟鉴"的大事，选用素有名望、熟习史学的得力人才集体撰修，给史官以尊荣的地位。太宗每与近臣谈论前代史事或修史工作，《唐会要》卷六十三所载唐太宗与褚遂良著名的问答，即表明负责记起居注的史官褚遂良忠实执行"君举必书"的职守，并直面无私维护"帝王不能观史官所记"的规矩，而唐太宗也能接受臣下规谏约束自己遵守规定。太宗还亲自为《晋史》《宣帝纪》《武帝纪》《陆机传》《王羲之传》四篇撰写了史论。（二）宰相、大臣监修。历贞观至高宗显德年间，诏修各史及《五代史志》均为重臣监修，遂成定制。（三）规定了各部门和地区定期向史馆报送史料的制度，保证了及时储存史料，及时撰修实录和国史，自唐以后，历代相沿不改。

以上唐代确立的修史制度，政府对纂史工作的高度重视和完成八部"正史"的巨大成绩，大大加强了我国历史记载长期连续的传统，对后代产生了深远影响。以后历代鼎革之际，继起的皇朝都十分重视修纂前朝史，将之作为朝政大事，务必开设史馆，招致人才，集体纂修，克底于成。五代时，修成了《旧唐书》，宋初不仅修成《旧五代史》，又诏令修成《新唐书》，明初修成了《元史》。入主中原的少数民族政权同样高度重视纂成前朝的历史，这是中国各民族历史文化认同的意义重大的成果，成为各民族走向统一的纽带和强大的凝聚力，强调指出这一点是十分必要的。金灭辽后，曾两次纂修《辽史》，第一次在熙宗朝，由耶律固和萧永祺先后执笔。第二次在章宗朝，由移剌履、党怀英等十三人纂修，后由陈大任最后完成，但因义例未定，最终未经金朝批准刊行。

元世祖灭金后，即于中统二年（1261）始议修辽、金二史；宋亡，又议修辽、金、宋三史，但迁延未就。元顺帝时，命丞相脱脱等修三史，自至正三年（1343）三月开史馆，至正五年十月告成。成书如此迅速，是三史皆有旧本作基础。《明史》的纂修，在清世祖入关的第二年（顺治二年，1645）即第一次设史馆议修，但因诸事草创，未见成效。康熙十八年（1679）再次开馆纂修，以徐元文为总裁官。康熙末及雍正年间王鸿绪、张廷玉先后继任总裁官，至雍正十三年（1735）定稿，乾隆四年（1739）刊行，前后历时共九十余年，终于修撰成这部不愧为《二十四史》后殿之作。

唐初设馆修史成为定制之后，修前代史和修国史作为朝政大事受到政府以至整个社会的普遍承认，确立了一套制度，加上政府为史馆提供了人材和物质的保证，因而在纂修前朝史上保证了记载的连续不断，在纂修本朝史上准备了丰富史料，撰成了种类多样、数量丰硕的成果。刘知幾在《史通·史官建置》篇中论云："夫为史之道，其流有二。何者？书事记言，出自当时之简；勒成删定，归于后来之笔。然则当时草创者，资乎博闻实录，若董狐、南史是也；后来经始者，贵乎俊识通才，若班固、陈寿是也。必论其事业，前后不同。然相须而成，其归一揆。"承此两流发展，历代设置史馆除担负修撰前朝史的重要任务外，另一项重要任务，是纂修当朝史，此包括起居注、实录、国史等。

唐代记注有定法。据《唐会要》载，史臣撰修起居注是根据"君举必书"的原则，由起居郎、起居舍人及时记载皇帝言行、军国要事，定时送交史馆，在此基础上，再修成实录和国史。唐代还规定了政府各部门及地方必须及时将政治、军事、外交、典礼各项重要事件，及天象灾害、吏治人材等项社会情况报送史馆的制度，其目的即在保证国史之史料来源广泛、及时、详确。唐代这些制度，后唐时也作为成法遵行，并且规定得更加详细。综合《唐会要》《五代会要》等的记载，证明唐代记载史料的制度甚为详密，皇帝的言动都由随仗出入的史官当即记载，作为日后修国史之依据。唐朝国史自吴兢起，曾修过四次。但因经过安史之乱和唐末大乱，国史、实录俱大量焚毁散失。

五代时期，设馆修史制度受到了极严峻的考验。五代战乱频繁，后梁、后唐、后晋、后汉、后周五个朝代总共才历五十三年，政权更迭如走马灯一般，最长的后梁政权历十六年，最短的后汉才历四年。但是，史馆记注制度、报送史料及撰修实录制度却得到保持，且五代每位皇帝都修有实录，证明自唐初确立的史馆制度至此乱离的时代仍能保持其运转机制。唐文宗每召大臣论事，必命起居郎、起居舍人执笔立于殿阶螭头之下，以纪政事。后唐明宗，因史馆赵熙等奏，亦命以诏书及处分公事，令端明殿学士韩昭允录送史馆。史馆所需史料有制度作保证，撰修工作仍然得到重视，故虽然这一时期政权更迭频仍，但五代各朝俱有实录。据《五代会要》《旧五代史》纪及有关的传综核，五代共修成实录计十八部之多，总卷数为二百六十五卷。诚如赵翼所言："五代诸帝本各有实录，薛居正即本之以成书，故一年之内即能告成。今案其纪载，不惟可见其采取实录之迹，而各朝实录之书法亦并可概见焉。"（赵翼著，王树民校证：《廿二史劄记校证》）

证明五代史馆在战乱年代修成的各朝实录，为北宋初提供了众多的半成品和高级品资料，从而保证了《旧五代史》之迅速修成。史馆在乱世中保持其搜求史料、撰修实录和撰修前朝史的工作，这突出地表明封建国家对设馆修史的重视，认为它具有超越政权更迭之上的意义，同时也是中华文明具有顽强的传承力、虽遭劫难仍能经受考验的有力见证。

三、宋元明清设馆修史制度的发展

宋以后设馆修史制度更加发展，撰成实录、国史更为浩巨。从宋初起，史馆即形成了修撰日历——实录——正史的制度。历太宗、真宗、仁宗、英宗、神宗、哲宗、钦宗、高宗各朝，分别命大臣李昉、钱若水、吕端、吕夷简、夏竦、韩琦、吕公著、吕大防、范冲等，先后修成先朝皇帝实录。据《宋史·艺文志》载录，计有《太祖实录》五十卷，《太宗实录》八十卷，《真宗实录》一百五十卷，《仁宗实录》二百卷，《英宗实录》三十卷，《神宗实录》三百卷，《哲宗实录》一百五十卷，《徽宗实录》二百卷，《钦宗实录》四十卷，《高宗实录》五百卷，《孝宗实录》五百卷，《光宗实录》一百卷，《宁宗实录》四百九十九册，《理宗实录》一百九十册。合计十四朝实录，三千一百八十九卷（册）。同时，又成太祖、太宗、仁宗、英宗等朝国史。高宗至光宗时，各史官更分别修成多种体裁的官书，有魏杞等所上神、哲、徽三朝正史，陈俊卿、虞允文等上神、哲、徽、钦四朝会要，赵雄等上神、哲、徽、钦四朝史志，王淮等上神、哲、徽、钦四朝列传。

历南宋各朝，也同样重视实行这种修史制度。两宋还有许多日历、时政记和士大夫不可胜计的有关史事的记载。总之，由于两宋史馆制度的健全、发展，保留了各朝实录、国史连续不断的记载，加上其他史料汗牛充栋，所有这些，为元初修宋史准备了极详备的史事（当然其中不可避免地存在是非善恶回护讳饰的问题）。宋亡后，元臣董文炳在临安主持接收之事，言"国可灭，史不可没"（《元史》卷一百五十六《董文炳传》），遂以宋史馆各种记注、实录、国史悉数送归于元都，贮国史院。此可谓元臣中有识之人，视保持历史记载的连续具有超越于一朝一姓兴亡之意义。

契丹族建立的辽，女真族建立的金，蒙古族建立的元，都认为自己是中原皇朝确立的设馆修史制度的当然继承者。契丹族原先缺乏历史记载，故对其祖奇首可汗事迹，仅记其生于都庵山，徙于潢河之滨而已，甚为荒渺模糊。因受中原文化影响，以后历朝亦设监修国史之官，如刘慎行、邢抱朴、萧韩家奴等。辽圣宗统和年间，已修圣宗以前的实录。兴宗时，始命置局编修。耶律谷欲、耶律庶成及萧韩家奴任编纂，成诸帝实录二十卷。道宗大安元年（1085），史臣进太祖以下七帝实录，国史记载已稍具规模。至天祚帝乾统三年（1103），又诏耶律俨纂太祖以下诸帝实录，共成七十卷。此又标志着至天祚帝时辽修撰本朝史更有进展，故赵翼评论云："辽史传赞谓其具一代治乱之迹，亦云勤矣。当辽之世，国史惟此本号为最善，金熙宗尝于宫中阅《辽史》，即此本也。"金时，曾两次诏修辽史。第一次为熙宗皇统年间，令耶律固、移剌子敬等续修，而成于萧永祺之手，共七十五卷。第二次在章宗时，命移剌履提控刊修辽史，党怀英等任刊修、编修之职，又搜求民间史料，责令家藏有辽时碑志及文集者，悉送上官。最后诏陈大任继成。故《辽史》的修成，自太宗会同四年（941）至元朝至正四年（1344），共经辽、金、元三朝四次下诏修撰，前后历四百零三年而成。所称"陈大任本"，先后有九人预修，加他本人共计十人。总之，《辽史》是积累辽太宗以来历朝设馆修史的成果撰成，前后经营既久，故虽有简漏的缺点，但也有突出的优点，尤其列表最称得法。

女真族接受中原史官文化的经历也有类于辽。女真原无文字，对祖宗事迹并无记录。太宗天会六年（1128），令完颜勖及耶律迪延掌国史，勖等将自金始祖以下十帝史事，综述为三卷。其特点是如实记事，如赵翼谓："凡部族既曰某部，又曰某水、某乡、某村，以识别之。至与契丹往来及征战之事，中多诈谋诡计，悉无所隐，故所纪咸得其实云。今按《世纪》，初臣辽而事之，继叛辽而灭之，一切以诈力从事，皆直书不讳。及《石显》……等传，地名、部名、村名悉了如指掌，应即勖等所修载在实录者。"（赵翼著，王树民校证：《廿二史劄记校证》）此后，金史官又撰有《太祖实录》《睿宗实录》。元朝修成之《金史》号称叙事详核，文笔简洁，优于《宋》《元》二史之上，金朝史臣提供的《实录》记载详确有据，令后之修史者有所凭藉，实是其至关重要的原因。

元、明、清三代也极重视实录的撰修。明初所修成的《元史》虽有诸多舛漏，颇受讥议，但学者仍视之为"首尾完具"的"一代全史"。明初馆臣修成此书，实依靠元历朝所修实录。元世祖至正元年（1341），翰林学士王鹗奏请置史馆修《太祖实录》，附修辽、金二史。二年，敕选儒士编修国史。五年，以和礼霍孙等充翰林待制，兼起居注，以记政事。灭宋后，诏作《平金》《平宋录》，及诸国臣服传，命耶律铸监修。成宗即位，诏完泽监修《世祖实录》。至大德七年（1303），国史院进太祖、太宗、定宗、睿宗、宪宗五朝实录。明清两代尤将修撰历朝实录视为重要政事（清制，每帝卒后，设实录馆，负责纂修，事毕撤销，与常设机构国史馆有别），修成的实录卷帙浩巨，达二千九百二十五卷。

四、西学影响下晚清设馆修史的新变化

晚清时期，官方修史仍是政治运行机制的重要组成部分，即便在内忧外患、资金短缺的情况下，仍维持了相当规模。常设修史机构有翰林院所辖之国史馆、军机处所辖之方略馆、内务府所辖之武英殿修书处；例开的史馆有内阁负责的实录馆、宗人府负责的玉牒馆、翰林院负责的起居注馆；而特开的史馆则有内阁负责的会典馆等。与清前中期相较，最明显的变化是特开史馆的萎缩，而传统官修项目实录、圣训、起居注、国史等的编纂依然保持了连续性，并呈现出总结性特点。有学者曾统计这一时期完成的史书种类："从宣宗到德宗的四朝实录一千八百零三卷、圣训五百四十五卷，太祖至文宗圣训七百六十二卷，清会典、会典图、会典事例一千五百九十卷，各部院则例四十种一千四百三十三卷册，志、案、录十三种一千零二十二卷册，玉牒一种六卷，方略八种一千四百一十卷，国史馆写定稿本包括本纪、志、传、

表和皇清奏议五千六百八十六卷册，清一统志五百六十卷，道光至宣统二年起居注千余册。"（高国抗、杨燕起主编：《中国近代史学史概要》）评价这一时期的修史活动，不能单纯从数量上与乾嘉时期相比，必须充分考虑到晚清所处"三千年未有之变局"，其于艰难处境中仍在"存史"方面取得可观成绩，恰恰能够证明清廷对修史传统的重视，同时也说明官方修史仍是晚清史学的重镇，并非可有可无。

至于"资治"方面，晚清官方修史也在尽力进行自我调整以适应不断发生的时代变化，对内主要体现在则例编纂改革过程中致用思想的凸显，对外则主要体现在中外交涉历史的编纂。《筹办夷务始末》与《各国政艺通考》，就是当时最能体现晚清中西政治文化冲突的两部官修史书，前者按时间顺序汇集与外交事务有关的谕旨、奏议等资料；后者（1902年至1909年纂成）分历史、学校、农学、法律、地理、兵政、化学、官制、财政等九类汇纂西方主要国家的基本情况等，在史料来源上则多依据国内已有译著，故价值远逊于前者。

《筹办夷务始末》，又称《三朝筹办夷务始末》，计道光朝八十卷、咸丰朝八十卷、同治朝一百卷，是晚清官修的大型对外关系档案资料汇编。它的编纂以清廷藩贡外交体系被打破、被迫融入世界新秩序为背景，与涉外事务不断扩大的现实境况相适应，自咸丰初年纂修《清宣宗实录》时提出并实施，与实录编纂基本保持同步。编纂者多身居要职、地位显赫。如道光朝《始末》原监修总裁官杜受田，加太子太傅衔，以刑部尚书、协办大学士特命管理礼部事务，继任的文庆则为内阁大学士、户部尚书；咸丰朝《始末》监修总裁官贾桢为武英殿大学士；同治朝《始末》监修总裁官宝鋆长期任军机大臣行走和总理各国事务大臣。这充分反映出清廷对此项编纂的重视。该书虽在编纂之初仍具有突出的天朝上国和华夏中心意识，对外国一律称"夷"，但这一思想倾向在编纂同治朝《始末》时发生了重要变化，编纂者开始正视和承认中西之间存在的差距，提出向西方学习的主张，并盛赞洋务运动。这种对新局面的赞扬不仅抛弃夷夏旧观，将中西置于同等地位，而且反映出编纂者已在潜意识中将西方视为追赶对象，从某个侧面折射出中国士人的心态变化。而且，道光朝《始末》的起始时间定于1836年（非道光帝即位年），将有关鸦片问题的史料置于篇首，也能体现出编纂者的卓识。可见，《筹办夷务始末》的编纂，在某种程度上完成了对官方修史传统的突破，应当被视为晚清官方修史面对新的世界形势所作出的主动求变。值得一提的是，该书在体裁上也颇有新意，尝试将纪事本末体的优点引入编年体。它整体上采用以日系月、以月系年的编纂方式，但又克服编年体事无巨细、内容庞杂、脉络不清的缺点，而将浩繁的史料依据重要事件或线索予以去取和编排，从而使全书纲举目张、层次明晰。比如，咸丰朝《始末》共分为第二次鸦片战争之前、第二次鸦片战争以及英法联军退兵之后等三大阶段，第一阶段重点记载与英、法、美、俄等国交往，以通商与边界纠纷为主线汇集与俄国的交往史料，而以教案、贸易等为主线汇集与其他三国的交往史料；第二阶段则按照英、法公使北上改约和回沪交涉、双方战备、津沽战事、议和、退兵及善后等顺序予以组织，同样遵循以事件或线索维系史料的编纂原则，从而凸显出历史演进的大势。

此外，光绪年间纂修《大清会典》也呈现出一些新的时代特点，比如为保证图例的准确性，各省进行大规模的勘察测量，以重新绘制舆图，而这项工作"非平日留心舆地、谙悉中西算法之人，不能措手"（朱寿朋：《光绪朝东华录》），因此会典馆从同文馆、水师学堂、广方言馆等新式学堂中调取教习、学生等，这些接受了新式教育的人才对官方修史的参与，在一定程度上将西方近代科学理念和方法带入了史馆。

当然，如果站在西方近代史学的视角下，尤其是与私家修史领域所发生的巨变相较，晚清官方修史确实已经跟不上时代的步伐。晚清官方史学的纂修官一般出自翰林院，受传统文化熏染多年，思想正统、保守，而私人史家虽然也接受了通才式的儒学教育，但新锐者大都具有更强烈的社会责任感和更开阔的学术视野，勇于探索新知，注重从西学中汲取营养，尤以赴日留学生最为突出。比如，针对翰林院整体思想落伍的状况，光绪帝曾明确提出"于古今政治，中西艺学，均应切实讲求，务令体用兼赅，通知时事而无习气"的要求，但除极少数外，纂修者仍"大半皆腐头巾"（叶昌炽：《缘督庐日记》），对异质文明碰撞下产生的社会变局反应冷淡；而新派学人如梁启超很早就开始学习西方知识，并在流亡日本后"广搜日本书而读之，若行阴山道上，应接不暇，脑质为之改易，思想言论，与前者若出两人"（梁启超：《夏威夷游记》，《饮冰室合集》专集之二十二），更将史学的功能和地位提升到新的高度，大力倡导史学革命。一方固守以儒学为中心的文化传统，一方则力求以西学改造中学，前者遂成为后者的批判对象，而知识结构的差异直接投射到历史编纂中，产生截然不同的效应。

首先，在编纂目的和宗旨上，晚清官修史书依然恪守为帝王"资治"以及宣扬列祖"圣德"、皇朝武功的传统，眼光仍局限于对内统治，并热衷于所谓正统论和春秋笔法；而私修史书则在近代国家观念影响下逐步抛弃皇朝意识，更多地聚焦于对外实现国家和民族的救亡图强，并显现出强烈的批判精神。其次，在编纂范围和内容上，官修史书对已经发生天翻地覆变化的社会情形几乎视而不见，依然困囿于上层政治史尤其是帝王活动的范畴，机械地进行实录、圣训、起居注、会典等的编纂，修史项目不仅没有大的开拓，反而收缩到康雍年间的基本格局；而私修史书则不仅以开阔的视野和现实关怀记载外国和边疆史地知识，反映出日益增强的世界意识和致用精神，而且尝试突破上层政治史的狭窄范围，力求反映社会生活情形，亦即以"民史"编纂取代"君史"编纂，尤其在数量上已远非官修所能及，如晚清私家所修方略几乎占据整个有清一代官、私方略的半数，充分折射出朝廷对修史大权控制力的迅速减弱。再次，在编纂形式上，官修史书基本遵定制、循定例，按部就班，毫无变化和创新；而私修史书则不仅对原有体裁尤其是典制体和纪事本末体等进行适度改造，并且接续十七世纪以来出现的体裁综合趋势，积极探索、实践"新综合体"，以适应新的时代和社会需求。

对于晚清时期的官方修史活动，既要站在传统史学的延续视角下，看到其在"存史"层面取得的成绩；也要站在西方近代史学的视角下，看到其在适应时代变局层面的严重滞后。客观而言，作为政治制度重要组成部分的官方修史，真正走向没落，是自清朝灭亡、君主专制终结之后，其赖以存在的政治基础大为减弱，遂被以大学为依托的近代史学新体系彻底取代主流地位。

在封建时代，设馆修史的重要意图之一是为加强朝廷对史学的控制，不论对当朝史或前代史，都要由官方裁定褒贬史事、臧否人物的标准，皇帝诏命的监修、总裁、刊修官执行的就是朝廷的意旨，史臣如何思考、如何撰写，都不能逾越。故封建时代官修史书同史家的独立见解有时是相对立的，史学家的进步史识和自由思想会受到一定的桎梏。封建社会的时代局限、阶级局限，也必然造成历史记载存在大量的夸饰、隐讳和失实。但是，修史的制度化使中国在"存史"方面可以傲视群雄，这是没有什么疑问的。历史记载是历史学的基础，所谓历史意识，首先是保存历史，然后才能衍生出考证、批判、资治等其他含义。最关键的是，设馆修史保证了历史记载的传承有序，使中华民族的共同记忆从未中断，有力证明了中华文明具有突出的连续性。

第五讲

名山事业：史家强烈的使命意识

　　古代史家怀着强烈的使命感著史，是我国先民历史意识高度发达的突出体现。司马迁著《史记》以"通古今之变"；杜佑为寻找"匡拯之方"而著成《通典》；司马光以"关国家盛衰，系生民休戚"作为主编《资治通鉴》的宗旨；班固父子、李延寿父子等两代人呕心沥血著史；近代史家魏源等人满怀爱国义愤，把著史与御侮图强事业结合起来：这一切无不为推进中国史学的高度发达和丰富中华文化优良传统作出重要建树，也是留给后人的一笔宝贵精神遗产。

一、毕生心血凝成的史学丰碑

　　梁启超有这样的名言："中国于各种学问中，惟史学为最发达；史学在世界各国中，惟中国为最发达。"（梁启超：《中国历史研究法》，《饮冰室合集》专集之七十三）这无疑构成了世界文化史上的独特景观。著史在中国历朝历代如此被看重，其重要原因就是史家视之为"名山事业"，树立了强烈的使命意识，坚韧不拔、矢志不渝地将其完成。

中国私人修史的始祖是孔子，他是儒家创始人，又依据鲁国国史修成第一部编年史《春秋》，用褒贬与夺的笔法寄托其政治理想，用"史义"统帅"史事""史文"，在文化上有崇高的历史地位，影响极其深远。《孟子·滕文公下》篇在历述尧、舜、禹、文王、武王、周公这些圣人伟大的历史功绩之后，说："世道衰微，邪说暴行有作，臣弑其君者有之，子弑其父者有之。孔子惧，作《春秋》。《春秋》，天子之事也。是故孔子曰：'知我者其惟《春秋》乎！罪我者其惟《春秋》乎！'"将孔子修《春秋》的意义提高到无以复加的高度，认为《春秋》具有纲纪天下的意义，是行"天子之事"！

司马谈（？—前110）、司马迁（前145或135—？）父子相继任职太史令，他们都怀抱着神圣的责任感、使命感，要继承孔子著《春秋》的事业。司马谈临终时执着司马迁的手，哭泣着嘱托他："幽厉之后，王道缺，礼乐衰，孔子修旧起废，论《诗》《书》，作《春秋》，则学者至今则之。自获麟以来四百有余岁，而诸侯相兼，史记放绝。今汉兴，海内一统，明主贤君忠臣死义之士，余为太史而弗论载，废天下之史文，余甚惧焉，汝其念哉！"司马迁俯首流涕，郑重接受父亲的托付，说："小子不敏，请悉论先人所次旧闻，弗敢阙。"（《史记》卷一百三十《太史公自序》）司马迁著史过程中发生了李陵投降匈奴的事件，汉武帝认为司马迁为李陵说情，一怒之下将司马迁处以宫刑。司马迁遭了如此奇耻大辱，感到再无面目去见父母的坟墓，本想以一死来表达愤懑，但又想到著史是父亲司马谈的遗愿，于是忍辱发奋，誓必完成两代人的事业，藏之名山，传之其人。所以《史记》是司马迁用生命写成的。他在《报任安书》中讲自己生命后期已是痛苦万端，精神恍惚，"肠一日而九回，居则忽忽若有所亡，出则不知所之往"（《汉书》卷六十二《司马迁传》），支持他顽强地活下去的就是著史的崇高事业。郭沫若题司马迁故里陕西韩城太史公祠的诗句说："怜才遭斧钺，吐气化长虹。"《史记》就是司马迁用生命化成的横亘天地、光耀千古的美丽长虹！

在唐代和宋代，还出现两位政治人物杜佑和司马光，虽然历经宦海播迁，政务繁杂，一度坐上宰相高位，他们怀着崇高的使命感呕心沥血著史，最终完成了杰出的史著。中唐著名史学家杜佑（735—812）撰成典制体通史巨著《通典》，前后历时达三十六年，为中国史学的发展开辟了一个重要的新领域。杜佑之所以能够实现中国史学这一重要的突破，与他所处的时代环境密切相关。一方面，是因为自秦汉至唐，封建的政治、经济、刑法、礼乐等制度已经全面建立和成熟起来，引起了史家的重视和研究的兴趣。另一方面，由于经过安史之乱，国势显赫的唐皇朝一下子陷于衰落破败，形势的变化刺激人们寻求改革办法，挽救社会危机，为此必须探索历代制度沿革，总结经验教训。杜佑有丰富的政治活动经验，他长期担任地方官职和朝廷理财要职。唐肃宗时任工部郎中，代宗朝历任江西青苗使、抚州刺史、御史中丞、容管经略使。杨炎为相时，他历任工部、金部二郎中，并充水陆转运使，后又改任度支郎中兼和籴使。德宗时，他升任广州刺史兼岭南节度使。后又任扬州大都督，充淮南节度使，任职时间长达十四年，在大规模垦辟海滨荒地、发展农业生产上政绩显著。就是在淮南节度使任上，杜佑完成了二百卷的巨著《通典》，进献朝廷，受到德宗嘉许。两年之后，杜佑以六十九岁高龄任宰相，历德宗、顺宗、宪宗三朝，时间长达十年。杜佑为《通典》所确立的著述目标就是："实采群言，征诸人事，将施有政。"（杜佑：《通典》卷一《序》）这部著作不仅通贯古今、规模宏伟、内容丰富、史料详审确凿、议论精彩，而且对于封建社会结构提出了深刻的认识，做出逻辑合理的高度概括，因而在中国史学发展史上具有里程碑的意义。他自觉地从历史经验中为现实困境寻找出路的学术旨趣和大力提倡经世致用的学风，也成为留给后人宝贵的思想遗产。如他本人在《进通典表》中所言："臣本以门资，幼登宦序，仕非游艺，才不逮人，徒怀自强，颇玩坟籍。虽履历叨幸，或职剧务殷，窃惜光阴，未尝辍废。"这种数十年如一日为研治历史甘心奉献的崇高责任感和坚韧不拔的精神，对后人产生了巨大的激励作用。

司马光（1019—1086）是北宋著名史学家，历仕仁宗、英宗、神宗、哲宗四朝。他进士出身，仁宗时授奉礼郎，累迁天章阁待制兼侍讲、知谏院。英宗时，尝撰《通志》八卷，颇得英宗重视。治平三年（1066），受诏继续编写。神宗即位，擢翰林学士。时王安石当政，推行新法，他与之政见不合，乃求外任。熙宁三年（1070），以端明殿学士知永兴军（今陕西西安）。次年，改判西京御史台。从此住在洛阳，六任冗官，皆以书局自随，专力纂修《资治通鉴》。元丰七年（1084）书成，迁资政殿学士。哲宗即位，召为门下侍郎，进尚书左仆射，是为宰相，任相年余，尽罢新法。《资治通鉴》全书共二百九十四卷，前后历时十九年纂成，最后司马光在上神宗《进书表》中说，十九年中他"研精极虑，穷竭所有，日力不足，继之以夜。遍阅旧史，旁采小说，简牍盈积，浩如烟海，抉摘幽隐，校计毫厘"，"臣今骸骨癯瘁，目视昏近，齿牙无几，神识衰耗，目前所为，旋踵遗忘，臣之精力，尽在此书"。

《通鉴》起自战国，迄于五代，将一千三百六十二年史事贯为一书，是一部编年体通史巨著，与司马迁所著纪传体通史《史记》前后辉映，并称"两司马"。《通鉴》内容丰富翔实，同时在历史编纂上有极高的成就，标志着传统史学的纂修技术已达到相当完善的水平，并提供了集体撰修与主编负责相结合的很好范例。司马光挑选的三位助手，刘攽、刘恕、范祖禹，三人都是"一时之选"的优秀史家，各自发挥专长，而司马光则是总揽全局、周密组织安排、最后删改润色的杰出主编。司马光有一页珍贵的手稿流传下来，历史学家翦伯赞曾为此写了文章，赞誉司马光著《通鉴》的认真态度和治史的严谨精神。这页手稿共有二十九行，四百六十余字，所记是东晋元帝永昌元年（322）一年之事，起是年正月王敦作乱，迄是年十二月慕容廆之子入令居县掠居民千余而还。自正月至十二月，按月记事，有事则书，无则缺，但每事仅书发端一二字或五六字不等，以下便用"云云"二字结束。如，"永昌元年正月乙卯改元"。翦伯赞经过仔细考辨，认为：此稿并非《通鉴》的初稿，只是《通鉴》的一个提纲，手稿对于每一史实，只写发端数字，显然"只是作者把他认为应该写入这一年的历史事件提示出来而已"。又，手稿所写永昌元年的史实，与今本《通鉴》的记载颇有出入，证明提纲后来又经过修改，这个手稿只是一个提纲的初稿而在后来被废弃了。翦伯赞由此得出重要的结论："它说明司马光对于《通鉴》的编写，不只是在事后修改润饰，而是一开始就抓提纲。"而且字迹一笔不苟，更"说明司马光对待提纲采取了如何慎重的态度"。刘攽等三人是与司马光志同道合的朋友，无疑都能担负分工后各自所承担的任务，尽管如此，"如果要使集体写作的书变成一个完整的连针线的痕迹都看不出来的锦绣文章，那主编就必须对全书的体例以及各段落之间的联结、贯通负起责任。司马光在这一点上作出了很好的模范"。"司马光对于担任魏晋南北朝部分的刘恕是最器重的。永昌元年，属于魏晋范围，正是刘恕担任的部分，但对于起草这一年的提纲，司马光却没有委托刘恕而是亲自动手。这一点就说明了司马光对于总揽《通鉴》全书的纲要方面，做了辛勤的工作。由此可见，要搞好集体编写历史的工作，固然要有很多刘攽、刘恕和范祖禹，但每一部书还要有一个司马光。"《通鉴》记载一千三百六十二年史事，"叙事则提要钩元，行文则删繁就简，疏而不漏，简而扼要；言必有据，没有空话；事皆可征，没有臆说；文字精练，没有费辞。所有这些，都是一再提炼的结果，而不是大笔一挥就可以写成这个样子。固然在精雕细刻方面，多半是由于参加《通鉴》写作的每一个人的努力；但对于全书体例的统一安排，史实的最后校订，文字的剪裁乃至句法的锤炼，使《通鉴》成为一部完整的著作，司马光付出了最大的劳动"（翦伯赞：《跋〈司马光通鉴稿〉》，《翦伯赞史学论文选集》）。这些论述和评价堪称切中肯綮。

北宋还有一位史学家孙甫（998—1057），年辈高于司马光，也是被司马光敬重的学者。孙甫因为不满意《旧唐书》对唐朝历史的记载和评论，自己用十七年心血撰成《唐史记》，七十五卷。他以肃然起敬的态度对待著史工作，平时将书稿锁在箱子里，每次必先把手洗干净才敢恭敬地开箱取出。他交代家人说：万一遇到水火兵灾，其他财物都可丢掉，这个箱子万万不可丢！无论家居或外出，只要有点空余时间，就拿出来推敲修改。有一次，因为派他火速到宣州处理公务，匆忙离家，书稿未随身带走。他走后，不想城里发生大火灾，火势延烧过来，他的侄子赶紧抱着箱子，躲到湖中小岛上。孙甫在宣州闻讯赶回家，入门便问："《唐史》在乎？"侄子回答说："在。"他便马上露出笑容，其余不再问什么。司马光的文集中写有《书孙之翰〈唐史记〉后》，高度评价孙甫这种郑重执着的精神，欧阳修、司马光、苏轼都称赞孙甫这部著作。

南宋灭亡时，苏州有位学者郑思肖，著有《心史》七卷，记载宋亡时他所亲见的一些史事，题为"心史"，意为这是表达他爱国心的史书。然后装在密封的铁柜里，沉到井底，等待后代有人发现它。到崇祯十一年（1638），明朝快要亡国的前几年，被人浚井时发现，因为《心史》寄托了南宋遗臣的故国之情，有这番感人的经历，并且是在明朝灭亡这种类似的历史场景中被发现，所以很激起怀念故国的前明知识分子的感情。因此虽然《心史》卷数不多，但很有名。明清之际有一位史学家谈迁（1594—1657），浙江海宁人，诸生身份，终身未仕。他经过多年艰辛地搜集史料和撰写，到五十多岁时写成了《国榷》，是编年体明史，四百三十多万字。不幸在一个晚上被小偷偷走了。次日他发现后，痛不欲生，但一转念，自己一生心血岂能这样轻易丧失，于是发愤重写，又经过十几年的惨淡经营，终于将《国榷》重新完成，为古代史家苦心孤诣完成名山事业增添了一段佳话。

二、父子两代戮力完成的"名山事业"

著史是异常艰难的事业。从搜集史料、确定体例、纂辑成编，到反复修订定稿，需要付出长期的艰辛劳动，甚至一代人不克其成，需要后人继续承担。但既然中国学者认定修史是"名山事业"，是对民族、国家应当完成的责任，又是个人立德、立功、立言的大事，下一代人就会自觉继承先辈的事业，不避辛劳，将其最终完成。这种"子承父志，两代著史"的现象，同样构成中国史学的优良传统，也是中华民族文化基因的一种体现。

西汉武帝时期司马谈、司马迁父子相继著成《史记》创其先例，东汉初班彪、班固父子著成《汉书》堪与媲美。班彪（3—54）于建武年间历任徐令、司徒掾、望都长，为当时名儒。他尤究心于史学，以司马迁《史记》记事止于汉武帝时，其后虽有褚少孙、扬雄等续作，然多鄙俗，不足以踵继前书，遂博采史料，撰《史记后传》六十五篇，全书未及完成而卒。其子班固（32—92）于16岁入洛阳太学，用功苦读，于书无不穷究。父亲卒后，他随母亲回原籍安陵居住，遂决心继承父志，撰修《汉书》。永平五年（63），因被人告发"私修国史"，被逮入狱。其弟班超驰赴洛阳，上书汉明帝，陈述父兄著史心志，扶风郡也将书稿送至。明帝见而奇其书，任他为兰台令史，参与修撰《东观汉记》。后升为郎官，典校皇家藏书，明帝勉励他最终完成《汉书》的著述。汉章帝时，也很欣赏其文才，"朝廷有大议，使难问公卿，辩论于前"（《后汉书》卷四十下《班固传》），迁玄武司马。永元元年（89），他以中护军随大将军窦宪出兵匈奴。永元四年，窦宪因罪自杀，班固为仇家借机罗织罪名被捕，死于洛阳狱中。班固修《汉书》，约自公元一世纪五十年代至八十年代，经历了二十余年，全书共一百卷。班固卒时，《汉书》八表及《天文志》尚未完稿，汉和帝命班固之妹班昭参考东观藏书，为之补作。因此，《汉书》全书的完成又是凝聚着班氏父子兄妹三人的心血。

南北朝至唐初纂成的《北齐书》《梁书》《陈书》《南史》《北史》五部史书，都是父子两代史学家心血之结晶，鼓舞他们相仍、不惮辛劳、最终完成史著的，就是备一代之史、存治乱兴亡教训这一崇高的目的。《北齐书》，创始者是李德林（531—591），北朝博陵安平（今河北）人，历仕北齐、北周、隋三朝。北齐时历任散骑郎、给事中、中书侍郎等职，受诏修齐史。北周时任内史上士。入隋，任内史令，又出为怀州刺史。他在北齐时，已修成《齐书》纪、传二十七卷，隋初奉诏续修，增三十八篇，终未成而卒。其子李百药（565—648）于隋文帝时历任太子舍人兼东官学士、礼部员外郎。炀帝时出为杭州司马，后解职还乡。大业末，沈法兴、李子通、杜伏威、辅公祏起兵反隋，他辗转依托其间。入唐，李百药以其才华受到器重，贞观元年（627），拜中书舍人，奉诏继承父志撰《齐书》。二年，迁礼部侍郎。时朝廷有人主张复行宗室功臣分封制，他奏上《封建论》，力予驳斥，太宗纳其议。四年，任太子右庶子。十年，《齐书》纂成，共计五十卷。（原题《齐书》，至宋代，为了与萧子显所撰《南齐书》相区别，而加上北字。）正如《四库全书总目提要》所言："盖承其父德林之业，纂辑成书，犹姚思廉之继姚察也。"（《四库全书总目》卷 四十五史部·正史类《北齐书》）

《梁书》《陈书》虽为官修，但实际上是姚察、姚思廉父子两代人所撰成，故《旧唐书·姚思廉传》云："魏徵虽裁其总论，其编次笔削，皆思廉之功也。"姚察原本籍贯江左，他少时勤学，"聚蓄图书，由是闻见日博"。及长，擅长写文章，在陈任散骑侍郎、秘书监领著作郎，参与修史，陈后主时，官至吏部尚书。他是精研《汉书》的名家，著有《汉书训纂》三十卷，曾于出使北周时，解答学者有关《汉书》的问题，为时人叹服。隋文帝开皇九年（589）平陈，姚察入关仕隋，诏授秘书丞，隋文帝因其史学才能，敕命他修纂梁、陈二史。姚察于隋炀帝大业二年（606）卒，而梁史、陈史未成，临终嘱其子思廉续成其志。姚思廉（557—637）在为父服丧期满以后，即上表陈父遗言，得诏许其续成两史。从此以后，继承父业、撰成梁陈二史，就成为他最大的心愿。他在父亲草创的基础上，努力将撰史工作向前推进。姚思廉历仕陈、隋、唐三朝，于陈任扬州主簿，入隋任汉王府参军，后为代王侑（即隋恭帝）侍读。入唐以后，他的才能受到赏识，历任秦王府文学馆学士、太子洗马、著作郎、弘文馆学士。高祖武德四年（621）诏令大规模修前朝史，按当时的分工，姚思廉即参加纂修陈史。这次大规模修史因条件不具备而未正式展开。至太宗贞观三年（629）重敕修撰，调整撰写任务，姚思廉奉命修梁、陈史。因姚思廉的撰写工作一直在进行，因而他奉敕撰修两史始于贞观二年，较《周书》《隋书》等早一年。至贞观九年（635）《梁书》（五十六卷）、《陈书》（三十卷）完成，此时姚思廉已是七十八岁高龄。如果从开皇九年姚察奉诏修两史开始计算，则父子相继撰史时间共历六十八年之久。

唐初史家李延寿在高宗显庆四年（659）撰成的《南史》《北史》，也是集合了他本人及其父亲李大师两代劳动成果的史著。李大师（570—628）字君威，本陇西著姓，世居相州（今河南安阳）。仕隋，累任州郡僚佐。后为隋末农民起义领袖窦建德所得，被任为窦建德建立的夏政权的尚书礼部侍郎。后窦建德兵败，夏政权亡，李大师被流放西会州（治所在今甘肃靖远），至唐武德九年（626）才遇赦东归。李大师一向好学，于书无所不窥，备知前代故事，尤有志于史学，并且有较常人高出一筹的见解，对于当时处于南北朝分裂形势下已经撰成的史书《宋史》《南齐书》《魏书》只记本朝，互相攻击的做法极不满意，"常以宋、齐、梁、陈、魏、齐、周、隋，南北分隔，南书谓北为'索虏'，北书指南为'岛夷'；又各以其本国周悉，书别国并不能备，亦往往失实。常欲改正，将拟《吴越春秋》，编年以备南北"。因而打算撰写一部汇合南北各朝政权历史的著作，以适应全国走向统一的历史要求。所以在流放期间和东归以后，恣意披览，抄辑史料。但因条件所限，惟"宋、齐、梁、魏四代有书，自余竟无所得"。他的宏大计划无法在他生前完成，"以为没齿之恨焉"。（《北史》卷一百《序传》）

李延寿遂以完成先父未竟之业为己任。唐代实现了统一局面，为李延寿带来了远比其父优越得多的条件。贞观年间大规模著史工程启动之时，李延寿参加了史馆纂修工作。中书侍郎颜师古、给事中孔颖达奉敕编撰《隋书》，李延寿助删削。由此李延寿有条件阅读朝廷秘府藏书和各种史料，"于编辑之暇，昼夜抄录之"，著史工作在其父旧稿的基础上全力推进。贞观五年（631），延寿因母丧守孝而去职，守孝期满，他从官蜀中，"以所得者编次之，然尚多所阙，未得及终"。至贞观十五年（641），李延寿回长安，任东宫典膳丞、崇览馆学士，令狐德棻推荐他参加史馆纂修《晋书》的工作，"因兹复得勘究宋、齐、魏三代之事所未得者"。贞观十七年，经褚遂良推荐参加纂修《五代史志》，再次有机会查找所需史料，"因此遍得披寻"。如他所言："北朝自魏以还，南朝从宋以降，运行迭变，时俗污隆，代有载笔，人多好事，考之篇目，史牒不少，互陈闻见，同异甚多。"他为弥补这一重大缺陷、纂成一部反映全国范围内南、北朝历史的著作，长期孜孜不倦努力，立足于南、北史全局，按照贯通上下、删去重复、改正歧误的体例要求，对南北朝各史书"连缀改定"，"编次别代，共为部秩"。（李延寿：《北史》卷一百《序传》）至高宗显庆四年（659），完成全书，计《南史》共八十卷，《北史》共一百卷，呈报朝廷。从李延寿本人于贞观三年（629）在史馆工作"昼夜抄录"算起，历时三十年；而加上其父在隋时纂辑原稿，则两代人前后历时半个世纪以上。

还有后学为前修续写未成之作，这可以清代乾隆年间学者全祖望为清初黄宗羲续成《宋元学案》为代表。黄宗羲（1610—1695）于康熙十五年（1676）著成《明儒学案》六十二卷。然后又不顾年迈，开始撰著《宋元学案》，生前撰成六十七卷，是为未完成之作。全祖望一生服膺黄宗羲学术，自认为是清初浙东学派的传人，于乾隆十年（1745）开始，慨然将续修此书视为自己义不容辞的责任。全祖望（1704—1755）号谢山，浙江鄞县（今宁波）人，乾隆元年（1736）成进士，选庶吉士。因忤首辅张廷玉，散馆以知县用，遂辞官返里，绝意仕途，主讲蕺山、端溪书院，读书著述，至老不辍。《宋元学案》黄宗羲已撰部分共计五十九个学案，约占全书规模三分之二。在宋元理学史上有重大影响的理学家，他都加以论列。全祖望对他从未见面的梨洲老人充满敬佩，决心踵继其未竟之业，为浙东学派继往开来。他的晚年生计窘迫，但他不顾饔飧不继、贫病交加的困境，以非凡的毅力，全力以赴续修《宋元学案》。属于全祖望所增加、新设的学案有三十二个，计三十三卷，其中包括庐陵学案（欧阳修）、涑水学案（司马光）等。同时为全书统一体例，还做了大量的对黄宗羲原稿的修订、补充工作。经过长达十年的艰苦努力，终于完成一百卷的巨著，完整地记载了宋元时期七百年学术发展史，并且与《明儒学案》一起，成为标志着学术史体裁达到完善阶段的名著。

三、民族危机刺激下史坛绽放异彩

鸦片战争以后中国历史进入了新时期，古代史家忠实记载历史、总结经验提供借鉴的传统，被近代优秀史家所自觉继承，并且因时局的剧变而绽放出异彩。近代史开端时期著名史家有魏源、徐继畬、夏燮、黄遵宪等，他们的共同特点是，把著史与揭露封建统治的危机，警示国人认识空前的历史变局，呼吁抗击外国列强的侵略，认识世界、学习外国先进事物等时代课题紧密联系起来，为此殚精竭虑，撰成了具有崭新时代意义的史著。

魏源（1794—1857）于道光八年（1828）捐资获得"内阁中书舍人候补"的职位后，即广泛阅读了内阁所藏大量档案，了解清朝前期、中期的历史、掌故，为著史做了准备。鸦片战争爆发时，魏源居住在扬州，目睹了英国野蛮侵略、清朝昏庸战败这一重大事变，他忧愤交加，不能自已，自称"积感之民"。道光二十二年（1842）八月，清廷代表在南京长江江面英国军舰上与侵略者签订丧权辱国的《南京条约》，同月魏源发愤完成了《圣武记》。他在此书《叙》中讲其著述心情时说："海警飙忽，军问沓至，忾然触其中之所积，乃尽发其椟藏……告成于海夷就款江宁之月。"并因"索观者众，随作随刊"。《圣武记》是探索清朝盛衰的第一部史著，如魏源在《叙》中所讲："溯洄于民力物力之盛衰，人材风俗消息进退之本末。"全书共十四卷，约一百万字，数年之内又经两次修订，近代史家梁启超对此书有高度评价，称："魏默深有良史之才，《圣武记》实罕见之名著也。"（梁启超：《国学入门书及其讲法》，《饮冰室合集》专集之七十一）

《海国图志》的撰著，更表明魏源强烈的爱国思想和呼吁国人了解外部世界的严肃责任心。《海国图志》五十卷，本于道光二十二年（1842）十二月成书，时距南京条约签订还不到半年，后又经过两次增订，至一百卷。魏源愤慨于统治者对外国情形的极度无知，所以竭力搜求有关材料，对当时能得到的一些外国人的记载尤为重视，钩稽贯串，创榛辟莽，编撰成这部当时最详备的世界史地参考书。他在书中明确提出"师夷长技以制夷"的口号，在《海国图志·叙》中说："是书何以作？曰：为以夷攻夷而作，为以夷款夷而作，为师夷之长技以制夷而作。"在广泛介绍欧美国家历史、地理、制度、社会风俗的基础上，他着重对华盛顿领导独立战争胜利和美国的民主政体表示衷心赞扬，曰："二十七部酋分东西两路，而公举一大酋总摄之，匪惟不世及，且不四载即受代，一变古今官家之局，而人心翕然，可不谓公乎！议事听讼，选官举贤，皆自下始，众可可之，众否否之，众好好之，众恶恶之，三占以二，舍独徇同，即在下预议之人亦先由公举，可不谓周乎！"（《海国图志》卷五十九《外大西洋墨利加洲总叙》）魏源显然已经相当中肯地领会了西方民主政体的主要问题：由公众推选议事者，这些议事者再按少数服从多数原则决定国家大事，选举国家首领，废除世袭制，并且定期换选，他赞美这种制度"公"而且"周"，公开地表示它比中国几千年"君权神授""朕即天下"的专制制度要进步合理。书中还大量介绍当时所能了解到的西方社会新鲜知识，如蒸汽机、火车、织布机、运河、港口设施，以及钞票、银行、保险知识等。他尤其重视船舰和机械制造，当时他所注目的重点虽然是在军事技术方面，但他同时主张发展民用工业，主张造船厂既造战船，又造商船，既从事军事生产，又从事民用生产。魏源明确主张"师夷之长技以制夷"，并大力主张了解外部世界，恰恰标示出近代向西方学习这一进步文化潮流的方向。

差不多与《海国图志》同时，也以最早介绍外国史地知识著名的，还有徐继畬所著《瀛寰志略》。徐继畬（1795—1873）于鸦片战争期间，都在闽粤沿海任地方官，因比较接触外国事务。他先任署福建漳龙道，道光二十二年（1842）授两广盐运使、广东布政使，次年迁福建布政使，《瀛寰志略》即撰著于此时，同《海国图志》一样，具有"创榛辟莽，前驱先路"的巨大功绩！任福建布政使期间，他先后结识美国传教士雅裨理、英国领事李太郭及美国人乔治·史密斯夫妇，从他们那里借到世界地图和其他资料，他详细询问有关知识。只要能找到的各种资料，他都苦心搜求，"荟萃采择，得片纸亦存录勿弃。每晤泰西人，辄披册子考证之。于域外诸国地形时势，稍稍得其涯略。乃依图立说，采诸书之可信者，衍之为篇，久之积成卷帙。每得一书，或有新闻，辄窜改增补，稿凡数十易"（《瀛寰志略·自序》）。五年时间，

"未尝一日或辍",始得告成。可见为了系统、正确地介绍当时国人最急迫需要的外国史地知识,徐继畬艰苦备尝,为撰著此书倾注了大量心血。这部书的重要意义即在于,它同样成为近代中国人了解世界的起点,早期维新派王韬曾有过中肯的评价,他说:"近年谈海外掌故者,当以徐松龛中丞之《瀛寰志略》,魏默深司马之《海国图志》为嚆矢,后有作者弗可及已。""此二书者,各有所长,中丞以简胜,司马以博胜。"(王韬:《瀛寰志略跋》,《弢园文录外编》卷九)而黄遵宪(1848—1905)身为驻日本使馆参赞,却克服种种困难撰成《日本国志》,冀望中国取鉴明治维新的经验。这一非凡创举所表达的也正是为救亡图强寻求良策的强烈使命感。故他又用深沉的诗句抒发其炽烈的情怀:"湖海归来气未除,忧天热血几时摅。《千秋鉴》借《吾妻镜》,四壁图悬人境庐。改制世方尊白统,《罪言》我窃比《黄书》。频年风雨鸡鸣夕,洒泪挑灯自卷舒。"(黄遵宪:《人境庐诗草》卷五《日本国志书成志感》)

历代史家怀着强烈的使命感著史是中华文化无比珍贵的财富。史学在中国文化中占据怎样的地位?我们可举出刘知幾一段著名的论述:"何者而称不朽乎?盖书名竹帛而已……苟史官不绝,竹帛长存,则其人已亡,杳成空寂,而其事如在,皎同星汉。用使后之学者,坐披囊箧,而神交万古,不出户庭,而穷览千载,见贤而思齐,见不贤而内自省。若乃《春秋》成而逆子惧,南史至而贼臣书,其记事载言也则如彼,其劝善惩恶也又如此。由斯而言,则史之为用,其利甚博，乃生人之急务，为国家之要道。有国有家者，其可缺之哉！"（《史通》卷十一《史官建置》）刘知幾是从国家治乱、社会生活、人物荣辱的角度，强调历史学的重大价值，如果没有史家的记载，民族的历史记忆将不复存在，人物的是非功罪就将泯灭！因此，著史"乃生人之急务，为国家之要道"。还有清代著名思想家龚自珍说："出乎史，入乎道。欲知大道，必先为史。"（龚自珍：《尊史》，《龚自珍全集》）他是从哲学的高度，指出历史学与学术思想最高智慧的"道"是相通的。刘知幾和龚自珍的论述，恰恰从不同角度讲出了中华文化的特性，认为史籍承载着国家治乱盛衰教训和人物的功过善恶，因此著史是无比崇高的事业，是极其光荣而又艰巨的使命！司马迁完成了宏大的抱负，"究天人之际，通古今之变，成一家之言"；杜佑实现了自己确定的任务，"采实群言，征诸人事，将施有政"；司马光呕心沥血，"专取关国家盛衰，系生民休戚，善可为法，恶可为戒"的重要史事著成系统的编年史；班固父子，李百药父子，姚思廉父子，李延寿父子，集两代人数十年的精力撰成史著；近代史家魏源等人满怀爱国义愤，将著史与探索御侮图强事业结合起来：所有这一切，都为中国史学的发达和丰富中华文化的优良传统作出重要贡献。当前，弘扬优秀的民族文化传统对于振奋伟大的民族精神和激发民族创造力具有重要的现实意义。我们要深入总结中国史学这一优良传统，从中为发展当代史学提供有益借鉴，并推进中华学术走向世界！

第六讲

实录精神：史家毕生的信史追求

　　中国史学一个突出的优良传统是秉笔直书，撰成信史留传后世。追求信史的传统可谓渊源深远，影响历久不衰。何谓追求"信史"？就是以内容确实可信，作为著史的根本标准，以求取信于当代，流传于后世。这一传统深深地植根于华夏先民发达的历史意识之中，又经过儒家创始人孔子加以提升和实践，因而成为正直史家自觉的追求。

一、"有信史然后有良史"

　　《论语》中多处记载孔子强调务必尊重客观事实、力戒主观臆测的言论，如："毋意，毋必，毋固，毋我。""君子于其所不知，盖阙如也。"（《论语·子路》）孔子又一再告诫人们，对于文献、历史知识，绝对不能凭主观臆断，而应该"多闻""多见""多识"，虚心、广泛地学习，经过慎重选择，再加以肯定，对于不明白的东西，则先予以保留，他说："盖有不知而作之者，我无是也。多闻，择其善者而从之，多见而识之。"（《论语·述而》）又说："多闻阙疑，慎言其余。"（《论语·为政》）

此后诸多名家、名作均高度重视体会孔子这种尊重客观史实、摒弃主观臆测的历史思想，并一再加以阐释。如解释《春秋经》的《穀梁传》作者一再强调："《春秋》之义，信以传信，疑以传疑。""《春秋》著以传著，疑以传疑。"（《春秋穀梁传》桓公五年、庄公七年）司马迁通过殚精竭虑撰著其杰作《史记》和深入研究孔子的言论，对孔子修成《春秋》、编次《尚书》中贯穿的历史观点和治史原则体会尤为深刻，在《史记·三代世表》中予以高度推崇："故疑则传疑，盖其慎也。"（《史记》卷十三《三代世表》）于是，在中国史学史上凡是有修养、有责任感的史家都把"信以传信，疑以传疑"作为共尊的圭臬。

"信史"概念的明确提出，是《春秋公羊传》的贡献。《公羊传》昭公十二年载："春，齐高偃帅师纳北燕伯于阳。伯于阳者何？公子阳生也。子曰：我乃知之矣。在侧者曰：子苟知之，何以不革。曰：如尔所不知何？《春秋》之信史也，其序则齐桓、晋文，其会则主会者为之也，其词则丘有罪焉尔。（何休注：丘，孔子名。其贬绝讥刺文辞有所失者，是丘之罪。圣人德盛尚谦，故自名尔。）"《公羊传》作者特别强调两项。

一是，孔子修《春秋》，此年所据鲁史原文记云："纳北燕伯于阳。"孔子当年已二十三岁，对这一事件是亲自历见者，故明知这段文字记载有误，依史实本是北燕公子阳生。因为孔子要贯彻"信以传信，疑以传疑"的原则，因而他对鲁史原文不作迳改，宁可保留其可疑的原句，但他在解释中则一定要明确指出史文的失误，讲出确切的史实。孔子借回答"在侧者"所提出"何以不革"的疑问，将不能随意改动的道理讲得很明白：假如遇到你并不明白的地方，那你又该怎么办？其寓意即是：如果依照主观臆测加以杜撰，史书还能取信于人吗？《春秋公羊解诂》作者何休对孔子的观点有精深的理解，故解释说："如犹奈也。犹说：乃女所不知何？宁可强妄億（同臆）措？子绝四，毋意，毋必，毋固，毋我。"（《春秋公羊传注疏》卷二十二昭公十二年）二是，孔子还认为，信史的标准，不仅必须做到史实准确，文词恰当，尤其重要的是必须具备高明的史识。

《公羊传》所讲"信史"，依据的是孔子讲解《春秋》时的原话，概念提炼得很明确，不但在中国史学史上具有权威的意义，而且又因其内涵丰富，展示出中华文化独特光彩，因此无疑又是对世界文化智慧宝库的出色贡献！从此，"信史"的原则就为中国历代有识史家确立了准绳，著史首先要求达到史实准确可靠，力戒主观偏见，符合这一根本要求之后，讲求体裁、体例、文字表述等项，才更有意义。历代优秀史家都以"信史"作为自觉追求的目标，形成一种优良传统，这对于中国史学的发展关系至大！直至二十世纪初年，著名史学家梁启超大力倡导对旧史的改造，他一方面严肃地批评旧史专为帝王将相服务的种种积弊，其中也包括对所谓

"《春秋》笔法"予以主观定夺的弊病进行分析针砭，另一方面，他又热情地表彰古代史家自觉追求著成信史的优良传统，并且明确提出"有信史然后有良史"的论断："吾侪有志于史学者，均不可不以此自勉，务将鉴空衡平之态度，极忠实以搜集史料，极忠实以叙论之，使恰如其本来……故吾以为今日作史者，宜于可能的范围内，裁抑其主观而忠实于客观，以史为目的而不以为手段，夫然后有信史，有信史然后有良史也。"（梁启超：《中国历史研究法》，《饮冰室合集》专集之七十三）梁启超是以近代眼光对这一悠久的文化传统进一步作了深入的阐释，对我们探讨这一问题很有启发意义。

二、"书法不隐"、实录记载的古之良史

先秦重要史籍记载了晋国史官董狐、齐国史官太史不畏强暴、敢于秉笔直书的著名故事。《左传》宣公二年载：晋赵穿攻灵公于桃园，宣子未出山而复。太史董狐书曰："赵盾弑其君。"以示于朝。宣子曰："呜呼！'我之怀矣，自诒伊戚'，其我之谓矣！"孔子对此事评论说："董狐，古之良史也，书法不隐。赵宣子，古之良大夫也，为法受恶。惜也，越竟乃免。"赵穿攻杀晋灵公，赵宣子就在国内，亡不越境，又返不讨贼，无法逃脱责任。董狐毫不惧怕这位执政大臣的威权，直书其罪，因而得到孔子的赞扬，称之为"古之良史"。又《左传》襄公二十五年载："齐崔杼弑公以悦于晋，太史书曰：'崔杼弑其君。'崔子杀之，其弟嗣书而死者二人。其弟又书，乃舍之。南史氏闻太史尽死，执简以往。闻既书矣，执简以

还。"齐太史兄弟为记下崔杼弑君的事实，前赴后继，连续三人被杀，仍义无反顾，又一弟以无所畏惧的态度记下其罪责，终于使崔杼感到畏惧，不敢再阻止史官行使自己的神圣权力。

从此，史官不惜付出性命也要保证据实直书的精神便一直激励着后人。《史记》这部伟大著作不但是司马迁高超的才、学、识的结晶，同时，也是他勇于据实直书的崇高史德的结晶。概括言之，这种精神主要表现在两项。一是，总结出"考而后信"的原则，以此作为史家著史的基本态度和方法。他说："夫学者载籍极博，尤考信于六艺。"（《史记》卷六十一《伯夷列传》）又说："孔子因史文次《春秋》，纪元年，正时日月，盖其详哉。至于序《尚书》则略，无年月；或颇有，然多阙，不可录。故疑则传疑，盖其慎也。"（《史记》卷十三《三代世表·序》）根据上述原则，他对记载阙略而又说法互相歧异的上古史料，做了如下处理：将儒家典籍与百家杂语作对照，得"百家言黄帝，其文不雅驯，荐绅先生难言之"，而相比之下，儒家典籍是可信的；又以本人历年行踪所至，在全国各地探求古迹、访问故老传说所得到的上古历史的材料，与儒家典籍《五帝德》《帝系姓》等互相印证，证明儒家古文典籍所载近是；又拿《左传》《国语》的记载与《五帝德》作比照。他肯定孔子"疑则传疑"的态度，并自觉地加以继承，《史记》就是在这种认真、扎实的"考信"工作基础上写成的。

二是，司马迁著史宗旨之一，是留下一部信史，藏之名山，传之其人。因此，他敢于直面社会的阴暗面，揭露矛盾，如实写出专制制度对民众的压迫，而不惧怕统治者淫威。如他在《报任安书》所言，要"稽其成败兴坏之理"，"虽万被戮，岂有悔哉！"（《汉书》卷六十二《司马迁传》）连年对匈奴作战是武帝时期一个尖锐而敏感的现实问题，司马迁却敢于讲出不同意见，批评连年征战造成的恶果。《平准书》直书无隐，指出因大规模征战造成士卒大量死亡，民众困苦不堪，文景时期积累的"府库余财"被耗尽了，"天下苦其劳，而干戈日滋"。又写张汤为御史大夫，用种种奸邪欺诈手段侵夺民众财富，造成天下骚动，武帝却对他倍加赏识、纵容："于是丞上指，请造白金及五铢钱，笼天下盐铁，排富商大贾，出告缗令，锄豪强并兼之家，舞文巧诋以辅法。汤每朝奏事，语国家用，日晏，天子忘食。丞相取充位，天下事皆决于汤。百姓不安其生，骚动，县官所兴，未获其利，奸吏并侵渔，于是痛绳以罪。则自公卿以下，至于庶人，咸指汤。汤尝病，天子至自视病，其隆贵如此。"（《史记》卷一百二十二《酷吏列传》）对这位身为"三公"的张汤侵渔百姓的狡诈手段和武帝采取纵容的做法做了深刻的揭露，无所避忌。司马迁用这种忠实于客观历史的态度撰成的《史记》，就为后人著史树立了典范。

班固著《汉书》，他对于西汉的历史和《史记》的内容十分精熟，他评价《史记》为"实录"，等于对《史记》内容的详核可信和司马迁的高尚史德作了最高评价。班固说："然自刘向、扬雄博极群书，皆称迁有良史之材，服其善序事理，辨而不华，质而不俚，其文直，其事核，不虚美，不隐恶，故谓之实录。"（《汉书》卷六十二《司马迁传·赞》）班固本人也大力发扬实录精神，敢于秉笔直书，揭露汉代封建统治的阴暗面，有的学者称赞班固"不为汉讳"，是很中肯的。《汉书》做到了：在《食货志》《哀帝纪》等篇中揭露西汉土地兼并的严重；在《景十三王传》《外戚传》等篇中揭露诸侯王及外戚集团奢侈纵欲，无法无天；班固对于即使他所盛赞的"文景之治"时代，也能不加掩饰地揭露当时的弊政。班固还深刻地揭露独尊儒术之后，以儒学进身选官的制度，是打开为禄利奔竞之门，还总结自武帝以来"以儒宗居宰相位"的那班人物，如公孙弘、蔡义、韦贤、匡衡、张禹、孔光、马宫等，都是"服儒衣冠，传先王语"，"持禄保位，被阿谀之讥"，庸碌自私、专事谄媚之徒（《汉书》卷八十一《匡张孔马传·赞》）。这样，《史记》和《汉书》就成为中国史学史上两座象征"实录"精神的高耸的丰碑，为后代史家撰写出"信史"提供了最可宝贵的启示。

梁启超对于中国古代史官秉笔直书和古代史家的实录精神曾有高度评价，说："现在人喜欢讲司法独立，从前人喜欢讲史官独立。《左传》里有好几处，记载史官独立的实迹……这种史官是何等精神！不怕你奸臣炙手可热，他单要捋虎须！这自然是国家法律尊重史官独立，或社会意识维持史官尊严，所以好的政治家不愿侵犯，坏的政治家不敢侵犯，侵犯也侵犯不了。这种好制度不知从何时起，但从《春秋》以后，一般人暗中都很尊重这无形的纪律，历代史官都主张直笔，史书做成也不让皇帝看。固然，甚么制度，行与不行，都存乎其人，况且史官独立半是无形的法典……但是只要有这种史官独立的精神，遇有好史官便可以行其志，别人把他没有法子，差不多的史官也不敢恣意曲笔。"（梁启超：《中国

历史研究法补编》,《饮冰室合集》专集之九十九）

我们可以再举出古代史官刚正不阿的事迹和古代典籍中的一些评论作为佐证。如,三国时期孙吴史官韦昭因拒绝吴国暴君孙皓的无理要求而被杀,《三国志·吴书·韦曜（即韦昭）传》载:孙皓即位,"欲为父和作《纪》,曜执以和不登帝位,宜名为《传》,如是者非一",皓积嫌愤,遂诛曜。北魏史官崔浩奉诏修国史,因坚持务从实录,无隐所恶,而最终遭到诬陷被杀害,《魏书》载:北魏太武帝诏集文士撰国书,特命浩总监史任,务以实录,叙述国事,无隐所恶,而刊石写之,以示行路。浩坐此夷三族,同作死者二十八人。唐初沿隋制,置起居舍人二人,后改为起居郎,"掌起居注,录天子之言动法度"（《旧唐书》卷四十三《职官二》）。每日上朝,太宗与宰相参议政事,令起居郎一人秉笔载录。贞观九年（635）太宗提出要"亲自观览,用知得失",却被谏议大夫朱子奢上表谏止,认为若皇帝亲览起居注的做法传示后代,必然使史官"希风顺旨,全身远害",造成千年的史实无法留传后代的严重后果。过了三年,唐太宗再次要求观看起居注,时谏议大夫褚遂良"兼知起居注",同样明确地予以拒绝:"贞观十三年,褚遂良为谏议大夫,兼知起居注。太宗部曰:'卿比知起居,书何等事? 大抵于人君得观见否? 朕欲见此注记者,将欲观所为得失以自警戒耳! '遂良曰:'今之起居,古之左、右史,以记人君言行,善恶毕书,庶几人主不为非法,不闻帝王躬自观史。'太宗曰:'朕有不善,卿必记耶? '遂良曰:'臣闻守道不如守官,臣职当载笔,何不书之。'黄门侍郎刘洎进曰:'人君有过失,如日月之蚀,人皆

见之。设令遂良不记，天下之人皆记之矣。'"（《唐会要》卷六十三《史馆杂录上》）

三、刘知幾对"直笔"精神的大力倡导

至刘知幾著《史通》，一方面，自觉地将自董狐、南史、司马迁以来坚持"据实直书"的优良传统加以总结，又一方面，他长期在唐朝史馆任职，对于监修大臣凭藉权势干预史官秉笔直书的恶劣做法，作了尖锐的抨击，因而把倡导直笔精神定为《史通》的中心论题之一。《史通》中《直书》《曲笔》是脍炙人口的篇章。刘知幾义正词严，强调史家要伸张正义，秉笔直书，使贼臣逆子、淫君乱主恶名被于后世。主张为了直书其事，"宁为兰摧玉折，不作瓦砾长存"，冒险犯难，在所不惜。他严厉斥责歪曲史实、文过饰非的做法，是"用舍由乎臆说，威福行乎笔端，斯乃作者之丑行，人伦所同疾也"。《直书》《曲笔》两篇，一正一反，提倡什么，反对什么，态度鲜明。什么是直笔？《杂说》篇中作了扼要的解释："夫所谓直笔者，不掩恶，不虚美，书之有益于褒贬，不书无损于劝诫。"凡是有关褒贬劝诫的史事，不管事主是谁，都应该据实直书。范文澜对此作了高度评价，说："《史通》以直笔为评价古今史家的标准，凡是符合这个标准的，热烈表彰；不符合这个标准的，严厉批评，褒贬极为鲜明。这样，大大发扬了直笔的传统，对后世产生深远的影响。"（范文澜：《中国通史简编》修订本第三编第二册）刘知幾提倡直笔精神，贯穿于全书，包括外篇《史官建置》《古今正史》中，故是

《史通》的中心思想之一。

朝廷委任权臣监修国史，至唐初成为定制，酿成种种弊端，成为阻碍史学发展的严重问题。刘知幾在史馆前后二十余年，深有切身体会，故列举其弊病，指陈其危害，十分有力，是《史通》战斗性的重要体现。《忤时》总结监修制度"五不可"。其中有监修者多，处处掣肘、限制，"顷史官注记，多取禀监修，杨令公则云'必须直词'，宗尚书则云'宜多隐恶'。十羊九牧，其令难行；一国三公，适从何在？"又批评委于众手，互相推诿："每欲记一事，载一言，皆阁笔相视，含毫不断。故头白可期，汗青无日。"《辨职》《自叙》篇中也有事实确凿、言词激烈的批评，云："大抵监史为难，斯乃尤之尤者。若使直若南史，才若马迁，精勤不懈若扬子云，谙识故事若应仲远，兼斯具美，督彼群才，使夫载言记事，藉为模楷，搦管操觚，归其仪的，斯则可矣。但今之从政则不然，凡居斯职者，必恩幸贵臣，凡庸贱品，饱食安步，坐啸画诺，若斯而已矣。夫人既不知善之为善，则亦不知恶之为恶。故凡所引进，皆非其才，或以势利见升，或以干祈取擢……言之可为大噱，可为长叹也。"（刘知幾：《史通》卷十《辨职》）

刘知幾的批评，都是确有所指，是为了使史馆修史不受权势者所左右，修成的国史不受歪曲，务存实录。可以说，他所论都是针对存在的弊病而发。而从史学发展的长河看，我们对于史馆监修，除看到其弊病外，又应看到其积累当代史资料和为前朝修史的重要作用和巨大贡献。

正由于坚持"直笔"的观念在古代史家中深入人心，因而在韩愈和柳宗元这两位著名的思想家、文学家之间，有过一次发人深省的讨论。韩愈曾经有志于修史，于贞元八年（792）进士及第之后，在答崔立之的书信中有云："求国家之遗事，考贤人哲士之终始，作唐之一经，垂之于无穷，诛奸谀之既死，发潜德之幽光。"（韩愈：《答崔立之书》，《韩昌黎全集》卷十六）至元和年间，韩愈曾经有志于任职史馆修撰，却出人意料地表现出颓废情绪，在《答刘秀才论史书》中云："夫为史者，不为人祸，必有天刑，岂可不畏惧而轻为之哉。唐有天下二百年矣，圣君贤相相踵，其余文武之士，立功名跨越前后者，不可胜数，岂一人卒卒能纪而传之耶……且传闻不同，善恶随人所见，甚者附党，憎爱不同，巧造言语，凿空构立善恶事迹，于今何所承受取信，而可草草作传记，令传万世乎？"（韩愈：《答刘秀才论史书》，《韩昌黎全集·外集》卷二）他讲出不敢撰写史书的两项顾虑，一是怕被牵连致罪丢了性命，所讲事实中就有崔浩由修史而致戮；二是讲欲求写成信史传之后世实在戛戛乎其难，原因包括传闻容易失实，掺杂有个人喜恶的主观意见，甚至有意编造加恶于人等情况。站在今天来加以评析，则前一项是因为韩愈顾虑过重，前代史家之死，如班固、范晔等人，各有复杂情况，并非担任史职就一定会被害致死。就后一项而言，则说明在韩愈内心之中，"据实直书"有极高的地位，是史家的崇高职责，他要洁身自好，如果不能保证写成信史，就索性不当史官。究明其原意，则后一项又恰恰说明韩愈是"直笔"传统的信奉者，他坚决不愿承受曲笔的恶名。

柳宗元作为其生平好友，立刻写了情词恳切的信，表明本人要坚持直道而行，并对韩愈加以规劝，云："又言不有人祸，则有天刑，若以罪夫前古之为史者，然亦甚惑，凡居其位，思直其道，道苟直，虽死不可回也……是退之宜守中道，不忘其直，无以他事自恐。退之之恐，唯在不直不得中道，刑祸非所恐也。"（柳宗元：《柳河东全集》卷三十一）柳宗元所言史官的职责就是直道而行、虽死不辞的铿锵言词，同样为古代史家追求信史的优良传统增添了光彩。刘知幾大力倡导直笔，韩愈心目中史臣的崇高职责是务必修成信史，发挥"诛奸谀之既死，发潜德之幽光"的道义的力量，柳宗元更以"不忘其直"，"刑祸非所恐"来勉励自己，他们三人都把直笔视为最高职责，这就凸显出在中古时代实录精神已经成为具有强大影响力的优良传统。因此北宋吴缜著《新唐书纠谬》，就把事实是否确凿，列为"史才"的最高标准，说："由是言之，史才之难，岂不信哉？必也编次事实，详略取舍，褒贬文采，莫不适当。稽诸前人而不谬，传之后世而无疑，粲然如日星之明，符节之合，使后学观之，而莫敢轻议，然后可以号信史。"（吴缜：《新唐书纠谬·序》）

四、高悬信史目标而撰成的两部名著

史家以据实直书、务求写成信史为目标撰成的又一巨著，是《资治通鉴》。此书的纂修虽然是为了给封建皇帝提供一部政治历史教科书，书中有许多强调封建纲常名分的说教，但是司马光及其助手修史的态度是格外认真的，所提供的是可靠的史实，而不加任何歪曲。三位助手刘恕、刘攽、范祖禹都是学识渊博、工作认真的难得史学人才，编纂工作有严格、合理的步骤和恰当的分工，从先作"丛目"，再作"丛编"，到最后由司马光删定为定稿，一共历时十九年。首先是搜集网罗丰富的史料，除正史外，并采稗官野史、百家谱总集别集、传状碑志等，多至三百余种。按年将全部相关史料摘录编成"丛编"，比次异闻，均先行网罗编集，务求详备，避免一言一事之漏缺，以供采择。然后认真考辨记载异同，"抉摘幽隐，校计毫厘"，小至月日人名地名，都力求准确可靠，并删汰重复，编为"长编"。最后由司马光斟酌修改、提炼，成为定稿。从编纂程序更可见其态度之审慎和史实考核之严格，是助手一面编次成长编，司马光一面删削，粗成之后，又须细删，如唐纪由范祖禹修成长编计六七百卷，司马光细删之后为八十一卷，可见费力之巨！如此严谨认真、呕心沥血编纂，终于达到撰成一部出色的传世之作的预期，《通鉴》全书所据正史共计十九部一千九百一十卷，而经删削、改写之后，所成之书卷数为二百九十四卷。篇幅大大缩小，而史事却大为增加，因为从正史以外的各种史书中采集、补充了大量史事。近现代唐史研究者认为，仅从史料价值而言，《通鉴》也应视为与新旧唐书同居于鼎足而三的地位。

史料的采集更加广泛、全面，而史实的考订更加精确，这恰恰是司马光的过人之处。司马光又自撰《通鉴考异》，共计三十卷，详列考证理由，申明复杂史料去取与夺的理由，集中而直观地证明《通鉴》全书的高度信史价值。《通鉴》学专家张煦侯曾概括《考异》所重视使用的考证方法，如，"参取众书而从长者"："此类异说繁多，最费钩稽；且众书所记，皆有其可信与不可信之处。温公普加鉴别，又一一为之平章，置其不可信者而用其可信者，务使幽隐无所弃，而毫厘无所失。最著者，如王世充巩北之败，安禄山丧师之敕，颜杲卿之倡义，李仲言之见用，杨嗣复、李珏等之贬，《考异》文字皆千言或数千言。温公精力耗此最多。"其他还有"两存者""两弃者""两疑而节其要者""存疑者"等项。由此，张煦侯称司马光治史具有"求是""求备""求精"的精神。（张煦侯：《通鉴学》）总之，由于《资治通鉴》一书撰著具有高远的立意，编纂工作高度严肃认真，网罗史料达到空前繁富，而且考辨方法极其精审细密，就把中国史学追求信史的传统推向了新的高度！

不仅像《资治通鉴》这样的巨著历经岁月考验证明其具有高度的"求实求真"的价值，单篇人物传记汇集而成的著作也同样凸显出"信史"精神。这里举出全祖望在清康熙末至乾隆年间撰成的《鲒埼亭文集》为例略作分析。《鲒埼亭文集》和《外编》的主要部分，是关于明清之际人物的墓志铭、事略和传状，它们是以人物传记形式出现的抗清志士斗争史。尽管是分散的单篇，不具系统性，却以丰富的史实和正气磅礴的感情，表彰抗清志士高尚的民族气节。《明故权兵部尚书兼翰林院侍讲学士鄞张公神道碑铭》一文，记载了张煌言英勇卓绝的抗清经历，表现他百折不挠的可贵精神。煌言在翁洲、天台沿海一带坚持斗争达十九年，多次率军攻到吴淞一带。己亥（1659）年五、六月间，与郑成功水师配合，砍断清军在金山、焦山间截江的铁锁，冒着大炮的轰击，到达南京附近。煌言又溯流到芜湖，派兵到溧阳、池州、和州、宁国进击。"大江南北，相率来归。"连下者有四府、三州、二十四县。此举被称为"江南半壁震动"，得到了大江南北民众的支持。后因郑成功的主力被击溃，长江下游归路受阻，煌言从安徽西上以图江楚的计划又告失败，才历尽艰难，回到浙江天台，最后被清军所获。在杭州就义，宁死不屈。张煌言是为国死难的典型，同时这篇长达七八千字的传记，又是鲁王政权抗清的缩影。书中表彰的死于抗清斗争的人物，还有孙嘉绩、钱肃乐、张肯堂、沈廷扬、张名振等。

全祖望褒扬民族气节的贡献，还在于他发掘了一批以遗民身份拒不降清，坚守气节至死的人物，使他们永垂史册。遗民中有的削发为僧或隐居深山，往往被误认为消极避世。全祖望却透过表象看到他们不忘故国、志存匡复的坚强意志，大力予以表彰。譬如《忍辱道人些词》所载的朱金芝。全祖望表彰坚持抗清不屈的人物和遗民的爱国思想，在当时历史条件下是极为可贵的。满族统治者长驱南下统治中原，是伴随着对汉族人民残酷杀戮进行的。满族下层人民大众对此没有责任，而应由满族贵族负责。因此，站在当时汉族士大夫的角度说，他们的爱国，只能是怀恋故国，他们坚持抗清，不与清廷合作，便是崇高的爱国精神和民族气节的表现，足以扬名后世；而像吴三桂、孙可望之流屈膝投降，帮助满洲贵族统治、杀害汉族人民，则是可耻的叛卖行为，定然遗臭万年。我们当然不能颠倒是非，去赞扬吴三桂一类汉奸。全祖望全力以赴表彰民族气节是一大贡献，为后人留下了可贵的思想财富。因而到抗日战争时期，陈垣先生处于危城北平，就在讲堂上用全氏《鲒埼亭文集》作为教材，激励学生发扬民族正气，坚持抗日斗争。

五、对古代史著中隐讳失实之处应予坚决剔除

《春秋经》严格讲褒贬书法，固然有其合理性的一面，但同时，又因为过分强调褒贬书法，"为尊者讳"，而掩盖或歪曲了史实。除篇中所举隐公十一年，鲁隐公被弑，而记为"公薨"，又鲁桓公与齐侯会于泺，齐使公子彭生杀桓公，而《春秋经》记为"公薨于齐"以外，其他很典型的例子，我们还可举出：僖公二十八年，"天王狩于河阳"；哀公十二年，"夏五月甲辰，孟子卒"。僖公二十八年践土之会，是周王应晋文公之命赴会，孔子反对以臣召君的做法，因而加以隐讳，记载为："天王狩于河阳。"鲁昭公夫人吴孟子娶于吴，按春秋时代通例，应称为"吴姬"，周代的礼法是"同姓不婚"，鲁和吴都是姬姓，为了隐讳鲁君违背"同姓不婚"的礼制，故《春秋经》记曰："孟子卒。"对《春秋经》这种"为尊者讳"而掩盖了史实真相的做法，唐代刘知幾在《史通·惑经》篇中已作了批评："苟爱而知其丑，憎而知其善，善恶必书，斯为实录。观夫子修《春秋》也，多为贤者讳。狄实灭卫，因桓耻而不书；河阳召王，成文美而称狩。斯则情兼向背，志怀彼我。苟书法其如是也，岂不使为人君者，靡惮宪章？虽玷白圭，无惭良史也乎？"

刘知幾尊敬孔子，但他并不对《春秋经》盲目崇拜，而是发扬"独断"和理性批判的精神。他以"实录"为标准，指出《春秋经》这两处记载中，由于要为齐桓、晋文讳饰，

而掩盖了历史事实。刘知幾的论述，本应引起后代学者重视，引以为戒，然而，在两宋时期，由于重视纲常伦理、君臣名分、气节道德，强调"严夷夏之大防"，强调正统与闰位等观念的盛行，致使《春秋经》的褒贬书法明显地对史学产生了不利的影响。最为突出的是欧阳修撰《新唐书》《新五代史》，朱熹撰《通鉴纲目》，竭力效法《春秋》褒贬书法，造成许多重要史实被掩盖、被歪曲。这种倾向，与宋、明一些学者竞相撰写宣扬理学家伦理观念、不顾历史时势、专凭主观臆断评论历史的风气相配合，致使中国古代史学重视"实录""直笔"的优良传统受到严重的挑战和损害。于是有另一些史学家、著作家认识到这种弊病对于"追求历史真实性"的重要原则的危害，他们发扬了儒学朴素理性主义的精神和实事求是的原则，起而加以抵制。在道理上和史实上作了有力针砭的是清乾嘉时代学者王鸣盛、钱大昕和赵翼，这三位考史名家总结了史学演进的经验教训，严肃批评专凭主观爱憎任情褒贬、舞文弄墨的流弊。

王鸣盛专列有"欧法春秋"条目，说："欧（阳修）不但学《史记》，并往往自负法《春秋》……愚谓欧公手笔诚高，学《春秋》却正是一病。《春秋》出圣人手，义例精深，后人去圣久远，莫能窥测，岂可妄效？且意主褒贬，将事实壹意删削，若非《旧史》复出，几叹无征。"（王鸣盛：《十七史商榷》卷九十三）钱大昕也尖锐地批评欧阳修、朱熹误学《春秋》笔法以表示褒贬予夺，企图用一两字用词的不同寓含是非善恶的评判，结果是复杂多样的历史真相成为扑朔迷离的疑团，读史"几同于刑部之决狱矣"（钱大昕：《廿二史考异》卷四十六《唐书六》)。赵翼也专列有"《新唐书》本纪书法"条目，指出："欧公本纪则不免草率从事，不能为之讳也。""凡书伏诛者，以其有罪而正法也。玄宗讲武骊山，以仪注有失斩唐绍，绍死后，玄宗追悔之，是其罪本不至死，而书'唐绍伏诛'。封常清与禄山战，败，奔陕郡，劝高仙芝速守潼关。仙芝至关，缮守备，贼至不得入，乃去。是二人皆无死罪也，而书'封常清、高仙芝伏诛'。是不亦太刻乎！此数人皆书伏诛矣，宦官陈弘志弑宪宗，幸逃其罪，文宗始赐死于青泥驿。《新书》于《宪宗纪》既书'陈弘志反，帝暴崩'矣，又于《文宗纪·论》谓：'帝能诛弘志，亦足伸其志矣。'则青泥驿之赐死，自必应书伏诛，乃反书'杀陈弘志'，一似无罪而枉杀者，此更两失之也。"（赵翼著，王树民校证：《廿二史劄记》卷十六）审视宋代以后史学的演变可以看出，孔子强调《春秋》笔法曾对后代史学确实产生了严重的负面影响。而另一方面，孔子又有告诫人们"毋意，毋必，毋固，毋我"一类富有朴素理性精神的格言，此等都与"实录""直笔"精神相一致。后代具有通识的史学家根据对史学发展正反面经验的总结和时代所达到的新的认识高度，大大发扬了这种理性意识，他们已达到相当自觉地追求历史的真实性，因而对纠正任情褒贬、歪曲史实的有害倾向做出重要贡献。

以上我们简要分析了从春秋时期史官董狐、南史至清代史家全祖望坚持"秉笔直书"的典型史实，证明中国古代史家具有"实录精神"的优良传统，把撰成"信史"流传后世作为自己毕生的自觉追求，这是传统史学的一笔宝贵思想财富，值得我们高度珍视。但事物是一分为二的，有精华也有糟粕。由于封建社会的时代局限和史官的阶级局限，或听命于专制统治者，或因本集团或私人的利益，还有因为认识能力的限制，也必然造成历史记载存在大量的夸饰、隐讳和失实。这里举出唐初以下官修史书中回护不实、徇情曲笔的若干典型例证。《周书》的列传有不少地方明显地夸耀门阀贵显、虚饰祖宗功绩。薛居正《旧五代史》也因照抄实录而对人物多有虚美隐恶，不可尽信。如石敬瑭是向契丹称"儿皇帝"的民族败类，《旧五代史·晋高祖本纪》却加给了他"旰食宵衣，礼贤从谏""能保其社稷"的美名。

秉笔直书，著史要符合"实录"要求，为此百折不挠、惨淡经营，誓必撰写成信史留传后世，这是中国史学一个突出的优良传统。在几千年的史学发展中，据实直书和"实录"式记载无疑居于主导地位。孔子"信以传信，疑以传疑"的主张和实践影响深远，被历代学者奉为圭臬。先秦史官董狐、南史不惜付出性命也要据实直书的精神一直激励后人。从司马迁、班固以下至司马光、全祖望以及乾嘉考证名家王鸣盛等人，历代优秀史家无不以撰成"实录"式著作为自己的奋斗目标；同时，又有刘知幾、柳宗元、吴缜等在理论上进行精辟的阐释。我们应坚持科学的态度，大力表彰古代史家自觉追求信史的崇高精神，同时对于曲笔、讳饰的错误做法要坚决加以剔除。

第七讲

重人事·远鬼神：史书记载的主要对象

中国史学自记载进阶到编纂伊始，就在"殷鉴"意识的主导下，以关注人间历史为本分，后则秉承着孔子"不语怪力乱神"的原则，尽力祛除附加在历史之上的神秘成分，高举王道和人事大旗。白寿彝先生曾在评价《春秋》的史学价值时指出："在春秋时期，朝聘、会盟、征伐、城筑等，本来无一不是跟宗教活动密切联系的。但《春秋经》却从神秘的空气中游离出来，专从人事的角度去记载这些事情。像这样把历史跟神话和宗教分开，这是《春秋经》的一个重大贡献。"（白寿彝：《中国史学史》第一册）战国时期的《左传》更进一步提出了"天道远、人道迩""民，神之主也"等史学理念，明确将人的地位置于神之上。至司马迁编纂《史记》，则采取纪传体全面而立体地反映社会各阶层人的生活和历史，为后世的正史编纂树立了典范。

一、"殷鉴"思想与天命观的转向

文明时代最早的天命观，是在夏代禅让制向世袭制转变过程中形成的，旨在为夏启的王位子继提供思想合法性，即"有夏服天命"（《尚书·召诰》），从而把自然之天加以神化，赋予其至高无上的神性。商代在此基础上做了进一步发挥，将君主与上天用血缘联结，即"帝立子生商"（《诗经·商颂》），并采取祭祀和占卜的沟通方式，因此充满鬼神之气。《礼记·表记》载："殷人尊神，率民以事神，先鬼而后礼。"至周公时代，他尝试将天命观增加理性色彩，明确祖先是人不是神，而周之所以能取代商，是因为统治者做到了"用康保民""明德慎罚"，所以天命发生了转移。由此，原本充满鬼神之气的天命观，被赋予了浓重的人世道德色彩，成功实现了"重人事"的思想转向。反映到历史观上，则是"殷鉴"观念的产生。这在《尚书》中有集中体现。

《尚书》在历史观上明确总结出"以史为鉴"的思想，以生动的史实反映了自殷商至西周初年，由"迷信天命"到认识必须"以史为鉴"、以民心为鉴、得民心才能"得天命"的巨大变化，因而成为中国文化和史学"忧患意识"、"敬命保民"、谴责暴政、诛伐独夫民贼、重视民心向背这些具有极其重大意义的思想观念之根源。

《尚书》不仅记载了上述许多重大事件，视野开阔，而且通过一些重要篇章，反映了周初在历史意识上的重大进展，即在"天命观念"这一意识形态领域产生了重大改变。在殷代，统治者极端迷信上帝、天命，还把自己的意志通过一次次的占卜解释为上帝的意志，殷纣王实行暴政，酗酒淫乱，在众叛亲离的情况下，还迷信"我生不有命在天"（《尚书·西伯戡黎》）？殷朝的灭亡给人们深刻的教训，证明"天命"不可依靠，要靠政治措施得当，人心才能归附，"小邦周"才能打败"大邑商"。因此以周公为代表，极其重视殷商由强盛到灭亡的教训，总结出"敬天保民"的思想。这是中国古代历史观和政治观的重大进步。

《周书》各篇中一再讲以殷朝灭亡为鉴戒，反映出周朝建立政权后，以周公为代表的政治人物怀着强烈的忧患意识。殷、周的力量对比本来是悬殊的，直至殷亡以后，在西周早期，周仍称殷为"大国殷""天邑商""大邦殷"（《召诰》《多士》），而自称"小国""小邦周"（《召诰》《康王之诰》）。可是结果却是殷的崩溃、周的兴起。"这种巨大而鲜明的变化甚至使作为胜利者的周人也感到震惊，因而激发了他们对历史进行反省的自觉。殷曾经强大过，可是现在崩溃了。在此之前，夏曾有过类似的过程。这时周又走到夏和殷早期的位置上，周人对此怎能无所反省呢？他们越是感到夏、殷两代历史变化的无情，也就越想以史为鉴，以便认识自己所处的境地。"（刘家和：《古代中国与世界》）以周公为代表的周初政治家思考夏、商由盛而衰、直至灭亡的深刻教训，警惕周重蹈覆辙，明确总结出"殷鉴"思想。这对中国史学几千年进程产生深远影响。

《酒诰》曰："王（按，指当时摄居王位的周公旦）曰：

封（即卫侯康叔），予不惟若兹多诰。古人有言曰：人无当于水监，当于民监。今惟殷坠厥命，我其可不大监抚于时！"此篇是周公命康叔在殷商故地卫国宣布戒酒的诰词。《史记·卫康叔世家》："周公旦惧康叔齿少……告以纣所以亡者，以淫于酒。酒之失，妇人是用，故纣之乱自此始……故谓之《酒诰》以命之。"诰词中，强调要总结由商初兴盛到商末酗酒亡国的历史教训，作为颁布严厉的禁酒令的依据。其中最关键的观点，就是周公阐释古训，人不仅要以水作镜子，更应当以民众的处境和情绪作为镜子，来对照自己的政策、作为的正确与错误，也即国家的治理要重视民心的向背。

在《召诰》篇中，同样有极精辟的概括。此篇作于周公摄政七年还政成王之后，营建洛邑之时。史官记录了当时营建洛邑的情况和召公的诰词。其中说："我不可不监于有夏，亦不可不监于有殷。我不敢知曰，有夏服天命，惟有历年；我不敢知曰，不其延。惟不敬厥德，乃早坠厥命。我不敢知曰，有殷受天命，惟有历年；我不敢知曰，不其延。惟不敬厥德，乃早坠厥命。今王嗣受厥命，我亦惟兹二国命。"郑重地告诫应当以夏代和殷代的兴亡为鉴戒，深刻地思考这两个国家为什么会丧失天命，总结他们的教训。此篇的总结，说明不仅周公，还有召公这样的周初政治家，都共同地从殷商灭亡、周朝兴起的历史大变局中，实现了历史观念、天命观念的深刻变革和巨大进步，原先夏、商迷信天命的观念，现已被"敬德保民"思想所取代，面对朝代的兴亡、鼎革，总结出"只有实行德政才能巩固周朝统治"这一深刻的教训。王国维在《殷周制度论》中十分强调这一变化，说："此篇乃召公之言，而史佚书之以诰天下，文、武、周公所以治天下之精义大法，胥在于此。"（王国维：《观堂集林》二）《康诰》篇同样总结出一条重要的历史法则："天畏棐忱；民情大可见。"（按，棐，非。忱，诚。）言上天降罚不是固定不变，民众的情绪就是重要的反映！《大诰》篇又言："迪知上帝命越天棐忱。"此乃强调周初有一批贤臣引导周王懂得上帝降赐天命不是固定不变的道理。

由上述《尚书》中精警的语言可知，周初政治家总结了：殷商自成汤至帝乙是兴盛时期，帝乙开始走向衰落。衰亡的深刻教训，是不敬天命，不勤政事，不任用贤人，耽于逸乐，使民众陷于困苦境地。这样，上天就不再保佑商，天命转向实行德政的周文王、武王。并提出殷代夏命顺应了天意和民心，民众生活是否困苦，民心是反对还是拥护，就是天命的反映。肯定取代暴虐的统治者是合理的。这些都成为中国传统史学许多进步观点的源头，说明中国从《尚书》这部最早的史书起，便能从总结历史经验中得出深刻的智慧和思想。

二、"民为神之主"：人的地位不断上升

春秋战国时期，以神意为主导的天命观实际上仍笼罩着整个社会，几乎渗透于征伐、盟会等政治活动和婚姻、丧葬等日常生活的角角落落，但重人事、轻鬼神的倾向日益凸显出来，人的地位呈不断上升的趋势。这一时期的史书如《春秋》《左传》《国语》等，都在历史记载和阐释方面表现出相近的思想动态。

首先，减少关于鬼神故事的记载，突出人在历史活动中的作用。比如，《春秋经》记的是各国政治事件和人物活动，以及与人事有关的自然现象。在《春秋经》中，没有像《雅》《颂》那样的鬼神气氛，也没有像周、齐、宋、燕等国史册那样详记鬼神故事。它也记水、旱、雪、霜、地震等，但都是作为与人事有关的自然现象来处理的。它偶尔记一下奇异的现象，如"六鹢退飞"之类，这是记当时天空中少见的现象，六只鹢遇到大风，不能往前飞而往后退。《春秋经》的这类记载，司马迁有极其中肯的解释："纪异而说不书"（《史记·天官书》），只记特异的现象，而不宣扬迷信说法。这种重人事的观点，同反映在《论语》中孔子不宣扬迷信的态度是相符合的。孔子说"务民之义，敬鬼神而远之"（《论语·雍也》）；又说"未能事人，焉能事鬼"（《论语·先进》）。孔子的弟子也说："子不语怪、力、乱、神。"（《论语·述而》）不讲迷信的朴素的唯物观点在当时是可贵的进步思想，对后代进步学者以深刻的影响。

《左传》中的两则记载也非常典型地体现出人比鬼神重要的思想。一是，郑国人裨灶以彗星现于大火星旁的异象为依据，预言将有火灾发生，建议郑国执政子产用宝器祭神，以免除灾祸。子产没有采纳他的建议，未曾想预言成真。第二年，宋、卫、陈、郑在同一天发生火灾，郑国人纷纷要求子产采纳裨灶的建议，子产却回答说："天道远，人道迩，非所及也，何以知之？灶焉知天道？是亦多言矣，岂不或信？"（《左传·昭公十七年》）子产并没有否认天道的存在，但他更重视的是贴近现实的人道。事实证明，尽管没有祭神，郑国也没有再发生火灾。二是，《左传·庄公三十二年》记载，虢国国君派史嚚等人去祭祀，请求神灵赏赐土地。没想到，史嚚却评论说："吾闻之，国将兴，听于民；将亡，听于神。神，聪明正直而一者也，依人而行。虢多凉德，其何土之能得？"在史嚚的话中，鬼神与人事依然没有彻底分离，但人的地位明显比鬼神更重要。这是一个大的趋势，更是巨大的进步。天命与人和谐共存，但天的作用不断被淡化，人的作用则不断被强化。这一时期的史书中记载了大量的人物活动，正是上述观念的直接反映。

其次，在历史记载中出现完整的人物活动。人类历史是多元因素的复杂演变联结而成的总体，政治的盛衰、战争的胜败、经济的发展、制度的沿革等等，互相联结成复杂的历史活动。而历史活动的主体是人，人的意志和行为推动着政治、军事、经济、制度以及社会生活的种种变化。因此可以说，未能写出人物活动的史著是有严重缺陷的。在中国史学的创始阶段，《尚书》是政治文献的汇集，《春秋》只按年月记载简单的事目。《左传》则在具体记述复杂历史事件的同时，开始做到记述完整的人物活动，这不仅是历史编纂学上的重大成就，而且是历史认识上的巨大飞跃——历史家的认识已得到升华，认识到政治、制度等等的演变是由于人的活动所推动的。《左传》这一创造具有继往开来的意义。《史记》这部纪传体史著的开山之作，正是在此基础上继续发展而产生的。

《左传》记载了各式各样的人物，最有代表性的当推晋文公、郑子产和伍子胥等人。《左传》写晋文公重耳，首先集中记述他经过十九年流亡生活的磨炼，由一个不谙世事、贪图安逸的贵公子，成长为志向远大、明达老练的政治家。《左传》写重耳，确能写出他经过艰苦磨炼而在政治上逐渐成熟，写出他周围大臣对其成长和争霸所起的作用，表现出这位春秋前期霸主的风采。《左传》记子产，起自鲁襄公八年，至昭公二十年，时间既长，事件又多，作者却能根据郑国与各国频繁交往的特点和春秋后期的社会变动，集中表现出子产杰出的外交才能和改革家的形象。《左传》不但记子产的行为，而且大量记述他总结治国经验的言论，反映这位政治家、改革家的思想，揭示出他的外交努力和政治改革成功的原因。子产回答从政的要领是："政如农功，日夜思之，思其始而成其终。朝夕而行之，行无越思，如农之有畔，其过鲜矣。"（《左传》鲁襄公二十五年）由于他处事谨慎，认定目标就坚决做下去，又注意措施得当，不超过限度，所以取得成功。他反对毁乡校，把众人议论执政的贤否，视为"吾师"，"其所善者，吾则行之；其所恶者，吾则改之"。认为用压制的手段堵住众人议论，等于企图堵截洪水，"大决所犯，伤人必多"。（《左传》鲁襄公三十一年）鲁昭公二十年，子产卒。《左传》特意引用孔子对他的评论："仲尼闻之，出涕曰：'古之遗爱也。'"以此作为对子产一生事业的评价。

《左传》记伍子胥，则突出他为父报仇长期隐忍等待时机的特点，写他作为谋略家的非凡经历。他去楚适吴，是为了以吴制楚，使楚战败受辱。当他劝说吴伐楚，公子光不从时，即察知公子光"将有他志"，企图篡位自立。王僚被刺，公子光登位，是为吴王阖庐（一作闾）。《左传》写伍子胥谋略过人，主要是以下两次关键事件。第一个关键是鲁昭公三十一年，阖庐问伍子胥伐楚之计，伍子胥提出一套拖疲楚国、多方误敌的计策。阖庐用其计，果然令楚军疲于奔命。鲁定公四年，吴军伐楚。吴胜楚后，却被越王勾践所败。至鲁哀公元年，夫椒一战，吴王夫差大败越军。《左传》所载第二次关键事件：越人贿赂吴太宰嚭以求和，夫差将许之，在此决定吴越未来命运的关头，伍子胥痛陈必须彻底打败越军，夫差终不听从，伍子胥预见到，勾践将利用讲和以报仇雪耻："越十年生聚，而十年教训，二十年之外，吴其为沼乎！"（《左传》鲁哀公元年）其后吴国虽曾暂时称霸于中原，但最终被越所灭，时势的发展完全证明了伍子胥的预见。《左传》通过记载曲折跌宕、富有感染力的事件，形象地表现出伍子胥坚忍的性格和过人的谋略。司马迁采用了《左传》的材料，并加以补充，写成《史记》中脍炙人口的《伍子胥列传》。这也是《左传》记载完整人物形象的创始工作被司马迁所继承和发展的具体例证。

第三，从人事角度阐释社会变化和历史演进。春秋战国时期，社会发生剧变，形势纷纭复杂，这要求史家不仅以宏大视野记载那些影响历史进程的重大事件，而且必须对这些变化做出深刻而合理的解释。其间，在天命鬼神观念之外，从人事角度加以阐释的倾向越来越明显。比如，《国语》一书中虽有不少宣扬天命鬼神、占卜吉凶的内容，但可贵的是，每当记述或评论社会状况、国家成败的重要事项时，却能摆脱鬼神迷信观念的束缚，重视从人的活动来审视和总结，最典型的当数记载西周晚年走向衰亡的必然性和齐桓公为何能够成功称霸。

《国语·周语上》着重记载宗周末年穆王、厉王、宣王、幽王时期关系政治成败的大事件。第一则，记穆王将征犬戎，祭公谋父（周的卿士，周公之后）出来谏阻，曰："不可。先王耀德不观兵。夫兵戢而时动，动则威，观则玩，玩则无震。是故周文公之《颂》曰：'载戢干戈，载櫜弓矢。我求懿德，肆于时夏，允王保之。'先王之于民也，懋正其德而厚其性，阜其财求而利其器用，明利害之乡，以文修之，使务利而避害，怀德而畏威，故能保世以滋大。"祭公强调对待少数民族和对待民众，都要施行德政，让他们得到实利、增殖财富，通过修好政治、采取慈和温厚的措施，使他们向慕朝廷的恩惠，如果发生不按时祭祀贡享的失职行为，采用开导、说服的办法解决，才能得到发自内心的拥戴。祭公的诤谏，是申述周公之教，务必做到敬德保民，先修政事而后刑罚，先礼而后兵。可是穆王却拒谏饰非："王不听，遂征之，得四白狼四白鹿以归，自是荒服者不至。"周穆王不修德政、炫耀兵力的结果，是失去周边少数民族的归附！继之，是记载周厉王监谤，最后失败被流放的著名故事。尤为可贵的是，作者通过叙述明确表明自己的严正态度，认为像周厉王这样的暴君被流放是咎由自取，民众的举动是正义的。《国语》所载周厉王监谤，已成为最具鉴戒意义的典型史事，证明民众的意志才是决定最终成败的无比巨大的力量！其中总结的精警语句"防民之口，甚于防川，川壅而溃，伤人必多"，在古代是真理，在今天也仍然有深刻的启示意义。

齐桓公称霸是春秋前期的重大事件。《国语》和《左传》

两书均有记载而重点、详略颇有不同，相较之下，《国语》的记载更加联贯，颇有本末完具的特点，且做到重点突出；而《左传》则较为简略，对于齐桓公如何实现其功业的一些关键之处记载甚有欠缺。《国语》更重点地记载了管仲富国强兵的措施和齐桓公实现以"禁暴于诸侯""御戎狄，卫诸夏"的霸业。管仲向桓公提出了一系列治国之策，包括：四民勿使杂处；处士就闲燕，处工就官府，处商就市井，处农就田野。制国以为二十一乡；工商之乡六，士乡十五，公帅五乡，国子帅五乡，高子帅五乡。实行富民政策，"遂滋民，与无财，而敬百姓"；实行相地而衰征，使赋敛合理，无夺民时。"作内政而寄军令"：实行五家为轨，十轨为里，四里为连，十连为乡的制度："春以蒐振旅，秋以狝治兵，是故卒伍整于里，军旅整于郊。"（《国语·齐语》）大国霸政是春秋史上的大事，由于霸主主持，中原各国互相救援，维持了相对安定的局面，成为中国历史由春秋初年小国林立逐步走向统一的重要环节。《国语·齐语》着力对齐桓公征伐强暴、扶助弱小、捍御中原安定局面的功绩作了总括性叙述，并列举桓公扶助弱小的功绩。全篇之末，又作画龙点睛之笔，指出齐桓公任用贤材对其霸业起到关键的作用："唯能用管夷吾、宁戚、隰朋、宾胥无、鲍叔牙之属，而伯功立。"以上《齐语》叙述和评论齐桓公任用管仲实行富国强兵的各种措施，建树霸主功业，实为司马迁以下史家论述这段历史提供了最主要的依据。

作者确是做到从民心归附、国内生产发展、国力强弱、民众负担程度、社会是否安定有序等项来评价统治者。书中记述战场上的胜败，也不只是从军事指挥正确与否的角度来评论，而更重视的是国内是否修明政治、士卒是否愿意作战、士气是否高涨、战场上君臣上下是否同心同德等项因素。正因为作者成功地将这些观察和道理融合在史事的叙述和人物言论的记载之中，因而具有深刻的历史鉴戒意义。

上述史书记载的变化充分反映出春秋战国时期人本思想的兴起，"民为神之主"的概念甚至被直接提了出来，并得到了士人相当程度的认同。如谓："夫民，神之主也，是以圣王先成民而后致力于神。"（《左传·桓公六年》）《左传》中所记载鲁国大夫叔孙豹与晋国大夫范宣子关于"不朽"问题的对话，更是对鬼神权威的一次大挑战。立德、立功、立言"三不朽"标准的提出，实际奠定了以人为本的思想基调，对后世的影响极其深远。

三、以人物为中心：展现历史创造的主体

两汉时期，鬼神迷信虽然在社会上十分盛行，但中国史学的人文主义传统仍得到进一步发扬。司马迁、班固等史家著史，不仅继承了孔子从人事角度看待历史、不宣扬迷信的观点，而且创造了以人物为中心的纪传体通史和断代史，真正将人是历史创造的主体这一观念落到实处。

"人物维度"是司马迁观察历史的重要视角，《史记》所开创的纪传体，历来即被视为以人物为中心记载历史。梁启超《要籍解题及其读法》中论"《史记》创造之要点"，列在首项者即为"以人物为中心"，并论云："其书百三十篇，除

十表八书外，余皆个人传记，在外国史及过去古籍中无此体裁……对于能发动社会事变之主要人物，各留一较详确之面影以传于后，此其所以长也。"（梁启超：《要籍解题及其读法》，《饮冰室合集》专集之七十二）梁氏此论并不完全准确（因为本纪及世家的内容，还有记全国或一地方政权政治、军事大事的成分），但从总体上讲，却明确讲出《史记》的著史格局"以人物为中心"的特点，而且其中详载事迹的人物都与"发动社会事变"密切相关。

从今天来看，以人物为中心，是对"人"创造历史的作用的发现和充分肯定，是记载历史的巨大进步。而这一进步，又根源于观察历史能力的重大推进和哲理思考之上升到更高的层次。而这恰恰是在战国以来出现的历史变局推动下取得的。战国至秦汉之际，平民力量迅速崛起，君主如能选用贤才，则每能骤致国家的崛起或兴盛。历史的空前变局，使司马迁对人物在时代前进中起到的重要作用形成了新认识，这无疑是他创造以人物为中心的著史新体裁之认识基础。《史记·太史公自序》所言，作七十列传的目的，是为记载"扶义俶傥，不令己失时，立功名于天下"的人物在历史上的活动，便是明证。

以人物为中心，展现出"人"是历史创造的主体。——这一历史视角贯穿于"本纪""世家"的大部分篇章和全部"列传"中。司马迁记载了时间跨度极大、范围极其广阔的各种类型的历史人物，包括有作为的帝王、贤臣、勇将、谋士、起义的英雄、睿智的思想家，以及出身下层的人物，以丰富具体的史实、生动的手法，描写他们在特定历史场面中个性鲜明的行为，表现其对历史进程所发挥的作用。这里略举两个典型例证。

商鞅是战国时期在秦国成功地实行变法的著名政治家，司马迁为他立了《商君列传》，集中而详实地记载他佐秦孝公变法、使秦国骤致富强的历史功绩。《商君列传》站在纵观战国时期历史前进方向的高度，以详确的史实，记载了商鞅两次变法奠定了秦国富强基础这一秦国历史上的关键性事件，令人信服地再现了商鞅这位成功的改革家的形象。《太史公自序》中更明确赞赏商鞅变法的巨大功绩："鞅去卫适秦，能明其术，强霸孝公，后世遵其法。作《商君列传》。"秦孝公死后，商鞅遭贵族势力诬害，车裂而死。值得注意的是，司马迁对商鞅受诬而死并未表示同情，篇末"太史公曰"："商君，其天资刻薄人也。迹其欲干孝公以帝王术，挟持浮说，非其质矣……余尝读商君开塞耕战书，与其人行事相类。卒受恶名于秦，有以也夫！"司马迁学术思想的主导面是儒家，崇尚"仁义""德政"，同时，他又受到道家"清静无为"思想的明显影响。因此，他最为赞赏的是如汉文帝的"仁政爱民""不烦劳百姓"，而对法家学派持批评态度，称他们"刻薄少恩"。但更加重要的是，司马迁不以个人好恶歪曲历史事实，在记述中如实反映商鞅变法致使秦国富强，充分肯定商鞅的历史功绩，由此证明司马迁是一位忠实地记载客观历史、具有高尚史德的史学家。

再一个典型例证，是司马迁为反秦起义英雄陈涉立了"世家"，表现出他准确把握秦汉之际历史动向和歌颂人民大众反抗压迫的卓越见识。《史记》"五体"中设立"世家"

的标准和意图何在？后人每以己意猜测，所言未必切合司马迁之原意。实则《太史公自序》中对此已有明白的交待："二十八宿环北辰，三十辐共一毂，运行无穷，辅拂股肱之臣配焉，忠信行道，以奉主上，作三十世家。"讲明"世家"是用以记载像二十八宿环北辰、三十辐共一毂般的辅弼股肱之臣，即周代的十二诸侯和汉代的侯、王这样的人物，他们的名号、地位在国家有举足轻重的影响。而像孔子、陈涉，虽然没有诸侯的名号，但因为他们在历史上起了非同寻常的作用，司马迁也破例立为"世家"，以彰显其巨大的历史功绩。

司马迁对于通过记载人物的活动来展现"人"是历史创造的主体，已达到相当程度的自觉。十二"本纪"，不但记军政大事，而且记述了秦始皇、项羽、汉高祖、汉文帝等不同历史时期核心人物的活动和性格；三十"世家"，分别记载了春秋时期各诸侯国历史，同时也记载了周公旦、齐桓公、晋文公、楚庄王等政治家的活动，以及孔子、陈涉和西汉萧何、曹参、张良、陈平、周勃等重要人物的活动；七十"列传"中既有专传，又有合传、类传，记载了大量春秋战国、秦、汉时期的政治家、军事家、思想家和各阶层代表人物。"本纪"是《史记》全书纲领，其他篇章围绕"本纪"展开记事，表明中华民族几千年的进化史就是各个时期在历史舞台上纵横驰骋、个性鲜明的人物创造的。

"自获麟以来四百有余岁，而诸侯相兼，史记放绝。今汉兴，海内一统，明主贤君忠臣死义之士，余为太史而弗论载，废天下之史文，余甚惧焉，汝其念哉！"（《史记》卷一百三十《太史公自序》）这是司马谈临终前执司马迁之手含泪嘱咐，司马迁郑重地承诺的庄严使命。记载在各个历史时期建树功勋的人物是司马迁著史的重要目标之一。司马迁凭借高度的责任感和杰出的才华，出色地完成了他确定的目标，为中国史学提供了记载生动、饱满的人物形象，并通过人物表现各时期特定历史面貌的成功典范，被后世史家尊奉为著史的楷模。

司马迁在先秦史书规模比较狭小、形式比较粗糙的基础上，经过综合和改造，创立了气魄宏大的纪传体史书，奠定了以人物为中心的编纂原则，表现出了不起的创造活力。班固则"断汉为史"，创立著史的新格局，但在体裁上仍沿用纪传体，同样凸显出"人"在历史发展中的作用。此后，断代为史的纪传体被相继沿用垂两千年，成为正史的标准体裁。

自春秋时期以后，中国史书中的神秘成分越来越被压缩到很小的空间，史家把人间社会的种种作为记载的主要对象，而非虚无缥缈的鬼神或天道。《史记》创设的纪传体实为一种综合体，除本纪、世家、列传是直接记载杰出人物的事迹外，其余书、表等也是以记载作为群体的"人"的活动为主，落脚点均在实在的人间。此后，尽管表现形式多样，内涵也因时代而异，中国史学的人文传统却始终得到传承和弘扬，史书记载的主体始终围绕人间社会展开，也未曾出现过类似西方中世纪教会垄断历史编纂的极端现象。当然，中国古代史家在重人事的同时并不刻意回避"天"的问题，而是主张在"天人合一"中彰显"人"的价值。

第八讲

通史家风：史书编纂的贯通意识

就历史记载的纵向时间范畴而言，中国古代史书要远远超过西方。西方史家更多关注近现代历史，未能形成类似中国的"通史家风"。西方古代史家的历史编纂视野，大多局限于一个世纪之内，未能撰成贯串千年以上的大通史，直至十九世纪以后，方倡导通史编纂。反观中国史家，不仅所撰近现代史动辄超过两三百年（如《春秋》《左传》），而且对编纂通史抱有极大热情。据现有史料来看，亡佚的《世本》已具有通史雏形，而司马迁《史记》的时间跨度长达近三千年，堪称世界历史编纂学史上的一大奇观，也为此后中国的通史编纂奠定深厚基础，形成一种历久弥新的史学传统，影响直至今日。当然，史书记载的贯通意识并非单纯地体现在时间跨度的长短，而是史家如何以贯通眼光恰当安排纷繁史事并给以客观评价。换言之，通史家风的"通"，既是时间上的贯通，更是内容上的贯通。

一、"通古今之变"思想的提出

司马迁以"究天人之际，通古今之变，成一家之言"的精警语句，高度概括其对著述目标的自觉追求，画龙点睛，发人深省。中华民族自古就具有发达的历史意识，早在两千多年以前就产生像《史记》这样气魄雄伟的著作，史家本人同时对于著史的使命和成功的奥秘有如此自觉的认识和明确的概括，因而历代史家对此奉为圭臬、竞相效法。正如白寿彝先生所说：司马迁提出的三句话，"不只是自己的工作要求，而且是提出了历史工作上的中心问题，并且他作出了空前的成就，为此后的历史学者指出了途径、提供了学习的榜样"（白寿彝：《司马迁》，《白寿彝史学论集》）。而"通古今之变"又是其中最核心的要求。

司马迁在把握和叙述历史大势方面的成就，罕有能出其右者。《史记》有《三代世表》《十二诸侯年表》《六国年表》《楚汉之际月表》《汉兴以来诸侯王年表》等，这些篇的设立，体现出司马迁将上古以来的历史划分为具有不同特点之演进阶段的看法，这是十分值得注意的。深入研究这些表的价值，并与相关的本纪、列传联系起来分析，即可以明了：司马迁著史做到了对于各个历史发展阶段的特点和演进趋势有准确的把握，了然于胸，并且生动翔实地叙述出来。而把各个历史阶段贯通地考察，便是司马迁所出色地做到的"通古今之变"。

西汉皇朝代秦而立，拨乱反正，逐步达到国家的强盛，就是反复地以秦朝的过失为鉴戒而实现的。汉初人士自陆贾起，此后有贾谊、贾山、张释之、主父偃、徐乐、严安，直至东汉的王充、班固等，都严厉地谴责秦朝不行仁义、滥施刑罚等种种罪过，论证汉朝继立的历史必然性。概言之，用秦的暴虐来反衬汉朝扫除烦苛、与民休息的功绩。在这种情况下，自然会出现过头的看法，如贾山《至言》把用暴力"并吞海内"与"天殃"即灾难报应联系在一起，主要从批判的角度看待统一。《汉书·王莽传·赞》中，班固把短促的秦朝与短命的"新朝"并提，称它们为"紫色蛙声，馀分闰位"，只是历史上的小插曲，不具有"正统"皇朝的资格。王充论历史，直斥为"亡秦"或"秦无道之国"，又将它与蚩尤并提。按照这类言论，秦简直成为历史上"恶"的势力的代名词。

司马迁写通史，以总结中国历史客观进程自任，做到"通古今之变"，他把秦放在中国历史发展的总过程中来考察，既看到秦统治中负面的作用，更看到其推动历史前进的正面作用，提出了迥异别人的卓越看法。《六国年表·序》提纲挈领，中心是论述秦的历史作用。首先指出，秦国的强盛和兼并六国代表了战国时期历史发展的主导方向。其次，总结自夏禹、商汤、周文王，至秦、汉兴起，都符合崛起于西北、而最后获得成功的规律。这段话似乎带有某种神秘色彩，这一层姑且不论，其中主要价值，显然在于把秦与夏、商、周、汉这些对中国历史有重大贡献的朝代相并提。这是在前一层评论秦兼并天下"盖若天所助焉"的基础上，进一步提高秦的历史地位。进而，司马迁针对汉代流行的否定秦的历史贡献之偏颇观点，提出中肯的批评："秦取天下多暴，然世异变，成功大。传曰'法后王'，何也？以其近已而俗变相类，议卑而易行也。学者牵于所闻，见秦在帝位日浅，不察其终始，因举而笑之，不敢道，此与以耳食无异，悲夫！"既谴责秦在统一过程中的暴虐行为，又明确肯定秦统一中国是符合形势发展的巨大成功，对于"不察其终始"即不认识历史发展趋势的俗学浅见予以辛辣的讽刺。

《六国年表》记载战国时期二百五十五年间大事的方法，是以秦为主干。秦在表中的位置，列于六国之上。记载秦国史事独详，如：秦灵公四年，作上下畤。简公六年，初令吏带剑。七年，初租禾。献公二年，城栎阳。孝公二年，天子致胙。十年，卫公孙鞅为大良造，伐安邑，降之。十二年，初聚小邑为三十一县，令。为田开阡陌。十三年，初为县，有秩史。十四年，初为赋。十九年，天子致伯。二十年，诸侯毕贺。会诸侯于泽。朝天子。惠文王二年，天子贺。行钱。四年，天子致文武胙。凡显示秦逐渐强大的事件均有明确记载。又，战国时期的异常天象，如日蚀、彗星、蝗灾，也一律记在秦国栏目之内。六国亡后，又继续记载秦朝十四年间史事，直至子婴降，表示记载自秦国兴起至秦朝结束，首尾完整。

《六国年表》又与《秦本纪》《秦始皇本纪》内容密切相关，把它们放在一起讨论，更有助于认识司马迁洞察历史发展大势的非凡史识。比如，在《秦始皇本纪》之前设置《秦本纪》，是司马迁基于认识历史进程复杂性和确切把握历史发展走向而独具匠心之安排，是根据表达实质性内容需要而对于首创体例的有意突破，绝非"自乱其例"。在十二本纪中，秦占了两篇，唯有这样做，才与秦在中国历史上的重要地位相称。分析这些问题，对于我们认识通史著作中如何体现"通古今之变"，对于认识《史记》全书是一个体现卓越史识和完善体例的有机统一体，以及了解历史思想与编纂体例之辩证关系，都是极有意义的。

此外，司马迁表达历史大势的卓识，同他的大一统历史观有非常密切的联系。从纵向说，记载中华民族自古以来不断加强的统一趋势，构成了《史记》"通古今之变"的重要内容。《五帝本纪》载："天下有不顺者，黄帝从而征之，平者去之。"司马迁又整理出，自传说中的颛顼、帝喾、尧、舜，至夏、商、周，这些古帝王都出于一个共同的祖先——黄帝。从社会史角度看，如此整齐的古帝先王系统无疑是后人排比加工而成的，但它恰恰反映出后人对统一的愿望。司马迁具有远远高于俗儒的见识，高度评价秦的历史功绩，他确实做到了"察其终始"，把秦实现帝业放在中国统一的历史长过程中来考察，看到由商周王权到秦的中央集权是统一之规模和程度的飞跃，又看到秦的统一为西汉更大规模的统一奠定了基础。同样值得注意的是，把《史记》有关汉代的几篇表合起来看，即表达出中央集权制越来越加强、中华民族的统一越来越发展的趋势。《秦楚之际月表·序》认为汉高祖"拨乱诛暴，平定海内"，实现西汉统一，是建立了"轶于三代"的空前功业。《汉兴以来诸侯王年表·序》概述自汉初至武帝时朝廷一步步战胜封国势力，强干弱枝之势已成，"尊卑明而万事各得其所矣"。《建元以来侯者年表·序》则肯定汉武帝解除边境少数民族对内地的威胁，"以中国一统，明天子在上，兼文武，席卷四海，内辑亿万之众"。《货殖列传》《太史公自序》等篇也对西汉实现经济上、政治上空前统一局面表示由衷赞美。从横向说，司马迁为春秋各诸侯国立了"世家"，表明春秋各诸侯国是兄弟或亲戚关系。鲁、晋、蔡、卫、郑各国原来都是周王室成员所传下，燕、陈、杞、楚、越等也都是黄帝之后。《史记》设置有《匈奴列传》《南越列传》等篇，展现出周边民族围绕中原政权活动的基本格局和民族交往向前发展的趋势。司马迁以其进步的观点和确凿的史实证明中华民族的向心力不断加强，表达了民族的共同心理，自然对推进国家的统一产生深远的影响。

需要指出的是，"通古今之变"杰出思想形成的根本条件，是华夏文明几千年的连续发展，而且华夏民族活动的疆域几千年前后连续而从未改变，这在世界各大文明古国中也是独一无二的。司马迁撰成中华民族第一部成功的通史巨著有其深厚的凭借，他本人对此有充分自觉的认识。《太史公自序》是他在完成《史记》全书撰著后总结的文字，其中明确讲他著史所拥有的充分条件。司马迁强调了两项重要凭借。一是华夏民族历代相递嬗的政治实体、上下相承的历史传统，他所处的汉代就是继五帝末流、接三代绝业的久远传统而建立的。二是在文献上，西汉立国以后，百年之间，经过不断努力，大规模搜求典籍，广开献书之路，终于改变了因秦朝焚书而致典籍严重缺乏的状况，拥有了记载我们民族久远历史活动的各类文献。"通古今之变"，就是在华夏民族长期连续发展、跌宕曲折的客观历史进程基础上所作的哲理概括。"古"和"今"，总括了华夏民族历史演进的漫长年代，即上下范围；"变"是尤其重视推动社会发展的历史变革，也包括历史的局面不断出现变化，民族融合范围逐步推进的变化；"通"是强调上下贯通，既指史家要讲清楚历史盛衰成败之故，又指紧紧把握华夏民族向心力、凝聚力不断向前发展这一历史主线。

二、"断代为史"与"通古今"

《汉书》"断汉为史"，创立了完整记述一代封建皇朝兴亡的著史体制，这是班固为适应史学发展需要而作出的贡献。然而，历史发展又是前后相联系，不能割断，尤其是有关典章制度的问题，为了说明为何汉代是如此情况，还必须向上追溯其来源。班固很懂得这一点，所以他又为自己明确提出"通古今"的要求，这也是《汉书》成为一代良史的重要原因。《汉书》的"通古今"，在《刑法志》《食货志》中体现得尤为分明。

《刑法志》的重点是记述汉代刑律的变迁。为了讲清楚历史联系，班固先追溯周代刑法："建三典以刑邦国，诘四方：一曰，刑新邦用轻典；二曰，刑平邦用中典；三曰，刑乱邦用重典。五刑，墨刑五百，劓刑五百，宫刑五百，刖刑五百，杀罪五百。"周穆王时，刑罚加重，"墨罚之属千，劓罚之属千，髌罚之属五百"。战国申不害、商鞅实行"连相坐之法，造参夷之诛",增加肉刑、大辟、凿颠等酷刑。至秦始皇严刑峻法,"灭礼谊之官,专任刑罚",致使"赭衣塞路,囹圄成市",民众没有活路,因而奋起推翻暴秦的统治。显然,只有首先追述汉代以前刑罚的严酷,读者对于进入汉朝以后颁布"约法三章"、文帝废肉刑和有关各种论议的意义,才能有深刻的理解。在这里,班固不受断代史体例的限制,灵活地做到"通古今",作用是很大的,它说明了汉代的刑法是在什么样的基础上演变的。同时,他的论述又为后人提供了一部中国刑法史的雏形。《刑法志》记载的下限一直到班氏生活的年代,指出东汉初刑法取得显著的进步,"断狱少于成、哀之间什八",但是"疾未尽除,而刑本不正"。因而呼吁"清原正本","删定律令",真正达到"吏不专杀,法无二门,轻重当罪,民命当全,合刑罚之中"。说明他记述刑法沿革的目的,是为了保证刑法公正,减轻民众痛苦,因而大大提高了本篇的史料价值和思想价值。

继《史记·平准书》这一记载经济史的专篇之后,班固撰成《汉书·食货志》,在内容上和认识上都有重大的发展。班固增写了先秦至汉初的史实,续写了武帝晚年至王莽灭亡一百七八十年间的经济措施和经济状况。他把全志扩充为"食""货"两大部分,解释说:"食谓农殖嘉谷可食之物,货谓布帛可衣,及金刀龟贝,所以分财布利通有无者也。二者,生民之本。""食足货通,然后国实民富,则教化成。"认为这两项是国家富强和社会发展的基础。这也说明对经济活动影响历史的发展,他有更加深刻的认识。因此班固这样概括《食货志》的撰述宗旨:"厥初生民,食货惟先。割制庐井,定尔土田，什一供贡，下富上尊。商以足用，茂迁有无。货自龟贝，至此五铢。扬榷古今，监世盈虚。"(《汉书》卷一百《叙传》)指明他要考察的范围，包括民户的编制、土地赋税制度、商业交换、货币制度的演变。他要通过记载古今经济生活领域的变化来观察国家的盛衰，这是富有唯物色彩的进步思想。

《食货志》对于重要的制度和在历史上影响较大的政策主张，必求记载明晰，所以为研究古代经济史、土地制度史、商业史、货币史提供了极重要的基本史料。关于古代井田制度，班固综合了《孟子·滕文公》篇、《周礼·大司徒·遂人》篇和《诗经》中《小雅·大田》《豳风·七月》的内容予以记载。其中虽有后人把井田制理想化的成分，但又确实保存着古代村社土地共有、定期分配份地、村社成员在生产活动上互助的遗留。班固论述了战国时李悝"尽地力之教"。李悝的目的是鼓励农业生产，而他的手段是"平籴"，即调整粮食的收购价格，解决因粮价过低造成农民不愿从事农业生产的问题。主张政府掌握好丰收或歉收的具体年成，大丰收时大量收购农民剩余的粮食，防止粮价下跌；中、下等年成则适当少购；遇灾荒年时政府便有能力粜粮，防止粮价暴涨。用这套办法，"取有余以补不足"，有利于发展生产。"行之魏国，国以富强。"

《食货志》又相当系统地记载了自先秦至王莽新朝货币制度的沿革。他梳理西周以后货币制度的演变："太公为周立九府圜法：黄金方寸，而重一斤；钱圜函方，轻重以铢。布帛广二尺二寸为辐，长四丈为匹。"春秋时期的齐国，"管仲相桓公，通轻重之权，曰：'岁有凶穰，故谷有贵贱；令有缓急，故物有贵贱。'"因实行"轻重敛散之以时"的财政制度，使大贾富家不能肆意对庶民巧取豪夺，桓公遂因此以霸。其后百余年，周景王患钱轻乃铸大钱，文曰"宝货"，"以劝农赡不足，百姓蒙利焉"。至秦统一全国，规定货币分为黄金与钱二等："黄金以溢为名，上币；铜钱质如周钱，文曰'半两'，重如其文。"而珠玉龟贝银锡之属一律不能作为货币流通。在此基础上展开对西汉货币制度沿革的记载。本篇的最后，一直写到王莽新朝因慕仿古制，实行"五均""六筦"，结果是"奸吏猾民并侵，众庶各不安生"。王莽又三次改变币制，先后发行错刀、契刀、大钱等三种货币，名目繁多，混乱至极，旋行旋废。"每一易钱，民用破业，而大陷刑。""民摇手触禁，不得耕桑，徭役烦剧，而枯旱蝗虫相因。"王莽违反历史潮流和社会运行规律的经济政策引起社会大混乱，最后葬身于民众反抗的烈火之中。在《史记·平准书》的基础上，《食货志》对社会经济生活作了贯通古今的记述，记载的史实更为系统，开创了记载古代经济史的先河，为人们认识中国封建社会经济运行规律提供了丰富而确凿的史实。

"通古今"的编纂特点也贯穿于"十志"的其他篇章中。如，《地理志》的前面，全录中国最早的地理学著作《尚书·禹贡》的内容，详细记载古代九州的名称、方位、地域范围、物产分布及土壤性质等。而《地理志》正文中，将横向叙述西汉的地理区划与纵向记载历史和文化遗留二者结合起来。因此，《地理志》不仅对于了解西汉区域地理，而且对于阅读先秦典籍、了解上古时代的历史和文化遗留同样十分宝贵，对此，历史地理专家评价说："不读《汉志》，简直无法从事沿革地理的研究。"（靳生禾：《中国历史地理文献概论》）《艺文志》载录自先秦至汉代现存一切文化典籍，区分学术的门类，考证其源流。对于所有学术门类，无不追溯其源头。如，在"六艺略""诗经类"中载："古有采诗之官，王者所以观风俗，知得失，自考正也。孔子纯取周诗，上采殷，下取鲁，凡三百五篇。"又如，"春秋类"中追溯到古代史官制度，曰："古之王者世有史官，君举必书，所以慎言行，昭法式也。左史记言，右史记事，事为《春秋》，言为《尚书》。"因此，《艺文志》就成为记载中国学术史源流最为宝贵的经典之作。

三、魏晋至隋唐时期历史贯通意识的发扬

班固《汉书》虽贯彻了"通古今"思想，但其外在形式属于"断代为史"，并引领一时风气。反观司马迁的《史记》，最初不仅不被推崇，反而被视为发泄私愤、离经叛道的"谤书"。司马迁在文体上又尚自由和新奇，擅于使用散体长短句，与汉代所推崇的对偶工整和语言华丽相冲突，亦影响到其传播。这与史学在汉代尚未获得独立地位，附属于《春秋》学之下也有一定关系。魏晋以后，随着史学地位的提高，司马迁的才华和《史记》的成就也逐渐开始被认可，至唐代完成了经典化的历史过程。与此同时，通史编纂也再度受到重视，逐渐成为一种学术风气和学术传统，历代绵延不绝。这一学术风气和传统，被章学诚概括为"通史家风"。

南北朝时期，中国史学史上首次出现了以"通史"命名的著作，即梁武帝命史官们编纂的《通史》（六百二十卷）。顾野王以此为底本，整理成《通史要略》一百卷。此外，北魏元晖著成《科录》二百七十卷，在形式上也属于通史著作。不过，它们虽"其体皆如《史记》"，但多抄撮旧史，混成一编，且疏于剪裁，并未真正继承和发扬司马迁的"通古今之变"思想。至唐代，国力强盛，政治一统，文化繁荣，修史事业获得蓬勃发展，展露出前代少有的恢宏气势，涌现出许多带有贯通性质的著作。实际上，规模庞大的唐修八史背后所折射出的，同样是史书记载的贯通意识。就单部著作而言，以刘知幾的《史通》和杜佑的《通典》影响最大。

刘知幾所著《史通》是中国古代第一部史学理论专著，首次对历史学自身的发展进行了纵贯的事实梳理和深刻的理论反思。这是中华民族历史意识的升华，在文化史上具有首创意义，在世界史上也是遥遥领先的。刘知幾发扬司马迁的"通古今之变"思想，旨在对过去的史家、史著进行系统总结和评析，并在此基础上提炼历史编纂的演进规律，以"成一家之言"。《史通》的命名，即效仿司马迁的《史记》："汉求司马迁后，封为史通子，是知史之称通，其来自久。博采众议，爰定兹名。"（刘知幾著，浦起龙释：《史通通释·史通原序》）刘知幾虽在某些具体地方指出了《史记》的不足，甚至用语颇为尖锐，但整体上十分推崇，甚至"以当代司马迁自居"（白寿彝：《刘知幾的史学》，载《学步集》）。

特别是，此前在魏晋南北朝时期史著大盛，共撰成纪传体断代史四十五家，编年体断代史也多达二十三家。唐代修成的八部"正史",总卷数也达到五百八十七卷之巨。史学实践的迅速发展,推动史学家从理论上进行审视和总结。此前众多的史著,其内容、史识高下不同,体裁体例运用及史料采集剪裁有优有绌,参差不齐,凡此种种,何者足以取法,何者应当纠误,至此亟须作总结、评价和提出范式的工作。刘知幾明确说:"昔仲尼以睿圣明哲,天纵多能,睹史籍之繁文,惧览之者之不一,删《诗》为三百篇,约史记以修《春秋》,赞《易》道以黜八索,述《职方》以除九丘,讨论坟、典,断自唐、虞,以迄于周。其文不刊,为后王法。自兹厥后,史籍愈多,苟非命世大才,孰能刊正其失?嗟予小子,敢当此任!其于史传也,尝欲自班、马以降,迄于姚、李、令狐、颜、孔诸书,莫不因其旧义,普加厘革。"(刘知幾著,浦起龙释:《史通通释》卷十《自叙》)《史通》分内外篇两部分,各二十卷。内篇首先以《六家》《二体》统摄全篇,总论史书种类与体裁,继而设置《载言》《本纪》《论赞》《采撰》等篇目,分别论述史书体例、编纂方法、文字表述以及史家素养等。外篇则设置《史官建置》《古今正史》《点烦》《杂说》等篇,梳理古代史官的设置、演变,详考历代史书编纂的渊源流变,阐述史文繁简、官修史书弊端等问题。很明显,刘知幾是想通过对以往史学的评判,确立一个新的撰述标准。

杜佑所著《通典》是中国第一部典制体通史,为史学开辟了一个重要领域,在史学史上具有里程碑意义。它的产生,是正史"书志"不断积累和发展的必然结果。司马迁在《史记》中创设"八书",包括礼、乐、律、历、天官、封禅、河渠、平准等,记载了自远古时期以来的制度演变,充分反映出其历史认识的深度和历史编纂的卓识。"八书"的成功，引来后世史家的群起效仿。班固在《汉书》中设立"十志"，丰富了记载的内容。《晋书》《宋书》《南齐书》《魏书》等，则在马、班基础上有所损益。至唐《五代史志》出，涵盖了前代书志的绝大部分门类，标志着正史"书志"走向成熟，"体现了有史志以来的新发展"（白寿彝：《白寿彝史学论集》）。《五代史志》实现了典制史的局部贯通，为《通典》开辟了道路，树立了典范。《通典》正是以《五代史志》为蓝本，将记载的范围分别向上和向下加以延伸，从而完成了典制史的整体贯通。全书分为食货、选举等八个典，各依顺序详述历代制度，并引录前人大量的言论，篇前、篇末陈述自己的见解。这样就在历代书志的基础上，发展成详述制度沿革、贯通古今的巨著。

杜佑编纂《通典》的目的，是为了"实采群言，征诸人事，将施有政"，寻找"匡拯之方"，让史学直接为现实政治变革服务。因此，他坚持以发展的眼光考察古今制度的演变，在历史观上见识卓越。他大大发展了司马迁重视经济对历史的作用的唯物观点，明确指出"教化之本在乎足衣食"，故八典之中以"食货"为首，而食货又以"田制"为先（杜佑：《通典》卷一《序》）。把封建社会的经济结构，特别是历代土地关系的变革，放在历代典章制度的首要地位加以叙述，这是杜佑的首创和卓识，在当时历史条件下确实具有很大进步意义。杜佑具有比较明确的历史进化观点，他与讴歌"三代盛世"、主张复古倒退的儒生相反，认为"古之中华，多类今之夷狄"，因为古代有"以人殉葬""茹毛饮血""巢居

穴处""同姓婚娶"等等"鄙风弊俗",而赞美"汉、隋、大
唐,海内统一,人户滋殖,三代莫俦","三代以来,宪章可
举,唯称汉室;继汉之盛,莫若我唐"。他叙述典章制度的沿
革废置,都贯穿着"酌古之要,通今之宜,既弊而思变"的
主旨,主张向前看。(分别见杜佑:《通典》卷十三、十八、
十二)由此也说明,杜佑采用典制体著史,"绝不仅仅是史家
对于史书表现形式的选择,它也反映着史家对于历史的理解
和认识"(瞿林东:《中国史学史纲》)。

四、宋元明清时期通史编纂的兴盛及其影响

宋代是中国封建经济进一步发展的时期,印刷业十分发
达。这一新的时代条件的刺激下,史学和其他文化事业出现
了空前的盛况。通史编纂的声势和规模更为壮观,在纪传体、
编年体、纪事本末体、典制体等领域都涌现出影响广泛的史
学名著。章学诚说:"史部之通,于斯为极盛。"(章学诚:
《文史通义》卷四《释通》)其中,以司马光所撰《资治通鉴》
影响最大,可谓传统史学中继《史记》之后最优秀的一部通
史巨著。

《资治通鉴》的产生,改变了过去编年体史书只能断代为
史的狭小规模,它起自战国,终于五代,将一千三百六十二
年间的史事贯为一书,按年月日先后记述了错综复杂的历史
事件的发生、发展和结束,记述了历史人物,记述了典章制
度,记述了各种议论,内容丰富翔实。而且,它在内容和思
想上也力求实现贯通,旨在从古往今来纷繁复杂的历史中总

结出各种规律性认识，即"古今一贯"的"治乱之道"（司马光：《稽古录》卷十六《历年图序》）。司马光尤重视认真总结封建国家治乱兴衰的历史经验，他结合许多具体的历史事件论述统治者要重视纳谏，举贤任能，力戒奢侈和黩武，重视生产，爱惜民力。典型的例证，是记载汉武帝晚年承认既往连年征伐的过失，当机立断停止出兵，改变为实行奖励生产的政策，显示出司马光对西汉历史动向有深刻的观察。此见于《通鉴》卷二十二，他补充了《汉书》及《汉纪》中所无的武帝晚年与大将军卫青及太子的两段很有价值的对话。司马光对于武帝晚年的政策转变，是从避免了爆发一场社会危机的高度来评价的，故说：孝武穷奢极欲，外事四夷，使百姓疲敝，"其所以异于秦始皇者无几矣。然秦以之亡，汉以之兴者，孝武能尊先王之道，知所统守，受忠直之言，恶人欺蔽，好贤不倦，诛赏严明，晚而改过，顾托得人，此其所以有亡秦之失而免亡秦之祸乎！"（司马光：《资治通鉴》卷二十二《汉纪十四》）

在历史观点方面，问题比较复杂。北宋社会充满着阶级的、民族的、新与旧的矛盾，司马光的思想也是复杂而自相矛盾的。一方面，他修《资治通鉴》是为了"资"封建皇帝之"治"，提供政治历史的教科书，因此书中有大量的封建说教，宣扬封建名分、等级、纲常伦理，反对历史上的变革措施，表现出他保守派的观点和反对王安石变法的立场。另一方面，他所提供的"资治"的东西是比较可靠的史实，不曾任意歪曲，他对"正统"之说摒弃不用，书中很少记载符瑞迷信，对于统治者的弊政有颇多揭露，对于农民起义虽然敌视但又保存了比较真实生动的记载，如对黄巢起义的叙述就远胜于新旧《唐书》。我们对于《通鉴》史学思想中具有积极意义的部分要认真地发掘和总结，对于其中的糟粕则应坚决剔除。

《资治通鉴》充分发挥了编年体年经事纬、依年叙事的优点，记载历史主线清楚，载明重要历史事件的前因后果、曲折过程，同时又记载了重要的制度和议论，容量广阔。如此成功之作当然对后来的著史者产生极大的影响力，南宋时期遂产生了多部卷帙浩巨的著作，形成编年体史书空前兴盛的局面。不仅如此，它还衍生出两种新的通史著作《通鉴纲目》和《通鉴纪事本末》。前者将卷帙浩繁的《资治通鉴》加以简化，使历史演进的脉络更为清晰；后者将《资治通鉴》的内容重新编排，以事件为线索梳理一千三百多年的历史发展，无论是历史事件的选择还是历史事件的编排，都体现出鲜明的贯通意识。

这一时期，郑樵的《通志》和马端临的《文献通考》也是体现"会通"思想的两部重要史著。

郑樵将"会通"思想概括为"同天下之文"和"极古今之变"两个方面，分别从空间和时间上提出了通史编纂的总要求。他说："天下之理，不可以不会；古今之道，不可以不通。会通之义大矣哉！"（郑樵：《夹漈遗稿》卷三《上宰相书》）不过，他的重心并不在"通古今之变"，而是把"集天下之书为一书"作为奋斗目标，即汇集、纂辑和区分类例加以贯通。《通志》全书体裁是纪传体通史，由年谱、略、纪传构成，共二百卷。"年谱"即正史的年表。"略"相当于正史的书志,"总天下之大学术而条其纲目"(郑樵:《通志总序》,《通志二十略》)。"二十略"是全书精华所在,包括:氏族、六书、七音、天文、地理、都邑、礼、谥、器服、乐、职官、选举、刑法、食货、艺文、校雠、图谱、金石、灾祥、昆虫草木。"二十略"一向获得好评,其中尤以艺文、校雠、图谱、金石四篇更受重视。这四略都属于历史文献学的范围,中国历史文献学比较有系统的、有点理论的论述,是从这四篇略开始的。《艺文略》提出了不同于四部分类的新的分类法。郑樵重视图谱和金石,是重视史料的直观性和原始性。他说:"观晋人字画,可见晋人之风猷,观唐人之书踪,可见唐人之典则。"(郑樵:《金石略·金石序》,《通志二十略》)这些论说,一直到现在对相关研究还有影响。《通志》的纪传部分有帝纪、后妃传、世家、宗室传、列传和载记,为隋以前历史人物的传记,由历代正史和其他著作中抄录损益而成。郑樵并不是完全照抄旧史,他对旧史记载做了参同对校,择善而从,有所补充。他斥责占卜、谶纬、宣扬天人感应的迷信说法为"欺天之学",并主张史书应直书人物行事,不必另作褒贬,在当时也都具有进步意义。

《文献通考》是在《通典》基础上完成的,共分二十四门:田赋、钱币、户口、职役、征榷、市籴、土贡、国用、选举、学校、职官、郊社、宗庙、王礼、乐、兵、刑、经籍、帝系、封建、象纬、物异、舆地、四裔。可以说,把封建社会的经济、政治制度以至文化学术都相当全面地包括在内。经籍、帝系、封建、象纬、物异这五门,是《通典》所无,马端临新加的。其余十九门,则俱仿《通典》之成规,但"天宝以前，则增益其事迹之所未备，离析其门类之所未详；自天宝以后，至宋嘉定之末，则续而成之"。（马端临：《文献通考·自序》）书中属于经济、财政的有田赋至国用等八门，共二十七卷，占全书类目的三分之一，是全书中举足轻重的部分；而在《通典》中只立食货一门，仅十二篇。可见马端临对食货重要性的认识，比杜佑又有提高。又《通考》所载宋制最详，多为《宋史》各志所未备。故在横和纵的方面，都比《通典》更加广博详赡，保存了极为丰富的资料；而且首尾连贯，条分缕析，使治史者可以按类而考，甚为方便。马端临对封建社会典章制度沿革所加的案语，显示出他的史识。如他论封建中央集权的强化："西汉之封建，其初则剿灭异代所封，而以畀其功臣；继而剿灭异性诸侯，而畀其同宗；又继而剿灭疏属刘氏王，而以畀其子孙。盖检制益密而猜防益深矣……景、武之后，令诸侯王不得治民补吏。于是诸侯虽有君国子民之名，不过食其邑人而已，土地甲兵不可得而擅矣。"（马端临：《文献通考·自序》）对于货币制度，马端临注意到了其发展的阶段性，即以金属铸币和纸币为两大发展阶段的标志；而纸币发行阶段中又有以唐的飞券、钞引，北宋的交子、南宋的会子为标志的不同的历史阶段。这些都显示出马端临的发展观点和具有进步意义的史学方法。然则又应看到，此书的写作旨趣跟《通典》大不相同，其重心在于文献考证方面，而非"将施有政"。

《通典》《通志》《通考》在中国史学史上影响极大，后人合称为"三通"，至清代，又有"续《三通》"和"清《三通》"的编纂。

明清两代，中国封建社会步入晚期，传统史学则迎来了总结与嬗变阶段。不少史家尝试以贯通的眼光审视历史与史学的发展，总结经验，发现问题，为社会变革和史学前进探索新的道路。比如，王夫之的《读通鉴论》就是传统史论领域中具有总结意义的名著。他赞赏《资治通鉴》的撰述主旨，认为研究历史是作为求治之资，不是发思古之幽情。他以宏伟的气魄和高明的见识，对秦至五代的历史人物和事件展开评论，进而总结出富有哲理的规律。他提出历史演进有其必然规律，而且是不断进化的，因此治理国家也应"因时变法"。这是"通古今之变"思想在史论领域结出的硕果。此外，最引人注目的，是章学诚撰成《文史通义》，对中国传统史学进行了系统而深刻的理论总结。

章学诚生当乾嘉时代，正是考证学风靡于世、学者趋之若鹜之时，他却看出了考证末流学风的流弊，勇敢地独树一帜，顶住被视为"怪物"、诧为"异类"的压力，提倡重视"史义"，重视"别识心裁"，不要随波逐流。所著《文史通义》是传统史学后期宝贵的理论著作，并成为预示着学术风气即将转变的标志。章学诚正确地把握住史义、史识对于史学具有指导和决定作用这一关键问题，从这里出发，探索了两千年史学的演变。他认为，司马迁发凡起例，具有卓见绝识，《汉书》《后汉书》《三国志》也都是各具心裁家学之作，而后期的修史者墨守成规，不知根据需要变通，结果史才、史识、史学都反过来成为史例的奴隶。他认为，要挽救后代修史这样严重的弊病，就必须明确和贯彻史义对史事、史文的指导作用，要求史家重新明确著史的首要目的是"推明大道，通古今之变而成一家之言"。因此，他主张编纂通史，并充分肯定了唐宋时期的通史编纂风气，首次将中国史学的这一传统总结出来，从理论上将其概括为"通史家风"。章学诚深入总结了通史的长短得失，提出了"六便""二长"和"三弊"说，并在此基础上探讨了史书体裁的改革方向，即"仍纪传之体而参本末之法"。

章学诚提炼出"通史家风"这一传统史学理论命题，以及在史书体裁改革方面提出大胆设想，对后世中国史学的发展影响极其深远。梁启超、章太炎等近代史家，都在其基础上继续展开探索。至二十世纪"新史学"思潮兴起以后，通史编纂再度迎来兴盛局面，百年间共涌现出百余部著作。影响较大者，如夏曾佑的《最新中学中国历史教科书》、吕思勉的《白话本国史》、张荫麟的《中国史纲》、范文澜的《中国通史简编》、翦伯赞主编的《中国史纲要》、白寿彝主编的《中国通史》等。在通史体裁方面，史家也提出了诸多奇思妙想，并进行了大胆实践，继承并弘扬了传统史书体裁的"综合"取向。

《史记》之所以被称为"中国通史之创始者"，是因为它确立了通史的规模，树立了通史的榜样。其中的关键，在于司马迁所凝练、提出的"通古今之变"，以及与之相辅相成的"成一家之言"。自此以后，在中国史学发展的长河中，优秀史家无不以此为鹄的，创作了一部又一部纵贯千年、特色鲜明的通史，形成波澜壮阔又一脉相承的"通史家风"，与班固所开创的"断代为史"（同样有贯通意识）一齐构成中国传统历史编纂学的主体面貌。更令我们感叹的是，在距离司马迁时代两千多年后的今天，当我们迈入新时代，思考着如何对传统学术精华进行创造性转化、创新性发展，如何推进中国特色学术体系、话语体系建设的现代学术语境下，从学者层面到党和国家领导人，都对司马迁的经典警句再三引用，并且屡屡赋予新义。2015 年 8 月，习近平总书记在祝贺第二十二届国际历史科学大会开幕的贺信中说："历史研究是一切社会科学的基础，承担着'究天人之际，通古今之变'的使命。"指出司马迁在两千多年前提出的任务，对于今天的历史学仍然有着根本性的意义。2019 年 1 月，习近平总书记又在祝贺中国社会科学院中国历史研究院成立的贺信中提出要求："立足中国、放眼世界，立时代之潮头，通古今之变化，发思想之先声，推出一批有思想穿透力的精品力作"。以此鼓励新时代史学工作者既能继承中华文化优良传统，又能体现当今时代前进要求，撰成能够激励亿万民众、推动社会前进的优秀之作。由此更加证明，司马迁的历史思想蕴含着超越时空的真理性价值，因而在现代学术中仍然具有如此强大的生命力。

第九讲

社会全史：史书内容的宏大气魄

中国古代史书的记载范围，不仅在纵向的时间范畴远超西方，而且在横向的社会范畴也保持领先。《左传》的记载范围已明显扩大，能够反映广泛的社会生活。司马迁创造的纪传体虽以人物为主，实则属于综合体裁，涵盖地理、经济、政治、军事、文化、社会等各个层面，其中的每一项都可以独立成专史，真正做到了"范围百家，牢笼千古"。比如，在人物编纂方面，除王公大臣外，还将儒林、循吏、游侠、佞幸、滑稽等形形色色的社会人物纳入列传，实已具民史雏形，而《平准书》言经济，《历书》言天文，《河渠书》言地理等，确能称得上包罗万象。《汉书》继承了这一特色，其《艺文志》可视为学术史，《食货志》可视为经济史，《地理志》可视为地域史等。此后，历代正史皆规模宏大、内容丰富，有关史志的记载更发展为独立的体裁形式——典制体。反观同时期的西方史书，仍以政治史和军事史为记载主体，对其他层面论述较少，未能出现带有社会全史性质的著作。毫无疑问，以恢宏的气魄记载和反映历史上多方面的社会情状，亦是中国史学所特有的传统。

一、《左传》：反映广泛的社会生活

春秋至西汉是我国古代史学建立的重要时期，其中足以构成史学发展阶段性标志者，有《春秋》《左传》和《史记》这三部典籍。从史学发展角度来讲，《春秋》只处在史学草创阶段，它记载极其简略，而《史记》却是一部囊括几千年史事、网罗异常丰富、体制严整的不朽巨著。在记载极其简略的《春秋》的基础上，是无法过渡到如此成熟阶段的。《春秋》与《史记》之间还有一个不可缺少的中间环节，这就是成书于战国前期的《左传》和《国语》。《左传》以其多方面的成就，构成古代史学承先启后的重要阶段；对于《左传》来说，是由只具历史著述雏形提高到颇具规模的史著的阶段；对于汉代以后的史家来说，它从著史范围、著作规模和修史方法等方面提供了足以仿效的范例，为产生更加成熟的史学巨著准备了条件。司马迁著史固然博采众长，而在先秦史籍中，《左传》提供的成功经验无疑是极其重要的。

《左传》的著史格局，是以年为经而以各诸侯国的史实为纬。作者具有均衡地记载全中国范围史事的识见，而且运用了高度的技巧，将史料熔铸成为一部有系统、有断制的著作。

《左传》记载的史实内容丰富、全面，它以记述各国政治盛衰为重点，同时记载了广泛的社会生活，并已有完整的人物活动的记载，多层面地反映了春秋史的丰富内容。它记载的有关制度和氏族、社会阶层、民族关系、婚姻和习俗等方面的丰富史料，尚有待于我们深入地发掘整理，这里仅就其中突出者加以论列。

关于制度和氏族。

《左传》记载有春秋各国官制、兵制、赋税制度等项史料。官制有各国不一致者，也有因不涉及所记史事而阙如者。但列国主要官职宰（太宰）、司徒、司马、司空、太史等，都因《左传》随史事而记，得以证明。春秋时，中原各国盛行车战。《左传》鲁闵公二年载："齐侯使公子无亏率车三百乘、甲士三千人以戍曹。"据此则一乘有甲士十人。加上徒卒，当以三十人为足数。城濮之战时，晋国有战车七百乘，楚国兵车数量超过晋国。鲁昭公十三年，晋会诸侯于平丘，有兵车四千乘，向诸侯示威。《左传》关于税制的记载文字甚简略，但很可贵。鲁宣公十五年传："初税亩。"学者多认为这是实行"履亩而税"，是井田制开始崩溃、土地私有制逐渐发展的标志。

姓氏也是古代社会生活的重要现象。春秋时期众多的姓氏何以得来？"姓"的本义为"生"。《说文》："姓，人所生也。"姓本身由"女"和"生"二字组成。相传上古八大姓，姬、姜、姒、嬴、妘、妫、姚、姞（妊），都有女旁。据此可以推论，由远古而来不同的姓，是用以区别不同血缘关系的居民集团的分支，因不同地域、职业、官名、祖先名号等而形成不同的氏。《左传》不仅记载有大量与姓氏有关的史料，而且通过鲁大夫祭仲作了概括，鲁隐公八年载："因生以赐姓，胙之土而命之氏。诸侯以字为谥，因以为族。官有世功，则有官族。邑亦如之。"诚如顾栋高所说："欲考姓氏之分，断须以《左氏》为枢纽。"（顾栋高：《春秋大事表》卷十一《春秋列国姓氏表·叙》）《左传》所载大量例证可以作为考察姓氏起源的可靠材料。有以官为氏。如：以先世有功之官号为氏，称司马氏、司空氏、司徒氏。晋国士氏，即因先世子舆为理官；中行氏，即由先世荀林父始将中行。郑国有褚师氏，也因官名氏（杜注："褚师，市官"）。有以邑为氏（或以居地为氏）。晋国士会（即范武子），初受封于随，故曰随武子，后受封于范，复为范武子。鲁庄公之子襄仲居东门，故曰东门氏。齐北郭氏，亦以居地为氏。有以父字为氏。鲁国无骇，为公子展之孙，故为展氏。僖伯之子臧，其孙始以臧为氏。陈国夏徵舒之祖父少西字子夏，故为夏氏。有以本国为氏。陈公子完出奔于齐，称陈氏。郑丹、宋朝、楚建，均以国为氏。有以职业为氏。《左传》鲁定公四年太祝子鱼所言索氏、长勺氏、陶氏、施氏等，均系以职业为氏。

关于社会阶层。

《左传》记载了春秋时期各社会阶层的活动，尤其值得注意的是国人和商人。"国人"指居住在国都中的人，主要指士与工、商，也可包括近郊农民，故其社会地位大致是下层贵族及上层庶民。国之盛衰、战争胜败、国君及执政卿大夫地位是否稳定、贵族能否保持宗族与其兴盛，几乎都决定于国人是否拥护。《左传》中有许多国人议政、逐君、参与朝会和国家盟誓、国人起义的记载，如鲁闵公二年载："狄人伐卫。卫懿公好鹤，鹤有乘轩者。将战，国人受甲者皆曰：'使鹤，鹤实有禄位，余焉能战！'"结果是，懿公死，卫师大败，几乎亡国。鲁僖公二十四年载：周襄王十七年，襄王把私通于王子带（即大叔）的狄后废弃，引起王子带及其同党的反对："（襄）王遂出。及坎欲，国人纳之。"王子带伐周襄王的举动因国人纳王而不克。僖公二十八年又载："晋侯将伐曹，假道于卫，卫人弗许。还，自河南济，侵曹伐卫……卫侯请盟，晋人弗许。卫侯欲与楚，国人不欲，故出其君，以说（悦）于晋。卫侯出居于襄牛。"这是在外有晋国压力、内有国人反对的情况下，国君被逐出国都的例证。又，《左传》鲁成公十三年载："己巳，子驷帅国人盟于大宫，遂从而尽焚之，杀子如、子駹、孙叔、孙知。"此为国人参与国之盟誓的例证。郑国两大夫子如、子驷相攻，子驷因获得国人支持而取胜。郑国此后仍有类似的事件发生。《左传》所载以上史实证明：春秋时期，国人是十分重要的社会阶层，国家局势和国君、卿大夫的地位，往往取决于国人的支持或反对。

《左传》还记载有郑国商人活动的典型材料。郑国处在四方交通的要冲，独特的地理条件造成郑国商人比其他国家更加活跃。郑国商人弦高犒秦师的著名故事，便在《左传》鲁僖公三十三年中得到记载。鲁昭公十六年又载：晋使者韩宣子从郑国商人手里买一只玉环，成交之后，商人要求韩宣子将此事报告执政的正卿子产。子产陈述郑国政府与商人曾经订立的协议，要求韩宣子放弃交易，理由是："昔我先君桓公，与商人皆出自周。庸次比耦，以艾杀此地，斩之蓬、蒿、藜、蓲，而共处之。世有盟誓，以相信也，曰：'尔无我叛，我无强贾，毋或匄夺。尔有利市宝贿，我勿与知。'恃此质誓，故能相保，以至于今。今吾子以好来辱，而谓敝邑强夺商人，是教敝邑背盟誓也，毋乃不可乎！"终使韩宣子退玉。又，鲁成公三年，鲁国大夫荀受囚禁于楚，郑国商人曾有谋救的计划。

关于民族关系。

《左传》中还有大量反映华夏族与当时称为戎狄蛮夷这些少数民族相错居，通过斗争而不断融合的史料。晋最初受封，即与诸戎狄相比邻。按籍谈所追述的："晋居深山，戎狄之与邻，而远于王室。王灵不及，拜戎不暇。"（《左传》鲁昭公十五年）晋则在与戎狄相处中受戎狄影响，同时不断地将原先文明程度较低的戎狄同化，开拓疆土。晋献公外嬖梁五与东关嬖五说献公，令重耳与夷吾居于蒲、屈二地，称："蒲与二屈，君之疆也。"又曰："狄之广莫，于晋为都。晋之启土，不亦宜乎！"（《左传》鲁庄公二十八年）这些都说明姬族与戎狄毗邻又不断开拓疆土的事实。范文子则言："吾先君之亟战也，有故。秦、狄、齐、楚皆强，不尽力，子孙将弱。"（《左传》鲁成公十六年）将狄与秦、齐、楚并称为四强，这又说明晋与戎狄的融合是经过激烈的竞争逐步地达到的。

河内地区，在周王城附近，戎狄的活动也甚为频繁。鲁僖公十一年夏，扬、拒、泉、皋、伊、洛之戎同伐京师，入王城，焚东门。此役乃"王子带召之也"。后由晋侯出面，让戎与周襄王讲和。鲁僖公二十四年夏，周襄王以狄师伐郑，取栎。襄王报答狄人的功德，以其女为后。王子带通于狄后隗氏。王废弃狄后，遂引起颓叔、桃子以狄师伐周，大败周师。襄王出居于郑。次年，即有晋文公勤王之举。

春秋初年，北戎势力强大，以齐国这样的大国，尚受北戎侵略。《左传》载：鲁隐公九年北戎侵郑，郑人大败戎师。鲁桓公六年，北戎伐齐，郑太子忽率师救齐，又大败戎师，获其二帅，甲首三百。于是诸侯之大夫戍齐。《左传》的记载说明北戎在春秋初年曾使齐、郑大受威胁。

楚国在春秋时期，是融合南方许多开化程度较低的少数民族的国家。楚处在众多的蛮夷小国（部落）之中，力革蛮俗，自求提高文化层次，先后灭江、黄、蓼、六、英、舒等十数个小国。楚国扩大疆域的过程，也是广纳这些被称为"群蛮""百濮"的小国，达到融合和提高的过程。最后与中原文化统系相汇合，这是中华民族发展史上的大事情。《左传》记载，当时人已称誉这是楚国对于华夏的一大贡献。楚子囊颂其王："赫赫楚国，而君临之，抚有蛮夷，奄征南海，以属诸夏。"（《左传》鲁襄公十三年）

关于婚姻习俗。

《左传》反映出春秋时期婚姻习俗有以下特点：（一）婚姻制度残留有某些原始的形态，贵族等级中婚姻关系较乱。但在春秋时此类行为已有"非礼"之嫌。鲁庄公二十八年载：晋献公娶于贾，无子，烝于齐姜（献公父武公之妾），而所生子女可以当大国夫人（秦穆夫人）及太子（申生）。鲁僖公十五年载：晋惠公夷吾由秦入晋，秦穆姬托之于贾君（夷吾之兄太子申生之妃，故是夷吾之嫡长嫂），惠公烝于贾君。鲁桓公十六年载：卫宣公烝于夷姜。夷姜本为宣公之庶母，却成为宣公夫人。生急子，宣公为之娶于齐，而貌美，宣公又自娶之。鲁昭公十九年载：楚平王为太子建娶于齐，又听从费无极所言，自娶之，成为楚夫人。（二）春秋时未有"守节"的观念。鲁成公二年载：夏姬（郑穆公女）先后嫁子蛮、御叔、陈灵公、连尹襄老、楚申公巫臣。鲁哀公五年又载：鲁季姬是季康子之妹，已妻公子阳生。阳生归齐，季姬之叔又与之通。后来公子阳生迎季姬返国，明知其情，亦不废，仍嬖爱之。（三）婚娉要征求女子本人意见。鲁昭公元年有一则郑国女子自己择夫的生动故事："郑徐吾犯之妹美，公孙楚聘之矣，公孙黑又使强委禽焉。犯惧，告子产。子产曰：'是国无政，非子之患也。惟所欲与。'犯请于二子，请使女择焉，皆许之。子皙（按，即公孙黑）盛饰入，布币而出。子南（按，即公孙楚）戎服入，左右射，超乘而出。女自房观之，曰：'子皙信美矣；抑子南，夫也。夫夫妇妇，所谓顺也。'适子南氏。"《左传》的记载生动而值得玩味，这桩婚姻引起郑国两个大夫发生尖锐矛盾，不得不诉诸郑国执政子产，在这种情况下，子产却仍然坚持由女子本人自择，可以推见当时一般婚姻是要征求女子本人意愿的，比起后代父母包办的强迫婚姻更符合理性。而郑国这个美貌女子所喜欢的，则是子南那种戎服劲射、超乘而出的男子阳刚之美。

二、《史记》"八书"的历史编纂首创性价值

《史记》以记载军国大事和人物活动为中心，而在设置"本纪""表""世家""列传"之同时，又特别立"书"一体

以记载典章制度和社会情状，凸显出其多维历史视野和历史编纂的首创精神。司马迁曾明确讲过其撰述指导思想："礼乐损益，律历改易，兵权山川鬼神，天人之际，承敝通变，作八书。"（《史记》卷一百三十《太史公自序》）"八书"之中，《礼书》《乐书》《律书》《历书》《天官书》《封禅书》所记为国家重要典章制度，《河渠书》和《平准书》则记载水利工程、经济制度和经济生活。

《礼书》《乐书》《律书》《历书》四篇正文已经佚失，其内容难以详考，但所幸此四篇的序仍存在今本《史记》之中，历来学者均相信其出自司马迁手笔无疑，弥足珍贵。这四篇序恰恰突出地体现出"损益""改易"的历史变易观，成为贯穿《史记》"八书"的指导思想。

在《礼书》开头，司马迁即揭示出，"损益"即随时代条件和社会生活的变化，而增减、改订礼制，乃是普遍性法则："余至大行礼官（按，大行是秦所立官职，主礼仪。汉初因之），观三代损益，乃知缘人情而制礼，依人性而作仪，其所由来尚矣。"强调礼的规定，必须符合政治与社会现实的需要。对于秦朝"悉内六国礼仪，采择其善"，和汉初叔孙通制礼，"颇有所增益减损，大抵皆袭秦故。自天子称号下至佐僚及宫室官名，少所变改"的做法，均予以肯定。汉朝文、景两代一直对制定汉家礼制之事迁延未议，至武帝即位，乃招致儒术之士，令共定礼仪，但"十余年未就"，儒生们的借口是自古须遇太平盛世，"万民和喜，瑞应辨（按，通'遍'）至"，才能确定制作。以上所言自文帝以来制礼之艰难，正好突出武帝在太初元年制定汉家礼制之果断和成效。恰恰是武帝在诏书中批驳了儒士泥古保守的观念，申明其不遵太古、着眼当代的需要、垂之后世的指导思想："盖受命而王，各有所由兴，殊路而同归，谓因民而作，追俗为制也。议者咸称太古，百姓何望？汉亦一家之事，典法不传，谓子孙何？"由于武帝勇于变革旧制的魄力和确定的因俗制礼的方针，才取得了兴造制度的重大成果。

与上述《礼书·序》中"损益"、变革的历史观相适应，《乐书·序》中强调制作乐曲是为了节制享受的适当，防止沉溺于逸乐。并且提出"作乐，即是节乐"的重要命题。司马迁主张要防止淫佚，应博采风俗，有益于政教。他严肃批评春秋、战国的国君恰恰违背上述原则，"流沔沉佚，遂往不返，卒于丧身灭宗，并国于秦"。而秦二世更是不听臣下谏议恣意享乐，结果顷刻灭亡，为后人提供了反面的教训！《乐书·序》又论述，汉朝立国以后，高祖过沛所作诗《三侯之章》，汉武帝所作十九章乐曲，都是汉家作乐的重要之举。而武帝连年大事征伐，先在玉门关渥洼池中得所谓"神马"，作《太一之歌》，后又因伐大宛，得汗血马，作"天马来兮从西极，经万里兮归有德。承灵威兮降外国，涉流沙兮四夷服"的朝廷乐诗，表现其骄侈之心。当时，直言之臣汲黯即向武帝谏说这种做法不符合礼制。在《礼书·序》中，司马迁肯定汉武帝勇于变革，根据现实需要兴造制度、以垂后世的做法，在这里则直书无隐，对武帝一再为"神马""天马"制乐，显示骄侈之心提出批评。两篇序合而观之，恰恰表现出司马迁忠实于客观历史、褒贬分明的史德，和主张礼乐的制作应符合现实需要，应有利于社会教化的进步历史观点。

《律书·序》《历书·序》进一步阐述"改易"、变革的历史观点。《律书·序》主要言兵。司马迁以辩证的观点，论述战争具有讨伐强暴、除乱救危、维护正义的进步作用，并强调对这种暴力手段，必须恰当地运用，云："兵者，圣人所以讨强暴，平乱世，夷险阻，救危殆。"对于世儒昏暗无知，不明时势，一味反对用兵的愚见，予以贬责："不权轻重，猥云德化，不当用兵，大至君辱失守，小乃侵犯削弱。"同时也指出夏桀、殷纣、秦二世皆因连年征伐、穷兵黩武而致灭亡，是后人必须记取的教训！尤其值得注意的是，此篇中对于汉朝如何对待匈奴长期袭扰，是应征讨还是防守，表明了自己的态度。汉文帝时因匈奴长期袭扰，对中原民众造成莫大的威胁，将军陈武主张兴兵讨伐。汉文帝明确回答："今匈奴内侵，军吏无功，边民父子荷兵日久，朕常为动心伤痛，无日忘之。今未能销距，愿且坚边设候，结和通使，休宁北陲，为功多矣。且无议军。"事实证明，汉文帝采取的严密防守、不大事攻讨、结和通使的方针确实获得了社会安宁、生产发展的成效。如何对待匈奴的袭扰，这是汉朝政治决策的最大难题。司马迁最为赞赏的正是汉文帝采取的方针，因此以罕见的手法，在篇中高度评价文帝是实行仁政的"有德君子"！

历法的制定，不仅关系到农业生产，同时关系到民众生活和社会秩序的正常运行。历代王朝都视"颁行正朔"为表明其统治之正统性的重要事件，因此《历书·序》一开头即强调："王者易姓受命，必慎始初，改正朔，易服色，推本天元，顺承厥意。"这篇序论述了三个重要问题。一是，追溯自远古时代起，历法制定正确与否，即与国家的治乱直接相联系。二是，夏殷周三代历法不同，"夏正以正月，殷正以十二月，周正以十一月"。证明历法久必失差，需要制定新历，才能符合四时的运行。三是郑重记载武帝制定《太初历》这一历法史上的大事。至汉武帝时，原先行用的秦颛顼历误差已经十分明显，所以必须进行历法改革，在实际观测的基础上制定新历。武帝年间从事制定新历工作的，有天文学家唐都、历法学家落下闳，还有邓平和司马迁本人。制定的新历称为《太初历》，在元封七年颁行，武帝将年号改为"太初"，以示颁行新历之事至关重大。这次改历最大的贡献是重新确定正月为岁首。

简要言之，司马迁记述礼、乐、律、历各篇都凸显出其"损益""改易"的非凡史识。他与动辄以古圣先王为"至治之极"的黄金时代，或是以静止的、凝固不变的观点看待历史的世儒迥然不同。

"八书"的编排顺序按其内在的逻辑展开，前六篇所载基本上是属于上层建筑、意识形态领域的内容，后面《河渠书》和《平准书》是记载水利史和经济史的专篇。后两项对于社会发展意义重大，对于史学研究也更加重要，司马迁分别为后人提供了开其先河之作。

《河渠书·赞》中曰："甚哉，水之为利害也！"这是司马迁结合历史观察，又遍历长江下游、淮河、华北、四川以至朔方，考察各地水利工程而得出的深刻认识。尤其是武帝元封二年（前109），他亲身参加了"负薪塞宣房"、堵黄河决口的惊心动魄的战斗，因此更有这种强烈的感受。中国自古以农立国，兴修水利、治理水害是发展农业的基础，也是国之大计。《河渠书》贯通古今，自大禹治水开始，历周、秦至汉代，备载各个历史时期兴修的水利工程，指明其修建的特点，强调其对发展生产、改善民生所发挥的作用。如说：大禹导河入海，"九川既疏，九泽既洒，诸夏艾安，功施于三代"。蜀守李冰凿离碓，修都江堰，"辟沫水之害，穿二江成都之中。此渠皆可行舟，有余则用溉浸，百姓飨其利。至于所过，往往引其水益用溉田畴之渠，以万亿计"。西门豹"引漳水溉邺，以富魏之河内"。秦开郑国渠，凿泾水自中山西抵瓠口。渠成，"溉泽卤之地四万余顷，收皆亩一钟。于是关中为沃野，无凶年。秦以富强，卒并诸侯"。还有武帝时大农令郑当时在关中开凿漕渠，"三岁而通。通，以漕，大便利。其后漕稍多，而渠下之民颇得以溉田矣"。至武帝年间尤出现大兴水利的局面，关中修辅渠、灵轵渠，汝南、九江引淮河水，泰山下引汶水，朔方、西河、河西、酒泉引黄河及川谷水溉田。大规模兴修水利工程，促进了武帝时国力的强盛。此篇成功的撰写，开创了我国水利史研究的先河，其后《汉书·沟洫志》及历代数量众多的记载水道、总结治水经验的论著，均导源于此。

论述社会经济发展与历史进程、国家盛衰的关系，更是司马迁的卓识。在中外，人类关于物质经济生活对于历史进程起到何等重要作用的认识，曾经历了漫长的过程。先是认为历史发展是由"神意"决定，继之认为是由个别"英雄"人物所决定，这些错误观念曾长期支配人们的头脑。历经不知多少世代之后，最为睿智、杰出的学者才透过种种复杂现象，认识到经济条件对于历史发展起到根本支配的作用；而司马迁则在西汉时代已经认识到经济活动与社会发展之间极其密切的联系。他撰写了《平准书》和《货殖列传》两篇，一以社会生活为主要视角，另一以人的活动为主要视角，记载物质生产、经济交换等对于历史进程的重大影响。

《平准书》在史学上的首要意义，是以开阔的视野记载了当时的经济状况及发展趋势，为后人提供了经典性论述。经过秦朝滥用民力对民众的残酷榨取和秦汉之际长期战乱之后，西汉初年的社会经济状况是什么景象呢？《平准书》篇首即为我们描绘了一幅当时经济凋敝、社会残破的局面。而到了武帝初年，国家却完全是另一番景象。这是历史上少有的民众殷实、国库充足的情景。这巨大财富是从何而来的呢？司马迁用确凿的史实说明，是因汉初"承敝易变"，接受亡秦教训，从高祖立国之始即采取恢复生产、爱惜民力的"宽省"政治，特别是文帝、景帝相继实行的轻徭薄赋、与民休息政策取得的巨大成效！汉初和武帝初年是西汉经济发展的两个关键时期，司马迁的论述从大处落笔，记载的史实既典型，而又生动、鲜明，凸现了时代的特征，并且揭示出演进的趋势，因而千百年来成为研史者认识汉代社会经济发展的最为珍贵的依据。

武帝时期，西汉国力强盛，在此基础上，西汉皇朝面临两项艰巨的任务，一是必须解除匈奴从汉初以来对中国北方的严重威胁，进行自卫战争，二是加强与东南、南方、西南周边民族的关系，开拓版图。加上武帝本人雄才大略的性格，于是结束了西汉前期"清静无为"的政治局面，改变为实行奋发有为的治国方针，兴造功业、多所设施。武帝时期实行的战略转变，包括连续大规模出兵、进行反击匈奴的战争，以及对边境地区开发交通和大规模移民等。这一切重大举措，都需要征发大军打仗、征调大量人力从事转运物资、从事工程劳作，更需要支付大量军费和其他财政支出，同时必须采用多种措施尽量增加国库收入，以上各项，都必然要极大地增加全国民众的负担。司马迁敏锐地把握住武帝时期的战略转变和全国民众负担沉重的史实，其《平准书》对此予以深刻的揭示，并详细记载了武帝时期加强中央集权，为解决巨额财政支出而采取的一系列经济措施。一是实行卖武功爵。二是实行币制改革。三是实行盐铁官营，禁私铸铁器、私人煮盐。四是实行算缗、告缗，打击富商大贾，收财产税。五是实行均输、平准。

总结社会经济生活与国家盛衰的规律性，是《平准书》的另一个重点。司马迁明确总结为两项："承敝通变""物盛而衰"。前者，是根据汉初"接秦之弊"，加上连年战乱而造成的经济凋敝局面，采取"与民休息"政策，至武帝年间出现巨大变化而得出的。后者，则是司马迁对武帝时期相继产生的种种社会问题的敏锐观察，因而要求施政者对此警醒：如果不正视问题，不采取措施，盛世将变为衰败！司马迁对历史发展的辩证法有深刻的理解，对国计民生有深深的关切，所以才能在问题刚刚显露出来之时就予以重视，并且不怕忠言逆耳，出于强烈的责任感及时向当权者发出警告！《平准书》中论及的严重社会问题主要有：大规模征发士卒，长时间、长距离转运军事物资，造成民众不堪忍受的负担，社会生产的凋敝；富商大贾、地方豪强仗财欺压穷苦民众，贵族、大官僚骄奢淫逸，挥霍财富；皇帝频繁出巡、大规模赏赐、讲究排场而耗费巨额费用。《平准书》中对此直书无隐，痛陈其弊，并且指出时势相激而引起的社会风尚的变化。司马迁纵观历史及现实社会状况的变迁，因而总结出"是以物盛则衰，时极则转"的规律。并且在全篇之末，以秦亡的教训寓喻汉事，提出警告："于是外攘夷狄，内兴功业，海内之士力耕不足粮饷，女子纺绩不足衣服。古者尝竭天下之资财以奉其上，犹自以为不足也。无异故云，事势之流，相激使然，曷足怪焉。"（《史记》卷三十《平准书》）如此措辞尖锐的警告，恰恰说明司马迁对于国家民族命运的严重关切！

综上所述，《史记》虽然以人物为中心，而司马迁又设置"八书"以记载典章制度和社会生活情状，突出地表明其多维历史视野和创为"全史"的观念，在史学史上有十分重要的首创性意义。"八书"所载礼、乐、律、历、天文、封禅、河渠、平准，均为国家典制之要和社会发展之大问题。又贯穿以"损益""改易"的眼光作考察，不仅内涵宏富，而且史识卓越，彰显了其"通古今之变"的著史宗旨，对于"天人关系"、水利与社会生活的关系、经济政策与国家盛衰的关系，都做了深刻的总结，成为历来学者研究上古史和西汉史不可缺少的重要文献。"八书"撰著的成功，为历代"正史"的典志篇章和多样的典章制度史著作的出现开辟了道路。

三、《汉书》"十志"的巨大成就

《汉书》的十篇志（依次是《律历志》《礼乐志》《刑法

志》《食货志》《郊祀志》《天文志》《五行志》《地理志》《沟洫志》《艺文志》）在传统史学中历来被视为精华之作，对于后世典制体史书的发展产生了深远的影响。这十篇志的内容涉及诸多专门的学术领域。清代以前，学者多限于对它们作疏证考订的工作。近代以来，随着各个专门学科的出现，研究者也大多就本身的学术领域，如天文、历法等，利用其中的资料而加以诠释，而对这十篇志作综合的研究却未予足够重视，在发掘其中的思想价值方面尤其显得薄弱。这跟《汉书》"十志"在学术史上所据有的地位是很不相称的。我国古代优秀史家有通晓多种学科门类的传统，《汉书》"十志"即为经济史、法制史、地理学史、水利工程史、文献学史等分支学科的产生开了先河。

《汉书》"十志"对《史记》"八书"的发展，首先是调整了篇目，增写了内容。班固合《礼书》《乐书》为《礼乐志》，合《律书》《历书》为《律历志》，改《天官书》《河渠书》《平准书》《封禅书》为《天文志》《沟洫志》《食货志》《郊祀志》。班固在这些篇目中都增加了重要的新内容。《礼乐志》和《律历志》内容完全重写，《礼乐志》记载了汉初叔孙通以下有关制礼的重要言论，汉初的郊庙诗歌《安世房中歌》十七章和武帝时的乐府歌曲《郊祀歌》十九章，《律历志》记载音律和度、量、衡单位的制定，历法的演变。《郊祀志》续载了昭、宣以后帝王的封禅祭祀活动，批评统治者的迷信思想，记载了谷永等人谏议废除淫祀的进步言论。

其次，《汉书》新创了《五行志》《地理志》《刑法志》《艺文志》，扩大了典制体所反映的社会生活的范围。后出的二十二部"正史"，加上《清史稿》，除了《三国志》等八部未设典志以外，其余十五部所设立的典志基本不出《汉书》"十志"的范围。只是或者个别篇目略有增减，如《后汉书》《晋书》等设立《百官志》（《汉书》有《百官公卿表》，兼具表和志的功用，《百官志》即由它演化而来）、《舆服志》，《新唐书》《宋史》等设有《仪卫志》《选举志》《兵志》；或者内容相类而篇名稍异，如《地理志》，《后汉书》改称为《郡国志》，《宋书》《齐书》改称为《州郡志》，《魏书》改称为《地形志》，又如《艺文志》，《隋书》《旧唐书》改称为《经籍志》。

当代学者对《汉书》"十志"给了极高评价，白寿彝先生说"十志""将书志体完善起来"。具体而言，主要有两大贡献：一是"为史学上的有关学科研究开辟了道路，是很有地位的，有的为政治制度史、法制史、经济史、水利工程史、学术史、历史地理学各科的学术源流，提供了开创性的工作"，"好多分支学科都是从十志开始有记载"；二是，从"十志"中，"可以看出封建社会统治集团的作用"，"要理解中国的封建社会，以及封建国家的作用，班固在十志中提供了很好的材料"。（白寿彝：《司马迁和班固》，《白寿彝文集》）范文澜先生则说，"《汉书》的精华在十志"，"十志规模宏大……后世正史多有志书，大体依据十志有所增减"。（范文澜：《中国通史简编》修订本）

不仅如此，在《汉书》"十志"的基础上，典制体更发展成为一种独立的史书体裁。其代表作是《通典》《通志》和《文献通考》，还有继出的《续三通》和《清三通》，俨然成为传统史书体裁中地位仅次于纪传体、编年体和纪事本末体的又一重要史书体裁。再结合历代正史"书志"记载范围的广泛和内容的丰富，充分证明这是中国史学的一项优良传统。

二十世纪初，新史学曾对传统史学展开猛烈批判，将二十四史称为二十四姓之家谱、地球上空前绝后之一大相斫书，甚至喊出"中国无史"的口号。事实上，这只是梁启超等人采取的一种宣传策略，并非真的对传统史学采取全盘否定的姿态。当政治目的褪去以后，梁启超等对传统史学的评价遂回归学术理性。他纠正先前所做"无数墓志铭"的判断，着重发掘纪传体能够反映社会整体面貌的文化史性质，认为："普通人以为纪传体专以人为主，其实不然。《史记》除纪传以外，还有书、表……书八篇……的内容，乃是文化史，不是单讲个人……所以纪传体的体裁，合各部在一起，记载平均，包罗万象。"（梁启超：《中国历史研究法补编》，《饮冰室合集》专集之九十九）他不仅充分肯定了纪传体的"全史"性质，而且特别指出书、志能够突破政治史范畴，反映社会生活面貌，"与吾侪所要求之新史较为接近"。从深层次上讲，中国传统史书记载范围的宏大（既包括纵向的时间跨度，也包括横向的社会整体），是中华民族、中华文化本身所具有的宏大气象在史学领域的直接体现。对此，我们应有清醒的认识和充分的文化自信，不能掉入西方中心论的理论陷阱。

第十讲

匠心运用：史书体裁的丰富与灵活

　　我国传统史书体裁形式丰富多样，琳琅满目，并且各种主要体裁都相继产生对后世影响深远的名著。这是民族文化伟大创造力在历史编纂领域的体现。史书体裁的选择，是同史家的历史见识、学术视野、价值追求密切相关的。每一种新的史书体裁的出现，都是有识史家呕心沥血创造的结果，目的是拿出新的、容纳独特内涵的史书成果以适应时代的需要。因此，我们对于史书体裁的多样，不能只停留在目录学分类的形式上来理解，而应重视分析其蕴涵的史学价值。客观历史是丰富多彩的，史书体裁的多样，恰恰反映了历史的各个侧面，又能适应社会不同阶层的阅读需要。

一、多样体裁反映出史家从不同视角观察历史

编年体、纪传体和纪事本末体，这三种在传统史学演进历程中先后出现的主要史书体裁，它们不只是体裁形式上的差别，而实际上反映历史学家主要从哪一角度认识和反映历史。换言之，新体裁的出现，反映了史学家对历史进程的新认识。

按时间的顺序记载历史，这是先民对历史进程最早的认识。我国第一部编年体史书《春秋》在公元前五世纪初由孔子编成，采用"以事系日，以日系月，以月系时，以时系年"的编撰方法，当时各诸侯国的官方历史记载，即所谓"百国春秋"，也都遵循这一记载的原则。

至公元前二世纪后期的汉武帝时代，司马迁构建不朽的史学巨著《史记》，则采用了纪传体的新形式。纪传体，是以人物活动为考察历史的主要视角。这一著史格局的新创造，突出地体现了司马迁对历史进程，尤其是战国以来历史运动的新认识。战国时代至秦汉之际，旧的以血缘为纽带的氏族制度遭受沉重打击，平民力量崛起，能否发现和任用文武贤才，往往能直接导致国家的盛衰存亡。战国以后有作为人物在历史上所起到的重大作用，大大打开了历史学家的眼界，使之对推动历史进程的深层原因有进一步的认识。在秦汉之际的风云变幻当中，人的活动的作用更表现得淋漓尽致。刘邦出身平民，"无尺土之封"，却凭借他的智谋策略，在一批文武贤才的帮助、拥戴下，登上帝位，成为强盛的汉朝开国的君主。刘邦周围这批豪杰之士，也几乎都出身低贱，却在

反秦起义和楚汉战争中建立了赫赫功业。历史的空前变局，使司马迁对人物在时代进程中起到重要作用形成了新看法，这无疑是他创造以人物为中心的著史新体裁之认识基础。《史记·太史公自序》中一再陈言：他作为史官，若果"废明圣盛德不载，灭功臣世家贤大夫之业不述"，将是莫大的罪过，而作七十列传的明确目的，为记载"扶义俶傥，不令己失时，立功名于天下"的人物在历史上的活动，便是明证。《史记》以记载人物为中心，又有统合反映社会各方面情状的优点，故这一体裁产生以后，即为许多修史者所仿效，成为历代"正史"。

至南宋，袁枢将《通鉴》内容重新编排，将千余年史事提挈为二百三十九个事目，按事立篇，各具首尾，成《通鉴纪事本末》一书，创造了一种新的史书体裁。袁枢的实践，反映了历史学家要求在纷纭复杂的历史现象中掌握影响最大的主要历史事件的新认识。直至二十世纪初，梁启超提出新史学应该叙述国民群体进化之迹，他仍然评价纪事本末体是跟他所理想的新史书体裁为最接近的："纪事本末体，于吾侪之理想的新史学最为相近，抑亦旧史界进化之极轨也。"（梁启超：《中国历史研究法》，《饮冰室合集》专集之七十三）

二、重新审视典制体、学案体、纲目体的发展和价值

在传统历史编纂学中，典制体、学案体、纲目体也占有重要的地位，这些体裁的创立和每一步发展，同样凝聚着古代史家的智慧和创造。以往的研究对纪传体等三种主要体裁

关注较多，实际上此三种体裁的发展在历史编纂学史上同样具有重要的意义，我们应在已有研究成果的基础上，以重新审视的眼光作进一步探讨和总结。

典制史的记载创始于司马迁，《史记》设置有"八书"。班固以此为基础而向前大大发展，撰成《汉书》"十志"。其中《刑法》《五行》《地理》《艺文》四志为班固所新创，其余六志则继承了《史记》的成果而加以补充、发展。此后，历代正史的纂修者多能重视书志的记述，如范晔《后汉书》中附有司马彪所修八篇书志，沈约《宋书》中有九篇书志，魏收《魏书》中有九篇书志等。但也存在亟待解决的问题，如，有的正史中阙载书志，有载录者篇目、内容也不尽相同，所载典章制度也多限于一朝一代，因而造成对历代典章制度记载的阙失，更不能上下互相贯通。

到了隋唐时期，国家统一的规模空前扩大，为了寻找历史经验以巩固现实的封建政权，客观上有对历代典章制度发展变化和唐代新创设的政治、经济、刑律、礼仪制度进行一番总结的必要，如《唐律疏议》《大唐六典》《大唐开元礼》等官修法典的制定即提供了相关的历史信息。唐玄宗开元末年，刘秩（刘知幾之子）曾依《周礼》所载六官职掌分类，撰成《政典》三十五卷，已具备了将历代制度沿革进行纵贯考察的专史雏形。经过"安史之乱"，唐皇朝由盛转衰，藩镇割据猖獗，各种制度崩坏。杜佑作为富有从政经验、理财实践和酷爱史学的政治家，由于现实制度危机的刺激，决心将系统考察历代制度沿革的需要变为现实，于是前后历时十九年撰著《通典》，在刘秩《政典》的基础上加以扩充，博采经、史及汉、魏及六朝人的重要议论，参考《大唐开元礼》，上起传说中的黄帝，下迄唐玄宗天宝末年，分门别类，撰成本书。本书共分八门：（一）食货；（二）选举；（三）职官；（四）礼；（五）乐；（六）刑；（七）州郡；（八）边防。[①]全书共计二百卷，是我国第一部典制体通史，它的撰成又标志着隋唐史学的高峰。《通典》对于历代制度的沿革变化和有关人物的论议，无不备载，不仅充分体现出杜佑治史"将施有政"、经世致用的优良学风，而且为后代开辟了典章制度史研究这一广阔的领域。然则，因杜佑出身于世族家庭，对于"礼"很有偏爱，书中关于礼典的记载多达一百卷，占了全书的一半，实在失于累赘。

《通典》之后，南宋郑樵撰有《通志》二百卷，宋元之际马端临撰有《文献通考》三百四十八卷，都是典制体史学名著，与《通典》合称"三通"。《通志》的精华在"二十略"，也是郑氏用功最深并引以自负的部分。其记载、考察典章制度的范围，继承了《通典》而又有扩充和发展。他又强调"类例"，强调求真务实。《通志》中分"类"、分"子"、分"目"，力求在繁杂事实的类例中找出头绪，其中有学术分类和寻求学科系统性的成分，这在当时历史条件下是很难得的。尤其"艺文、校雠、图谱、金石四略，是应用类例的方法得到更多成功的"（白寿彝：《说六通》，《中国史学史论

---

① 据《旧唐书·杜佑传》所载，称"书凡九门"，兵、刑为二门。此与《自序》并不矛盾，因《自序》中"刑"门下注云："大刑用甲兵，十五卷。其次五刑，八卷。"可见此两门可分可合。今本《通典》分为九门。

集》)。清代学者章学诚所著《文史通义》中有《申郑》《答客问》篇指出郑樵主要成就在于发凡起例，又云："郑樵无考索之功，而《通志》足以明独断之学，君子于斯有取焉。"（章学诚：《文史通义》内篇四《答客问中》）当代学者顾颉刚撰有《郑樵传》，云："郑樵的真学问，原不在精上，也不在博上，乃在'部伍'与'核实'的两个方法上。""他看得做学问要像持军一般有部伍的法子，要像治狱一样有核实的法子，这就是极明白的科学观念。"（顾颉刚：《郑樵传》，《国学季刊》1923 年第 1 卷第 2 期）章、顾二氏的论述对我们认识《通志》在典制史领域的价值很有启发意义。《文献通考》是规模更大的典制体通史，马端临于元成宗大德十一年（1307）完成。本书内容比杜佑《通典》更丰富，分成二十四个门类，各类之下按时代论述，附入前人议论，并加上按语阐发自己的见解。这些按语多是他经过深思熟虑得出的结论，旨在考察历代制度"变通张弛之故"，对于田赋、钱币、职役的历史都提出了划分阶段的看法，具有科学的因素和进步的意义。书中对于宋代制度记载最详，用力最深，价值很高。然则两书又存在明显的不足。郑樵的"会通"，主要是从知识的总汇着眼，马端临的学术旨趣则主要是在于"考制度、审宪章，博闻而强识之"。（马端临：《文献通考·自序》）

学案体和纲目体的产生都在宋代以后。宋元时期出现了大量书院，学者讲学形成风气。北宋以后，理学盛行，各有传授系统，理学内部有不同学派，理学之外又有学派。在这种学术氛围下，催生了一种新的史书体裁——学案体。南宋朱熹撰有《伊洛渊源录》（十四卷），引起了人们的关注。它记载北宋周敦颐、二程（程颐、程颢）等人物，但主要是将现成的传状、年谱、祭文、奏疏之类汇辑起来，无有完整的体例，尚不是著述，只具学术史的雏形。之后，明代周汝登撰有《圣学宗传》，清初孙奇逢撰有《理学宗传》，都属于学术史著作。《圣学宗传》十八卷，人物繁多，上自伏羲、神农、黄帝、尧、舜、禹、汤、文、武、周公、孔、孟，中间有董（仲舒）、扬（雄）、韩（愈），然后是宋代理学人物，至阳明学派，简略疏漏，又不讲体例，把人物生平、学术传授与著述合在一起，相当驳杂。《理学宗传》二十六卷，孙氏以个人好恶定正统，将宋明理学家周敦颐、二程、朱、陆、王阳明、顾宪成等列为"正传"，其余人物则列为备考。结果使学术传授关系互相割裂、交错，造成紊乱。至清初异军突起，产生了内容浩博、体例精严的学术史巨制《明儒学案》。此书共六十二卷，是黄宗羲晚年精心撰写而成，是其一生学术思想的结晶，为近世史学开辟了一个新的领域。黄宗羲一生勤苦读书，对儒家经典、历代史著以至宋、元、明人著述无不穷究。全祖望说他"兼通九流百家……然皆能不诡于纯儒，所谓杂而不越者是也。故以其学言之，有明三百年无此人，非夸诞也"。（全祖望：《答诸生问南雷学术帖子》，《鲒埼亭文集选注》）他对理学各个学派传授关系、思想流变更是了如指掌。他有过人的学识，尤其是对于撰写学术史的目的和方法持有超前的见解，他批评周、孙二书见识之偏狭、内容之驳杂："各家自有宗旨，而海门（周汝登）主张禅学，扰金银铜铁为一器，是海门一人之宗旨，非各家之宗旨也。锺元（孙奇逢）杂收，不复甄别，其批注所及，未必得其要领，而其闻见亦犹之海门也。"又强调学术史的撰著不能以一己之见决定取舍，应当尊重不同的学说、主张，采取平等、包容、公正的态度："学问之道，以各人自用得著者为真。凡倚门傍户，依样葫芦者，非流俗之士，则经生之业也。此编所列，有一偏之见，有相反之论，学者于其不同处，正宜着眼理会，所谓一本而万殊也。以水济水，岂是学问！"（黄宗羲：《明儒学案·发凡》）正因为黄宗羲有如此深厚的学养和卓越的史识，而其著述态度又格外认真，书中所引用的材料"皆以各人全集纂要钩玄"，所以才能完成这部被梁启超誉为标志着"中国有完善的学术史"的名著。还有《宋元学案》，黄宗羲创修，全祖望续成，共一百卷，同样代表学术史著作达到完善阶段。

纲目体创自南宋著名学者朱熹，他于晚年撰著《资治通鉴纲目》。撰著此书的目的有二。一是因为《通鉴》卷帙太大，不便阅读。《通鉴》虽然将所据历代正史等浩繁的三千万字史书材料重新剪裁、熔铸、改作，著成一部系统的编年体，但仍有二百九十四卷三百多万字的庞大规模，使人难以卒读。司马光自言，《通鉴》书成之后，当时只有王胜之阅读过一遍，其余之人未及数卷即觉欠伸。有鉴于此，朱熹要把这部内容太繁、重点不明的大部头著作，改编成提纲挈领、简明易懂的著作，此即他所言："凡事之首尾详略，一用平文书写，虽有目录，亦难检寻。因窃妄意就其事实别为一书，表岁以首年，而因年以著统；大书以提要，而小注以备言。"二是，认为《通鉴》对于正统、僭伪之类未能大力贯彻《春秋》笔法，必须在遣词用字上强化正名分、别是非、寓褒贬，以为巩固封建伦理纲常服务，如他所言，"至其是非得失之际，则又辄用古史书法，略示训戒"。（朱熹：《辞免江东提刑奏状三》，《晦庵先生朱文公文集》卷二十二）朱熹撰著此书时间前后历二十余年，全书的"纲"，用大字书之，既具标题作用，提挈纲要，文字精括，同时也寓寄了作者的褒贬。"目"是以小字分注的形式，用简洁的文字对史实作具体的记述。全书共五十九卷，只及《通鉴》五分之一。《资治通鉴纲目》著成之后，受到广泛欢迎，它开创了一种通俗历史读物的体裁，便于传播历史知识，因而影响深远，继起的著作有南宋金履祥《纲目前编》，明商辂《纲目续编》、南轩《纲目前编》、王世贞《纲目会纂》，清《御批通鉴纲目》、吴乘权《纲鉴易知录》等。朱意用"书法"表达褒贬、是非，强调区分正统与非正统，对岁月、名号、即位、改元、尊立、征伐、用刑等等都用文字作严格区分，这种做法在宋元时期大受推崇，而到近世以后则不断引起学者的批评。乾嘉考证学者王鸣盛主张叙述历史应当据实直书，因而批评滥用《春秋》笔法造成了对史实的掩盖、混淆甚至歪曲。

进入近代以后，历史编纂的运用和创造翻开了新的一页。由于御侮图强了解外部世界成为紧迫的时代课题，历史编纂学作为社会意识形态的一部分，就必须反映时代要求，在内容和格局上实现跨越和突破。魏源极其敏锐地感受到时代的迫切需要，他明确地提出："地气天时变，则史例亦随世而变。"说明他有过人的智慧，自觉地把实现历史编纂的革新作为自己的目标，因而既能成功地继承传统，又勇于超越传统。他对典制体加以改造，充分发挥其容量广阔、灵活设立志目的特点，大量介绍当时国人所急迫需要的外国史地及社会制度知识，同时灌注了呼吁抗击侵略的新内容，纂成《海国图志》这部爱国主义的先驱名著，因而不仅风行海内，而且远传日本。此后，徐继畬、黄遵宪、王韬同样用改造了的典制体，分别纂成《瀛寰志略》《日本国志》《法国志略》，在新的时代条件下一再表现出中华民族的文化创造力，并为十九、二十世纪之交"新史学"思潮的涌起准备了条件。

三、古代史家讲求体例的两个目的

在历史编纂学领域，"体裁体例"经常连称。史书体裁是主要考察史著的总体布局、史家叙述历史的视角、历史叙事的模式。史书体例主要则是考察史著内部的组织结构和叙事方法，再具体言之，包括如何达到严整精当、有序合理、协调和谐，使全书成为联系紧密的有机整体。史书体裁与体例二者有密切关联，不应作绝对区分，有的时候甚至在讲"体例"的时候也包括史书的体裁。

史书的体例成就绝不是枝枝节节的纯技术性问题。我们如果将传统历史编纂学成就比为一座宏伟的宫殿，其中吸引人们的宝物就是腾挪跌宕的历史事件、因革损益的典章制度、多姿多彩的社会生活和个性鲜明的人物形象。这些琳琅满目的珍宝，需要有不同的厅堂院落来摆放，有回廊曲径来连接，有花卉图案来点缀。古代杰出史家在体例上的恰当布局和精心处理，就是做这种工作，在史书内部结构上进行周密细致的规范与协调，使一部宏伟巨著达到主次分明、组织合理，而又互相呼应、浑然一体。因此，对于古代史家体例运用的成就，绝不能视为无关宏旨的枝节问题，而应当有新的看法。体例精当是为了更加恰当地再现客观历史，是古代杰出史家编纂思想的组成部分；不同时代的史学名著在体例上有不同的处理，由此体现史家的创新精神；精当运用体例又催生出史书在布局和结构上协调、和谐的美。因此，体例精当是历史编纂学全局中的一个重要部分，具有思想性、创新性和审美的意义。探讨编纂体例成就是推进中国历史编纂学研究史学研究值得重视的新视角，有助于进一步展现中华文化的基本特质和独具魅力。

刘知幾《史通》很注重对史书运用体例经验教训的总结，他强调说："夫史之有例，犹国之有法。国无法，则上下靡定；史无例，则是非莫准。"（刘知幾著，浦起龙释：《史通通释》卷四《序例》）《史通》在《本纪》以下，包括《世家》《列传》《表历》《书志》《论赞》《序例》《题目》《断限》《编次》《称谓》等题，主要都是讲体例的运用。其中提出了不少有价值的见解，如言："盖纪者，纲纪庶品，网罗万物。考篇目之大者，其莫过于此乎？及司马迁之著《史记》也，又列天子行事，以本纪名篇。"又强调史书中立"纪"一体有重要的政治意义，表示具有最高权力，象征"国统"，故言："盖纪之为体，犹《春秋》之经，系日月以成岁时，书君上以显国统。""又纪者，既以编年为主，唯叙天子一人。有大事可书者，则见之于年月；其书事委曲，付之列传。"（刘知幾著，浦起龙释：《史通通释》卷二《本纪》）又论列传中设立合传之理由："如二人行事，首尾相随，则有一传兼书，包括令尽。若陈馀、张耳合体成篇，陈胜、吴广相参并录是也。"批评有的史书立传太滥太杂的毛病："其间则有生无令闻，死无异迹，用使游谈者靡征其事，讲习者罕记其名，而虚班史传，妄占篇目。"（刘知幾著，浦起龙释：《史通通释》卷二《列传》）诸多这样的见解都值得重视。但刘知幾所论又有不恰当者，如他言《史记·秦始皇本纪》之前，不应设《秦本纪》，项羽亦不应立为本纪，又称陈胜不能立为世家。这类见解明显不妥，其原因是刘知幾过于拘守"条例"，将适用于一般情况下的"例"刻板化，要求一成不变，要让复杂的客观现实去迁就于"例"。

再者刘知幾在上述各篇中所论，主要是着眼于凡例的应用。我们的认识是，对于凡例运用的优绌固然应当注意，但研究的范围不宜只局限于此，而需要加以扩大。尤其应当重视考察、总结史家在史书内部组织结构上、叙事方法上如何做到恰当、严谨、协调、和谐，以表彰古代史家的匠心运用。关键在于，体例的确立和运用是为史书内容服务的，出色的史家苦心经营，运用体例达到严密、精当，从《左传》《史记》以下形成了优良的传统，这同样凸显出中华民族历史意识的发达。其目的有二：

一是，为了恰当地反映客观历史进程，显示出人物或事件在历史运动的错综复杂关系之中的地位和作用。如，项羽在秦汉之际曾经号令天下，故将他立为本纪；陈胜是反秦英雄，所以立为世家；孔子因在文化史上有崇高地位，也应立为世家，其弟子们继承先师学说、传播儒学有功，故设立了《仲尼弟子列传》；而魏相、丙吉都是汉宣帝时名相，两人行事紧密联系，故设立为合传，等等。

二是，讲求体例精当是为了达到史书形式的完美，与内容的丰富、翔实、可信相表里、相协调，使读者不但获得历史知识，而且在审美情趣上得到享受。这种审美要求，与中国古代思想家强调"和"的观念大有关系。古代人们认为"和"是事物的极高境界，列国之间以玉帛通好，不以兵戎相见谓之"和"，人际关系感情融洽谓之"和"，群体相处有共同遵守的秩序，长幼有序、以礼相待谓之"和"，不同品味的食物，放在一起煮成一锅佳肴，各自发挥自己的特性而又互相补充，谓之"和"。"和"是中国古代哲学的极高境界，也是古人的高度智慧，要求达到和谐、协调，事物之间既保持本身的特点，而又彼此融洽相处，将这种智慧用到史书体例上，就是经过精心组织、安排，使全书各大部件之间、篇章之间、相关的重要内容之间形成一种统一、协调的关系。这是几千年传承下来的中国历史编纂学的一个重要特点，同时它又反映了中华民族独特的审美要求，因而更加值得我们予以关注。

体例又必须灵活运用，不能墨守成规，关键在于要让"史例"适合于表达内容的需要，而不能让内容迁就"史例"。这就是《论语》《孟子》中所阐述的"经"与"权"的关系在著史上的运用。"经"是事物的常规性，在通常情况下应当遵守的做法；"权"是灵活性，是在不违反原则前提下的变通。

四、复杂的篇章何以写得层次分明

传统史学名著不但各部分紧密结合、安排有序，符合逻辑地展开，全书构成有机的整体，而且在书中各个细部的组织、叙事也有严谨恰当的体例要求，因而使全书如一座宏伟的宫殿，气魄宏大，其中每一局部也都结构精巧，令人叹为观止！传统史学名著中的重点篇章，尤凸显出层次分明、重点突出、详略配合的体例要求，如果独立作为一个篇章也是一个精致的艺术品。这里仅以《汉书》中《魏相丙吉传》和《刑法志》两篇为例证作简要论述。

魏相、丙吉两人相继任丞相，竭诚辅佐汉宣帝实现中兴大业，而且两人器识功业声气相通，因而名著当代。班固将两人立为合传，使人物形象更加丰满，作为《汉书》中重点篇章之一，为全书增添了许多光彩。综观班固所载魏相行事，其着笔的重点之处，都与丙吉遥相呼应。如，魏相原任地方郡太守，他治事严明，惩办奸邪，但有人向朝廷告发他残杀无辜。时值朝廷对全国郡国守相进行考核，丙吉是御中大夫，他希望这位正直官员有机会获得晋升，便写信提醒魏相注意收敛锋芒，不要授人以柄。魏相照此办理，此后果然获得迅速晋升。再如写魏相任丞相后，在关乎边疆事务、发展生产上都能把握大局，正确决策，并且一再发挥《周易》经义，陈述阴阳调和的道理，这也与丙吉继任丞相之后的行事风格相同调。班固在记述魏相的行事、政绩结束之后，说："时丙吉为御史大夫，同心辅政，上皆重之。相为人严毅，不如吉宽。"（《汉书》卷七十四《魏相丙吉传》）评价两人同为重臣，同得宣帝依赖，而在篇章结构上则承上启下，极其自然地将前后两大部分紧密联结起来。合传的下半篇所载有意识与上文互相呼应。如记述丙吉继任丞相之后，其行事风格为注重全局，不苛责小事，也与魏相类似，尤其关心农业生产，专注于全国范围的阴阳寒暑、时令农情。合传结尾赞语中高度评价因两人能力的胜任和优良品德的影响，国家得到有效的治理，二人因而名扬史册。由于班固成功地运用合传"互相映照"的体例，精心地组织安排，使对丙、魏两人行事风采的叙述相得益彰，取得了大大提高这篇合传的史料价值的极佳效果，因而成为《汉书》的名篇。

《刑法志》是《汉书》"十志"中新创的四篇典志之一，班固把它列在《礼乐志》《律历志》之后的第三篇，而居《食货志》《郊祀志》等篇之前，可见班固对此篇的重视。篇中内容，与只会罗列史料的写法迥然而异，呈现于读者面前的是一篇史识过人的汉代刑法史，揭露深刻，时至今日读之，仍然感到强烈的震撼。《刑法志》何以具有如此高的价值？原因即在班固精心地贯彻了三项编纂体例。

其一，据实直书，凸显社会进一步要求减轻刑罚、判案公平，与现实中刑法制度严酷、狱吏专杀的悲惨情景以及朝臣中不思更张的惰性思维造成尖锐的矛盾。由此全篇可分为前后两大层次。前一大层次重点记述自高祖至成帝间刑法制度的演变，虽有文帝"废肉刑"、宣帝下诏严责狱吏用刑残酷、亲自审理案件，以及正直官员上疏要求"删定律令"，但是朝臣中却有人持"法难数改"的错误观点，掌管刑狱的官吏敷衍应付，致使"大议不立"。究竟是应当删定律令、减轻刑罚，还是维持旧规、继续为害百姓呢？于是进入后一大层次，集中记载高后、文帝期间两次改变律令，又自高祖至成帝曾六次下诏，要求减轻重刑、公正审案。这样以前后两大层次的结构、体例处理，就成功地将社会的客观要求、昏暗阴毒者制造的阻力和史家本人要求制定公平刑律的主张三者都深刻有力地揭示出来了。

其二，班固紧扣记述的史实抒发史家本人的感受，用议论增强史著厚重的历史感和深刻性。最为精彩的是在篇末记载"今郡国被刑而死者岁以万数"的悲惨事实之后，他作了深刻剖析，揭示出造成案件频发、被判处死罪者人数众多的五大原因：不重视对民众教化；法律对判重罪、轻罪规定不明确；民众因贫穷没有生路，容易犯法；地方豪强藏匿有罪之人，案件长期不能了结，牵涉的人更广；狱吏中故意从重判罪者受赏赐，持平执法者却有后患。班固称此为"五疾"，指出这就是案件频发、受冤致死者人数众多的根源！

其三，由于内容的需要，对于《汉书》记载"断限"的体例做了灵活变通。突破成例，向上溯源至周代的刑法制度，向下论及东汉初年的现实情况。班固在篇末指出，东汉初刑法取得了显著的进步，狱案大大减少，但"五疾"的为害并未尽除，刑狱不公未彻底解决。作为一个具有高尚史德的史学家，班固对于现实并不一味颂扬，而是以公正的尺度提出严肃的批评："其疾未尽除，而刑本不正。"此语字字有千钧之重。表达了班固对当时刑法弊端积重难返的深刻观察和愤怒谴责，也表达出他对民众苦难的强烈同情心。班固呼吁："岂宜惟思所以清原正本之论，删定律令"，使"轻重当罪，民命得全，合刑罚之中"。(《汉书》卷二十三《刑法志》)《刑法志》在体例运用上的这一特殊处理，充分说明班固不是为著史而著史，而是为了当今做到刑律正本清源，废除繁苛，减轻民众的痛苦，以达到刑法公正的目的。由于班固确立了著史的高尚宗旨，搜集了丰富、确凿的史料，并且在体例上作了精心处理，因而使全篇的记述条理层次分明、重点突出、议论深刻，成为历代之中刑法志的典范之作。

中国史学历来有重视体裁的优良传统，并随着时代发展不断创造出新的编纂形式。而且，不同时期史家对同一体裁的运用，并非一成不变，而是因时制宜，加以发展，重视加进新内容。中国史家又特别注重史书内部的组织结构和叙事方法，在体例上追求严整精当、有序合理、协调和谐，使全书成为联系紧密的有机整体。相较而言，西方古代历史编纂学虽然也大致形成了以纪年、人物、事件为中心的体裁，但在自身的严密度以及发展的连续性等方面，都无法与中国古代历史编纂学相媲美，也未能形成专门探讨体裁体例的著作或文章。其较为有特色的体裁形式，当属独立的长篇人物传记。中国古代的传记从整体上看属于国史一部分，不像西方那样独立成篇。双方的传记风格也有很大不同，西方传记书写的目的在于彰显人格力量，侧重于性格、情感和心理的描写，缺乏历史元素；中国传记书写则是为了殷鉴前世、垂训后世，张扬知其不可而为之的入世精神，侧重于将人生价值与历史进程紧密结合起来，亦即叙事与传记的结合，或曰寓论断于叙事。

第十一讲

文史结合：史书的历史叙事艺术

无论在中国还是西方，审美从来都是史学不可或缺的组成部分，古代史家也很早就对此展开专门论述，古希腊卢奇安的《论撰史》和南朝刘勰的《文心雕龙·史传》曾先后提出相近看法，认为史学之美大致应包含真实之美、结构之美和文字之美。如果说在"求真"方面双方不相上下的话，中国史家对史书结构和文字表述显然更为重视，不论是理论探索还是编纂实践都自成体系、一脉相承，因此常常被视为中国史学的一大特色。开创历史与文学相结合这一优良传统的，当推《左传》。此后，史家撰史无不高度重视历史叙事，书写了大量的精彩篇章，可谓风格各异、异彩纷呈。

一、《左传》《国语》历史叙事的成就

《左传》和《国语》是中国史学从草创阶段过渡到成熟阶段期间的两部名著，它们成书于战国前期，不仅在著史范围、著作规模和修史方法等方面为后世史家提供了足以仿效的范例，而且在历史叙事方面形成了独特的风格，取得了突出的成就，确立了此后文史结合的叙事基调。

《左传》长于记述战争，它着意写春秋时期争霸和关系大国地位变化的重要战役。如城濮之战、鞌之战、鄢陵之战，都写得有声有色。《左传》又善于写辞令，写行人在彼强我弱情形下，如何以真情至理，委婉地折服对方。如吕相绝秦、子产献捷、子产坏晋馆垣、子产辞韩宣子求玉环等，都是历代传诵的名篇。

作者还善于选取有意义的细节表现人物性格或事物的独特意义。如鲁文公六年写晋人计诱士会归晋一段，以短短百余字，写得生动紧凑，人物栩栩如生。又如鲁宣公十二年邲之战，晋人兵车陷入坑中，楚人教之出坑之法，乃得脱，"顾曰：'吾不如大国之数奔也'"。反讥楚人因屡屡奔逃而很有经验。像这类成功的细节描写，都大大增强了史书的情趣，给人以深刻难忘的印象，至今仍有借鉴意义。

《左传》的语言是反复加工锤炼而成，极富表现力，其中有许多被长期直接沿用，有的经后人略作变动，便成为词约义丰的成语典故，沿用两千余年，具有很强的生命力。诸如一鸣惊人、一鼓作气、一国三公、有备无患、居安思危、义无反顾、厉兵秣马、先声夺人、宾至如归、相敬如宾、有过

之而无不及、铤而走险、治丝益棼、退避三舍、与君周旋、
知难而退、风马牛不相及、不辨菽麦、朝不保夕、众怒难犯、
大义灭亲、外强中干、疲于奔命、腹心之疾、众叛亲离、多
行不义必自毙、甘拜下风、困兽犹斗、贪天之功据为己有、
东道主、孺子牛——这些成语或词组无不是沿用《左传》中
的语言而来的，即此而论，也可说明《左传》对民族语言文
化贡献之大！

《国语》按照国别记载春秋列国时期的历史，共二十一
卷。由于《国语》记载的历史时期与《左传》大致相同，所
载历史事件又与《左传》密切相关，因此长时间内每有人称
《左传》为"春秋内传"，而称《国语》为"春秋外传"。三
国时期的韦昭曾高度评价《国语》的价值应与儒家经典并列，
尤其概括"邦国成败，嘉言善语"八字，实则揭示出《国语》
全书的记载重点和精华所在。《国语》在历史叙事上有很高的
技巧，具体而言有三项："记言"与"记事"紧密结合；恰当
运用对比手法；多方位、多层面展现历史进程的复杂性、生
动性。

首先，《国语》以着重记言为其特色，但作为一部史书，
它又为"史为记事之书"这一根本性质所制约。作者在历史
编纂上的高度技巧，就在于做到极恰当地将"记言"与"记
事"二者紧密结合起来，因而成为一部名著。比如，陈国地
处中原，当北方的晋、南方的楚强盛时，陈国当政者灵公却
是一个不问国政、昏乱淫僻的君主，致使境内生产凋敝、民
不堪命。《国语·周语中》载：周卿士单襄公奉使聘楚，由宋
国路过陈国，所见皆是混乱衰败的景象，成熟的庄稼抛洒在

野外，谷场上扬晒收藏的工作没有做完，民众却被征发去修夏家之台。王朝使者至境，陈灵公却不按礼节相见，竟与孔宁、仪行父一同往夏姬家淫乱。单襄公归来，即向周定王报告陈国的衰败凋敝状况，他说："今陈国，火朝觌矣，而道路若塞，野场若弃，泽不陂障，川无舟梁，是废先王之教也。"进而贬斥陈灵公君臣之所作所为，是"弃先王之法制""蔑先王之官""犯先王之令"。（《国语·周语中》）并预言陈灵公必遭大祸。果然不出二年，陈灵公被杀。次年，楚国入陈。这一则记载，把"记事"与"记言"紧密结合起来，史实的叙述令人触目惊心，阐发的道理中肯深刻，表达了《国语》作者对昏乱君主的严厉谴责、对民众苦难的深切同情，文字不长，却构成出色的篇章。

其次，《国语》叙事，有意识地做到将相关的人物、事件作对照，凸现其不同特点，或不同人物的行为、性格、心理，并借此揭示出深层内涵。晋文公重耳能得人心，晋惠公夷吾不受国人拥戴，对此，《国语》作者是用对比手法来刻画的。《晋语二》载：晋献公卒，时重耳在狄，夷吾在梁。秦穆公因秦、晋之好，亟盼早日结束晋国的混乱局面，故想通过考察，判断二公子谁更应该得到秦国的帮助。于是派公子絷分别向重耳、夷吾吊丧，作者通过公子絷的观察，表现二人一个仁厚、诚实，一个虚假、贪鄙，品质、行为大不相同。公子絷向秦穆公一一做了禀报，秦穆公乃得出结论："吾与公子重耳，重耳仁。再拜不稽首，不役为后也。起而哭，爱其父也。退而不私，不役于利也。"（《国语·晋语二》）虽然当时因重耳真心不愿因父丧而侥幸得国，立为国君的条件尚不成熟、故先立夷吾，但重耳最终胜利返国，成为一代贤君，证明秦穆公的考察和判断完全正确。

再次，《国语》多方位、多层面地展现了历史进程的复杂性和生动性。比如，夫差北上伐齐，又至黄池与晋争盟主地位，越人乘虚袭吴，后方告急。吴乃决计向晋挑战，迫晋同意由吴主盟，以求远道退兵回吴。若以成败论英雄，吴北上之役是造成其最终败亡之由，且其时，"边遽乃至，以越乱告"，夫差不得已决定仓促退兵。《国语》作者却不视此为仓皇脱身前的一番故意造作，虚写几笔带过，而是绘声绘色郑重记载。原因何在？春秋晚期吴国的历史，实则包括两个层面。一个层面，是吴越争锋，吴因先胜越而骄侈，最后反被越国打败。又一个层面，是吴国已能够北上中原，与晋国争诸侯盟主的地位。与春秋初年吴国偏处江南被视为蛮夷之地相比，显示出历史的巨大进步，是经过春秋时期一二百年间吴国经济、文化发展的结果，反映出中原文化向心力的增强，华夏文化范围大大扩展，中国境内各族的文化认同向前推进了。《国语》作者对此恰恰没有作简单化处理，没有因为关注吴越两国的恩怨胜败，而忽视吴国争取扮演诸侯盟主角色的努力。这样做，凸现了多角度、多层面再现客观历史的原则，而且写得场面广阔，很有声势。过程曲折、头绪纷繁的事件，是对史家叙事能力的极大考验。《国语》作者对于如同吴北上争霸主这样复杂的事件，却能有条不紊地做到多角度、多层面叙述，这无疑为提高中国历史叙事水平作出了宝贵的贡献。

二、《史记》历史叙事的永久魅力

《史记》不仅是一部伟大的历史著作，同时也是一部伟大的文学著作，《史记》的杰出成就进一步奠定了中国史学善于表现人物、记述事件的优良传统，具有超越时空的意义。展读《史记》，书中叙事写人生动传神之处，可谓纷至沓来，令人目不暇接。今天深刻地总结司马迁历史叙事的高度成就，揭示其具有"永久的魅力"的奥秘，不仅有助于广大文史爱好者进一步认识这部名著的价值，而且对于历史书写如何增强吸引力，避免平淡乏味，具有宝贵的启示意义。以下就从几个方面举出若干典型例证加以论列。

（一）在剧烈冲突中表现人物的精神风貌

战国晚期，秦恃其强盛的国势向山东六国进逼，列国之间形成了"合纵""连横"的激烈斗争，而山东各国也因本身的利害而呈现复杂的关系，各种复杂的因素构成了激烈的矛盾与冲突。这种异乎寻常的历史机遇为各国有勇有识之士提供了极其难得的活动舞台，司马迁即以成功的手法，在激烈的冲突中表现这些人物的胆略和气概，写下了生动的篇章，令读者在千百年后仍然如见其人，如闻其声。赵国的一介寒士毛遂就是这样的典型人物。《平原君虞卿列传》载，毛遂本是平原君门下一名食客，一向默默无闻。赵惠文王九年（前290），秦兵困邯郸，形势危急。赵派平原君求救于楚，要从门下食客中选出文武兼备者二十人一同前往，平原君下了这样的决心：如果能通过正常谈判方式得到楚国救援，是为上策；不然，就当场以武力胁迫楚王歃血为盟，无论如何也要得到楚王同意"合从（纵）"，派兵救赵。总共从门下士中选出了十九人，其余就再也选不出来，不够二十人。这时毛遂出来自荐，说还差一人，他愿意备员而行。平原君问了毛遂，知道他处门下已有三年时间，于是摇了摇头，说："夫贤士之处世也，譬若锥之处囊中，其末立见。今先生处胜之门下三年于此矣，左右未有所称诵，胜未有所闻，是先生无所有也。先生不能，先生留。"平原君如此明确表示否定，毛遂却不气馁，反而更坚决要求给他一试本事的机会，说："臣乃今日请处囊中耳。使遂蚤得处囊中，乃颖脱而出，非特其末见而已。"平原君见状，只好答应让他前往。而同行十九人则相与目笑，对他轻视。可是经过一路同行，听了毛遂的言词谈吐，十九人纷纷改变了态度，无不从心里佩服毛遂的见识。

平原君拜见楚王，双方为楚国派兵救赵展开谈判，可是楚王因畏惧秦国的兵威，心中犹疑不决，从大清早开始商谈，到晌午竟然仍无结果。国内邯郸城被围的形势日益危险，时不我待！十九人都鼓励毛遂上殿用非常的手段胁迫楚王，毛遂显示出智慧和勇气，为赵国立功的时机到了！只见他按剑历阶上殿，径直走到平原君面前，问道："从之利害，两言而决耳。今日出而言从，日中不决，何也？"楚王打量着毛遂，问平原君：他是什么人？平原君答：是我门下舍人。楚王立即叱责他："胡不下！吾乃与而君言，汝何为者也！"司马迁写毛遂无所畏惧，豪气逼人，他首先表示决心要为出兵救赵之事与楚王拼命，正告楚王在当前情势下，是他掌握着楚王的性命："王之所以叱遂者，以楚国之众也。今十步之内，王不得恃楚国之众也，王之命悬于遂手。吾君在前，叱者何也？"接着，毛遂指出以楚国之国土广大、士卒众多，而屈服于秦的兵威，这是楚的耻辱，让楚王明白合从不仅是为救赵，而首先是让楚国报仇雪耻。毛遂的胆量顿时使楚王慑服，毛遂的慷慨陈词更使楚王觉悟到出兵救赵抗秦是楚国唯一正确的选择！于是毛遂帮助实现了赵、楚合从对付秦国的结局，楚王曰："唯唯，诚若先生之言，谨奉社稷而以从。"毛遂曰："从定乎？"楚王曰："定矣。"毛遂让楚王之左右取鸡狗血来歃盟，毛遂奉铜槃跪进之楚王曰："王当歃血而定从，次者吾君，次者遂。"遂定从于殿上。平原君完成定从使命回到赵国，对毛遂极力赞誉，说："毛先生一至楚，而使赵重于九鼎大吕。毛先生以三寸之舌，强于百万之师。"平原君返赵之后，楚使春申君将兵救赵，魏国信陵君亦矫夺晋鄙军往救赵。此时，赵国有勇将李同率领敢死之士三千人赴秦军，"秦军为之却三十里。亦会楚、魏救至，秦兵遂罢，邯郸复存"。（《史记》卷七十六《平原君虞卿列传》）

　　司马迁记载此篇最大的成功，即在剧烈的冲突中刻画人物。邯郸被围，赵国危急，拒秦救赵，成为赵国展开外交斗争的焦点，正是在这一历史时刻，一向不被人知晓的寒士毛遂，却以其不惧一死的勇气和洞悉安危大局的识见，改变了楚王倨傲、犹疑的态度，完成了平原君这位堂堂赵国之相和同行十九人所不能完成的壮举！他智勇兼具，言辞壮烈而又善于剖析利害，重复使用的"吾君在前，叱者何也"两句，前后呼应，更能表现其勇毅的神态和逼人的气势，千百年之后读之犹有感人的力量！清代学者徐与乔对此有恰当的评论：

"写得生气勃然，使千载下赫赫若当时情事，乃其传声像形，则在重沓用字，复句回顾间。"（徐与乔：《经史辨体》史部《平原君虞卿列传》）

（二）场面·语言·细节

《史记》叙事写人的生动，又得力于精心描写重要的历史场面，再现人物极富性格特征的语言，以及选择有意义的细节刻意摹写。

《项羽本纪》以成功地描写巨鹿之战、鸿门宴、垓下之围三个重大历史场面，而成为千古传诵的名篇。司马迁在写项羽这个叱咤风云的英雄人物及其悲壮结局的同时，又深刻地表现出秦汉之际的历史特点，使二者得到很好的结合。巨鹿之战是反秦义军击败秦军主力的一场关键战役，司马迁出色地描写了项羽对敌的决心和威武气魄。其场面描写的又一特点，是用诸侯军的观望、恐惧和慑服来反衬项羽的胆力和风度。由于场面描写的成功，令人信报地说明项羽正是在殊死的战斗中取得了号令诸侯的地位。对于鸿门宴这场秦皇朝灭亡以后，项羽刘邦在宴会席上的生死斗争，司马迁也写得扣人心弦。宴会上剑拔弩张的场面，使人惊心动魄。范增的急于下手，项羽的缺乏谋略，刘邦的惊慌，张良的机智，樊哙的勇敢，项伯的忠厚，无不跃然纸上！最后，写项羽在垓下陷入重围，"四面楚歌"。他以八百骑乘夜突围，走东城，这时——

（项王）乃有二十八骑。汉骑追者数千人。项王自度不得脱……乃分其骑以为四队，四向。汉军围之数重，项王谓其骑曰："吾为公取彼一将。"令四面骑驰下，期山东为三处。于是项王大呼驰下，汉军皆披靡，遂斩汉一将。是时，赤泉侯为骑将，追项王，项王瞋目而叱之，赤泉侯人马俱惊，辟易数里。与其骑会为三处。汉军不知项王所在，乃分军为三，复围之。项王乃驰，复斩汉一都尉，杀数十百人，复聚其骑，亡其两骑耳。乃谓其骑曰："何如？"骑皆伏曰："如大王言。"（《史记》卷七《项羽本纪》）

这里生动地写出项羽这个失败了的英雄的悲剧结局。他确是骁勇善战、胆气过人，即使身陷重围，仍然具有所向披靡、使其对手丧魂失魄的力量。但他至死不悟，到最后关头仍夸耀自己的勇敢，把失败归到天命，这就清楚地表明他刚愎自用、"自矜功伐，奋其私智"的性格特点。总观《项羽本纪》全篇，巨鹿之战是项羽声威的顶点，鸿门宴则是他走向下坡路的起点，垓下被围是他失败的最终结局。司马迁确实做到以他的传神妙笔，生动地记下了秦汉之际具有重大意义的历史性场景，同时刻画了栩栩如生的人物形象，因而千百年后仍有强烈的感染力量。

司马迁又擅长典型的细节描写，书中成功之处不胜枚举。选择典型事件的典型细节加以细致描写，其作用是增强历史的真实性和艺术感染力，避免叙述的空泛、单调、平淡。《高祖本纪》写刘邦与项羽长期在广武展开拉锯战，双方实力大大消耗，士卒困苦，丁壮疲惫。刘邦与项羽在广武涧两边山崖上相隔喊话，项羽欲与刘邦单独挑战，刘邦在勇力上远不相及，而欲求在道义上占上风，于是在山涧上对着两军将士历数项羽罪状："始与项羽俱受命怀王，曰'先入定关中者王之'，项羽负约，王我于蜀、汉，罪一。项羽矫杀卿子将军而自尊，罪二……"一共列举项羽十项罪状。项羽大怒，令士卒张大弩射中刘邦前胸。司马迁用特写手法表现刘邦在此危急关头的勇敢机智："汉王伤胸，乃扪足曰：'虏中吾指！'汉王病创卧，张良强请汉王起行劳军，以安士卒，毋令楚乘胜于汉。汉王出行军，病甚，因驰入成皋。"（《史记》卷五十七《绛侯周勃世家》）刘邦因被楚军射中前胸倒地，如果不用巧计掩饰，则双方军士当场得知汉军统帅遭受重创，楚军必定乘胜大举进攻汉军，那么楚汉长期相持的局势必定以楚胜汉败而告结束。正是刘邦以"虏中吾指"的计策安慰了身边将士，同时诳过了楚军将卒，接着又忍住重伤勉强慰劳汉军，才避免出现危险局面。此后刘邦设法从成皋前线回到关中，养好伤创，又得到大量兵员补充，汉军声势复壮，此后即部署对项羽包围的局面。

司马迁成功的细节描写，往往有"以小喻大"的作用，或以叙述一件似乎不经意的小事而寓含成败兴亡的道理，或借细节以映射出人物的性格禀赋、价值追求。如《项羽本纪》写项羽在垓下突围之后，被汉军追赶，项羽渡过淮河，随骑仅有百余人。"项王至阴陵，迷失道，问一田父，田父绐曰：'左。'左，乃陷大泽中，以故汉追及之。"老农夫故意指到错误的方向，这一似乎不经意叙述的细节，实际寓含项羽所作所为违背民心，因而导致最终失败的深刻道理。又如，《李斯列传》一开头，即写出李斯少年时对厕中鼠和仓中鼠的观察和慨叹："年少时，为郡小吏，见吏舍厕中鼠食不洁，近人犬，数惊恐之。斯入仓，观仓中鼠，食积粟，居大庑之下，不见人犬之忧。于是李斯乃叹曰：'人之贤不肖譬如鼠矣，在所自处耳！'"以此表现出李斯贪求富贵、利欲熏心的性格特点，正因他不择手段追求权势，导致他后来助赵高、秦二世为虐，而走上国灭身死的绝路。

（三）对比手法和互见法

司马迁叙事写人又善于运用对比手法，以凸显人物的不同性格特征，或揭示出造成不同成败结局的内在原因。《淮阴侯列传》中，通过井陉大战，将陈馀的颟顸无能与韩信的奇兵破敌作了生动对比。韩信从三秦东向攻魏，取得安邑之役胜利之后，与张耳率师东向攻赵。赵将广武君李左车向赵相成安君陈馀进计，主张扼守井陉险要地势，出奇兵断敌之后，最后首尾夹攻。李左车的建议，本是据险坚守、避敌锐锋，再令其粮草断绝、军心瓦解、围而歼之的万全之计，陈馀却是只会死搬"义兵不用诈谋奇计"陈腐教条的庸才，且又沽名钓誉，竟对李左车一口拒绝，说："吾闻兵法十则围之，倍则战。今韩信兵号数万，其实不过数千。能千里而袭我，亦已疲极。今如此避而不击，后有大者，何以加之！则诸侯谓我怯，而轻来伐我。"陈馀的愚蠢决策，实陷赵军于必败境地。司马迁以生动的笔触写道："韩信使人间视，知其不用，还报，则大喜，乃敢引兵遂下。"韩信于平明时分令大军出井陉口，佯装失利，专门引诱赵军"开壁"出战，争夺汉军旗鼓，再令事先布置背水而阵的水上军，开营出战，与汉军主力合并，与赵军殊死作战，又用奇兵突入赵营，"皆拔赵帜，立汉赤帜"。"赵军已不胜，不能得信等，欲还归壁，壁皆汉赤帜，而大惊，以为汉皆已得赵王将矣，兵遂乱，走，赵将虽斩之，不能禁也。于是汉兵夹击，大破虏赵军，斩成安君泜水上，禽赵王歇。"赵国本来在兵力对比上、占有险要地形上和以逸待劳上，均对韩信、张耳率领的汉军占有绝对优势，但由于陈馀的刚愎自用、愚蠢决策而一概化为乌有，陈馀本人也落个兵败身死的悲惨结局；而韩信则善用奇兵、周密部署，结果一个早上即将赵国二十万大军彻底击溃，实现他"今日破赵军而朝食"的豪言。由于司马迁善于运用对比手法记述，不仅凸显了韩信、陈馀两人的不同性格和用兵特点，而且为军事史研究提供了极有价值的例证。

司马迁又善于运用互见法记述历史。对此宋代著名文学家苏洵曾有一段评论："迁之传廉颇也，议救阏与之失不载焉，见之《赵奢传》；传郦食其也，谋挠楚权之缪不载焉，见之《留侯传》。……夫颇、食其……皆功十而过一者，苟列一以疵十，后之庸人必曰：'智如廉颇，辩如郦食其……而十功不能赎一过。'则将苦其难而怠矣。是故本传晦之，而他传发之，则其与善也，不亦隐而彰乎！"（苏洵：《苏老泉先生全集》卷九）这种记述方法的特点是在人物本传中主要记载其功，使读者对于其贡献有较完整的印象，而将其失误记载于其他篇章中，既不影响读者对其主要观感，又能够使读者全面了解其功过。苏洵所总结的司马迁运用"互见法"及其作用，很有道理，能帮助我们进一步了解司马迁叙事记人的又一成功手法。如，《高祖本纪》中，重点写刘邦富有谋略、豁达大度、善于用人，同时又用"互见法"，在《萧相国世家》中写其对萧何的猜忌，在《陈丞相世家》中记载当刘邦因箭伤病重之时，有人告发樊哙欲反，刘邦大怒，他竟不顾樊哙跟随多年战功赫赫、忠心耿耿，也不作调查核实，就下令陈平驰至军中斩樊哙，幸得陈平多智，料想刘邦是因一时愤怒，后恐起悔，只把樊哙囚禁载回长安，樊哙才得活命。由于司马迁运用匠心，对史实作如此恰当的处理，就使读史者了解历史人物的行为、性格、功过时，既认识其值得肯定的主要方面，又掌握其弱点或过失的另一面，善恶功过兼见，主次清楚，全面而平衡——这就是司马迁运用"互见法"对后人的启示。

三、《汉书》历史叙事的高度技巧

班固有很高的文学造诣，所写《两都赋》《幽都赋》皆为汉赋名篇。班固又发扬了以《左传》《史记》为代表的我国史传文学的优良传统，在历史叙事上有高度的技巧，叙事生动，铺陈恰当，人物性格鲜明，文词丰赡，广受士林赞誉。就记载人物而言，《汉书·李陵传》《苏武传》和《赵充国传》等尤为历代传诵的名篇，其共同特点，是善于通过典型事件表现人物的性格和内心世界，写得高潮迭起，具有打动人心的力量。以《李陵传》《苏武传》为例。

李陵兵败受困，屈辱投降，匈奴单于又以女妻之，立为右校王，接受封赐，班固对此明确地表示严厉谴责，指出因他怕死投降而使"陇西士大夫以李氏为愧",留下千古骂名!同时班固并未对此简单化处理,而是据实写出事情的曲折经过,揭示出酿成其悲剧结局的复杂原因。李陵于天汉二年(前99)受命出兵攻打匈奴,他不愿负责贰师将军的辎重部队,要求本人率领这批荆楚勇士独当一面,与匈奴军队的一部作战。武帝对此不满,说:"将恶相属邪!吾发军多,毋骑予女。"虽然武帝不允许拨给骑兵,只能带手下五千步兵作战,李陵也仍然当场向武帝表示必胜的壮志:"无所事骑,臣愿以少击众,步兵五千人涉单于庭。"武帝对李陵的壮志表示赞许。但这时又出现新的情况,武帝本来诏令强弩将军路博德届时半道为李陵军队接应,可是路博德以老将自居,"亦羞为陵后距",他向武帝提出等明年春天才与李陵一起出兵,称:"方秋匈奴马肥,未可与战,臣愿留陵至春,俱将酒泉、张掖骑各五千人并击东西浚稽,可必禽也。"这一来却引起武帝的怀疑,以为李陵后悔不愿出兵,而私下让路博德上书。因此命令李陵九月出兵,至东浚稽山南龙勒水上观察军情,随时以驿骑报告,并严责李陵以书面交代与路博德私议了什么。班固所载,说明李陵此番出兵存在两大不利因素:一是以五千步兵深入敌后,而无骑兵协同作战;二是武帝不满意他不当贰师将军下属,又怀疑他竟敢与路博德私下议论而隐瞒实情。这两项,正与其悲剧结局紧密相关。班固进而记载:两军交锋之时,李陵也确实将其"以少击众"的豪言付诸行动。在浚稽山,李陵遭遇到单于主力骑兵三万人的包围,"陵搏战攻之,千弩俱发,应弦而倒。虏还走上山,汉军追击,杀数千人"。单于又"召左右地兵八万余骑攻陵"。在如此力量悬殊情况下，李陵军"明日复战，斩首三千余级"，"陵军步斗树木间，复杀数千人，因发连弩射单于，单于走"。李陵率领的步兵如此英勇拼杀，使单于惊惧，认为"此汉精兵，击之不能下"。"是时陵军益急，匈奴骑多，战一日数十合，复伤杀虏两千余人"。正当单于见势不利、准备退兵的时候，有个叛徒管敢却向单于报告"陵军无后救"，现只有李陵将军和校尉韩延年各带八百人为前行的真实情况。单于乃重新部署猛攻，李陵陷入重围之中。"夜半时，击鼓起士，鼓不鸣，陵与韩延年俱上马，壮士从者十余人。虏骑数千追之，韩延年战死。陵曰：'无面目报陛下！'遂降。"（《汉书》卷五十四《李陵传》）副将战死，主将降敌，只有四百余士卒突围回到塞下，山川为之失色。

　　班固的记述，生动地再现李陵处于不利情况下将步卒五千人而杀伤敌万余人的英雄行为，同时谴责他屈辱投降，勇将的豪迈和降将的卑琐集于一身，二者互相交织，贯穿全篇。因此，后人评价此篇的记述"极有精彩""慷慨悲凉"。而发生于后面的事更增加了这篇传的悲凉色彩。李陵投降匈奴的消息传来，武帝内心的反应甚为复杂：他因李陵没能战死沙场、保持志节而大怒；又因李陵敢于以五千步卒迎战匈奴主力，战功超过了受到宠爱的外戚贰师将军，武帝感到脸上无光；又后悔李陵未得援兵，原先安排的老将路博德未能率军赶到。过了年余，李陵又蒙上新的罪名，有个投降的汉将李绪教匈奴军队作战，却讹传是李陵教练匈奴兵。由此更引起武帝的愤怒，"上闻，于是族陵家，母弟妻子皆伏诛"（《汉书》卷五十四《李陵传》），酿成李陵全家遭受族刑的悲惨结局。

　　如果说《汉书·李陵传》是向我们展现了一出情节曲折、令人嗟叹不已的悲剧，那么，《苏武传》则是一首正气磅礴、颂扬高尚民族气节的赞歌。苏武之父苏建曾随大将军卫青击匈奴，因功封为平陵侯。苏武少年时即因父任郎官。天汉元年（前100）受武帝派遣出使匈奴，其时匈奴单于意欲向汉朝示好，将以往历次扣留的汉朝使者路充国等送回中原，武帝以加倍的盛情厚意和礼物回报，"乃遣武以中郎将持节送匈奴使留在汉者，因厚赂单于，答其善意"。随行有副中郎将张胜、吏员常惠等共百余人，见了单于，献出礼物，不料单于的态度却变得骄慢起来。这时意外地发生了缑王（匈奴昆邪王外甥）与虞常（汉人早先降匈奴者）谋反失败的事件，虞常与副使张胜有勾连，虞常谋反败露，遂牵涉到正使苏武。当单于派卫律召苏武对质时，苏武不愿屈节辱命，当场引佩刀自刺。卫律大惊，急忙抱住苏武，并找来医生治疗。苏武如此刚烈、果断，令单于十分敬重，"朝夕遣人候问苏武，而收系张胜"，企图采用一切手段降服苏武，要让他像卫律、李陵一样为匈奴出力。

　　《苏武传》之所以成为千古名篇，就是凸现了苏武在匈奴的一切威逼、利诱、虐待、折磨面前所显示的无比坚强的气概，通过描述苏武怒斥卫律、啮雪吞旃、北海牧羊、心系汉廷等历史场景，生动地表现出他崇高的民族气节和爱国精神。由于班固的成功叙述，苏武的形象成为中华民族宝贵的历史记忆，千百年来发挥着教育、激励的作用。

　　卫律先以死相恐吓，先剑斩虞常，然后露出凶相进行威胁。"律曰:'汉使张胜谋杀单于近臣,当死,单于募降者赦罪。'举剑欲击之,胜请降。律谓武曰:'副有罪,当相坐。'武曰:'本无谋,又非亲属,何谓相坐?'复举剑拟之,武不动。"卫律见以死威胁无效,立即改用利诱的手段,说,你今天降,明天就会像我这样,蒙单于大恩,"赐号称王,拥众数万,马畜弥山"。苏武对他怒斥道:"女为人臣子。不顾恩义。畔主背亲,为降虏于蛮夷。"早已遭人唾弃!并且警告他:"若知我不降明,欲令两国相攻,匈奴之祸从我始矣。"

匈奴单于一心逼迫苏武投降,他企图采用最严酷的手段动摇苏武的意志。班固以赞颂的笔调,写出苏武在常人无法忍受的磨难面前坚强不屈、大义凛然的气概:

> 律知武终不可胁,白单于。单于愈益欲降之,乃幽武置大窖中,绝不饮食。天雨雪,武卧啮雪与旃毛并咽之,数日不死,匈奴以为神,乃徙武北海上无人处,使牧羝,羝乳乃得归。别其官属常惠等,各置他所。

> 武既至海上,廪食不至,掘野鼠去草实而食之。杖汉节牧羊,卧起操持,节旄尽落。积五六年,单于弟於靬王弋射海上。武能网纺缴,檠弓弩,於靬王爱之,给其衣食。三岁余,王病,赐武马畜服匿穹庐。王死后,人众徙去。其冬,丁令盗武牛羊,武复穷厄。

班固大力表现和赞颂的,是苏武的坚毅和志节。连日断粮,啮雪咽旃,绝不能让他屈服;冰天雪地,掘鼠而食,也丝毫动摇不了他的意志。班固特别写苏武手持汉节，坐卧出入、一刻不离开，因为汉节是朝廷重托和民族尊严的象征，是他北海牧羊十九年精神力量的源泉。由于班固通过生动描绘典型历史场景表现出人物的浩然正气，苏武牧羊就成为中国人世世代代进行爱国主义教育的最好题材。

　　班固又用李陵的懦夫哲学来反衬苏武的高尚志节。因李陵与苏武原先都任朝廷侍中，相交甚好，单于便派李陵到北海，"为武置酒设乐"，对他劝降。李陵劝苏武说："人生如朝露，何久自苦如此！"苏武回答说："武父子亡功德，皆为陛下所成就，位列将，爵通侯，兄弟亲近，常愿肝脑涂地。今得杀身自效，虽蒙斧钺汤镬，诚甘乐之……愿勿复再言。"李陵犹想再加劝说，苏武正色回答："自分已死久矣！王必欲降武，请毕今日之欢，效死于前！"苏武至诚的话语和对国家的满腔忠诚使李陵愧恨交加，感叹苏武是真正的"义士"，而称他本人和卫律犯下了大罪。

　　苏武最后归汉还经历了戏剧性的场面。昭帝即位后数年，匈奴与汉和亲，朝廷要求匈奴送回使者苏武，单于却诡称苏武已死。后来常惠想出了妙策，他设法见到汉使，"教使者谓单于，言天子射上林中，得雁，足有系帛书，言武等在某泽中"。单于的诡计被揭穿，只有老实承认苏武活着，于是送他归汉。班固又记载在苏武行前，李陵向他置酒贺喜，说："今足下还归，扬名于匈奴，功显于汉室，虽古竹帛所载，丹青所画，何以过子卿！"他还含着羞愧的眼泪歌云："径万里兮度沙幕，为君将兮奋匈奴。路穷绝兮矢刃摧，士众灭兮名已隤。"恰恰成为苏武高尚气节的有力反衬！

班固在传末又郑重记载，苏武于始元六年（前81）回到京师，"武留匈奴凡十九年，始以强壮出，及还，须发皆白"。苏武归汉后，在昭、宣时期政治生活中地位显著，见重于当时，称誉于后世。昭帝表彰他的功劳，拜为典属国。次年，发生上官安、桑弘羊等人谋反事件，"武子元与安有谋，坐死"。苏武受到牵连，廷尉奏请逮捕苏武，大将军霍光念其有大功，只是将他免了官。至昭帝崩，苏武以原两千石老臣参与迎立宣帝，赐爵关内侯。"卫将军张安世荐武明习故事，奉使不辱命，先帝以为遗言。宣帝即时召武待诏宦者署，数进见，复为右曹典属国。以武著节老臣，令朝朔望，号称祭酒，甚优宠之。"班固在本传结尾处特别称誉苏武是"著节老臣"，与开头"乃遣武以中郎将持节出使"，中间以特写手法记载苏武在北海风雪中"杖汉节牧羊，卧起操持，节旄尽落"，前后恰成有力的呼应，以点明本传主题是赞颂苏武不辱使命、民族气节高尚，读之意味深长。

从以上简要分析，说明班固刻画人物有娴熟的技巧，将史实丰富、组织严密与叙事生动、突出重点二者相结合，推进了我国历史叙事的优良传统，创造了新的经验。同是通过典型事件表现人物的性格特征，这两篇典型的传记又各有特色。

此外，班固还善于运用两相对照和互为映衬的手法刻画人物的性格志节。"两相对照"是将不同性格、襟怀、行事的人物有意识地对比来写，通过对比，使其形象更加鲜明，更具吸引力，并引起读者的思考、判断，增强作品的思想价值。《汉书》中，有将不同篇章有意作对比的。如《隽疏于薛平彭传》和《王贡两龚鲍传》两篇合传，大力表彰隽不疑、疏广、贡禹、鲍宣等由儒学进身，而能清廉自守、不恋权位、犯颜直谏的"清节之士"。班固又以非凡的识力撰成《匡张孔马传》，贬斥匡衡、张禹一类以儒学装潢门面、登上高位，而实则贪婪自私、阿附媚从的伪善人物，二者形成鲜明对照。不同人物迥然相异的襟怀、志节，通过对比而更加凸显，使人过目不忘；同时也深化了班固著史善于从客观记载史实出发，又能提炼主题，以达到彰善瘅恶的目的。互为映衬是选择两位活动年代相同、身份地位相当，而行事功业又相关的人物，合在一篇来写，记载的内容互相补充、互相呼应，因而使人物形象更加丰富，时代特点更加突出。当然，为了达到这样的效果，人物的选择就更有难度，传记的结构、组织也更需运用匠心。《汉书》中《霍光金日磾传》《魏相丙吉传》就是这样的名篇。

以《左传》《国语》《史记》《汉书》等为代表的史传文学的优良传统，在此后中国史学的发展中得到传承和弘扬。"善序事""资文采"也成为古代"良史"的重要标准之一，刘知幾就在《史通·叙事》篇中明确指出："夫史之称美者，以叙事为先"，"夫国史之美者，以叙事为工"。到了近代，这一传统在史学科学化大潮下被边缘化，无法与历史事实的考证和历史规律的总结相媲美，史学与文学之间的边界也逐渐由模糊变得清晰。但从历史编纂学的视角来看，文字表述仍是至关重要的组成部分，会直接影响史书的编纂质量。因此，仍有不少史家对此加以强调，梁启超、陆懋德、金毓黻等均有专门论述。张荫麟更将对史学之美的追求贯彻到历史编纂实践中，完成一部广受赞誉的《中国史纲》，既践行了"史学是艺术"的宣言，也让章学诚所谓"圆而神"、梁启超所想望"活的历史"成为现实。

第十二讲

新旧转换：传统史学中孕育的近代元素

中国学人对现代性的追求，是在民族危机的刺激下萌生并随时代演进而不断调整的。因此，尽管这一追求表面上是以西方社会或西方文明为参照系，或者说是在西方强势冲击下将对方视为文明、将自身视为野蛮的语境中开展，但自始至终都贯穿着强烈的现实性和民族性，其终极目标在于"超越西方"，而非"变成西方"。"现代"一词的内涵也就显得颇为复杂，既有古今之别，又有文明差异，有时还会被简单化为东西方的地域差别，不过最直观的外在表现仍以批判传统为核心特征。中国现代史学的建构，同样表现出强烈的批判传统意识，最初甚至喊出"中国无史"的口号，尝试以西方文明史学为蓝本建构新史学的理论典范。然而，若因此得出中国史学失去自我、新旧史学之间毫无关联等"断层论""移植论"或"摒弃论",则既不符合历史事实,也违背史学发展的基本规律。事实是,中国现代史学发展的主流绝非一脚踢开传统,对外来东西生硬搬用或简单移植,而是充分发掘、弘扬传统史学中所孕育的现代元素,使其与外来文化完成对接和融合,并在这一过程中得到升华。换言之,在传统史学向现代史学演进的内在逻辑这一理论问题上,我们主张"转变论""中介论"。

一、公羊历史哲学:进化史观传播的思想基础

中国现代史学的建构或者说中国史学的现代化,从开始就不是单一向度,而是涉及多个层面的系统工程。从实现路径来说,至少包含历史解释和历史考证两个大的方向。不管哪一路径,起决定作用的必然是史观,史观的变化居于核心地位。而促成中国史学实现第一次现代化跨越的则是进化史观,它在此后相当长时期内占据主流。人们熟知,现代史学的指导理论历史进化论是从西方学来的。然而,事情还有另一面:进化论这种西方舶来品之所以能被中国知识界所顺利诚服地接受,并迅速地在"新史学"中结出硕果,则是由于鸦片战争前后和戊戌时期有中国本土的朴素进化观点在流行——它就是顾颉刚先生所特别提出的今文派即公羊历史观,构成为"新史学"接受西方进化论的思想基础。

《春秋公羊传》成书于汉初,系用当时通行的隶字书写,故属"今文学派",且是其主要代表著作。隐公元年、桓公二年、哀公十四年的传文中,反复申述"所见异辞,所闻异辞,

所传闻异辞"的观点，隐含着以长时段眼光从宏观上梳理春秋历史演进阶段的解释方法，这就是公羊学"三世说"的雏形。此后，董仲舒在《春秋繁露》中推进了这一学说，明确表露出将春秋二百四十二年历史划分为三大演进阶段的意向。至何休《春秋公羊解诂》出，系统阐释"三世说"，提出"据乱—升平—太平"的朴素社会演进理论，创造出别树一帜的历史哲学。东汉以后，今文学衰落，一千多年间消沉无闻。到嘉道年间，公羊学说却重新崛起，翻腾一度，并被进步学者所力倡。其深刻的原因是：清朝的专制统治出现危机局面，社会矛盾日益凸显，有识之士希望改变现状、革除弊政，亟需一套与正统派相异的学说来为自己的政治主张提供理论依据，而公羊学说最大的特点恰恰是"以经议政"，专讲"微言大义"。它又是儒家经典，可以减轻"非圣无法"的压力。所以，嘉道年间和戊戌时期的进步人士都喜谈公羊，借助历史变易的观点论证当下社会变革的必要性，从而对旧有的史观产生了猛烈冲击。从历史哲学讲，它是由传统史学向现代史学转变的一个极其重要的中间环节，当时没有更先进的观点，只能以此推演新说。

　　龚自珍、魏源都是清代公羊学的健将，他们批判专制，在史学领域倡导新风气，都跟发挥公羊学说相联系。龚自珍将发展变化视作自然界和人类社会的普遍规律，认为"自古及今，法无不改，势无不积，事例无不变迁，风气无不移易"，（龚自珍：《上大学士书》，《龚自珍全集》）并在吸收公羊哲学"变"的内核基础上把"据乱—升平—太平"三世说改造成"治世—衰世—乱世"的新三世说，而且扩充了其适用范围，大到朝代变迁，小到每天生活，都在不同层次上遵循这一原则。他据此论证封建统治已陷入危机时期，显然更能紧扣时代脉搏。魏源同样秉持"气化无一息不变"（魏源：《默觚下·治篇五》，《魏源集》）的普遍变化观念，将公羊学说的变易观糅合到对中国历史进程的考察之中，提出了"气运说"来解释历史变局。他驳斥了俗儒所信奉的泥古观，从多个方面论证今胜于古，并发挥了清初史家关于"势"的思想，强调必须顺应时势大胆进行社会变革。他又以此观察近代出现的中外关系新变化，敏锐意识到东西方已由彼此隔绝转变为相互交往，双方之间的先进与落后地位也发生了根本变化，中国人亟须改变对外傲慢排斥的态度，积极学习西方的长处。

戊戌时期公羊学风靡于世，张之洞在其《学术》诗（1903年）自注中写道："二十年来，都下经学讲《公羊》，文章讲龚定庵，经济讲王安石，皆余出都以后风气也。"（《张文襄公诗集》卷四）从学术上说，当时许多具有进步倾向的人物，都共同经历了由宗仰公羊学到接受进化论的道路。在他们的相关论述中，可以十分清晰地看到两者的糅合。康有为对公羊学三世说进行了创造性改造，使其具有新的时代内涵："据乱则内其国，君主专制世也；升平则立宪法，定君民之权之世也；太平则民主，平等大同之世也。"（康有为：《论语注》）这一带有资产阶级性质的进化理论，成为宣扬维新变法的思想纲领，也意味着三世说彻底摆脱了"天不变道亦不变"的思想束缚。他如唐才常、谭嗣同、梁启超、夏曾佑等，都曾尝试将两种学说融合起来分析中国历史和现实。最具典型意义的是，我们从二十世纪初梁启超的长文《新史学》和夏曾佑的专著《最新中学中国历史教科书》中，仍能感受到这一衔接关系，而他们的文章和著作常常被看作中国现代史学初步形成的主要标志。梁启超在《新史学》中用西方进化论重新定义了史学，但在解释"螺旋之状"的进化观时专门在注释中作出说明："三世者，进化之象也。所谓据乱、升平、太平，与世渐进是也。三世则历史之情状也。"（梁启超：《新史学》，《饮冰室合集》文集之九）夏曾佑则在书中申明："自东汉至清初，皆用古文学，当世几无知今文为何物者。至嘉庆以后，乃稍稍有人分别今古文之所以然。而好学深思之士，大都皆信今文学。本编亦尊今文学者，惟其命意与清朝诸经师稍异，凡经义之变迁，皆以历史因果之理解之，不专在讲经也。"（夏曾佑：《中国古代史》）他既不生搬硬套外来术语，也不简单重复前人说法，而是把公羊学的历史变易观点与西方的进化论学说加以扬弃、贯通，因此能够提出崭新的中国历史演进阶段论，即划分为三大时代和七小时代。

如果说戊戌时期是现代史学的酝酿阶段，清末十年则是现代史学雏形初显的阶段，不仅产生了《新史学》等宣言书，而且兴起了一场以历史教科书为主要载体的重写国史运动，新的史学范式初步得到建立，其中的理论内核正是进化史观。从清末新型知识分子的角度来说，他们建构新史学自然包含鲜明政治目的，但以公羊历史哲学嫁接西方历史进化论不应被单纯地看作政治宣传策略，而是东西方学术思想碰撞融合的自然产物，是梁启超所谓"过渡时代"必然出现的特征。清末先进学人喜谈公羊学与接受进化论这一带有普遍性的历史现象，足以证明：中国传统史学中孕育的进步成分，确是向现代史学的方向走的。退一步讲，即便是为了减少新知识传播的阻力，新式学人能够从传统思想中找到嫁接的资源，本身就很能说明问题。其实，公羊历史哲学是传统史学变易史观的特殊表现形式，其根基是中国的朴素辩证法，这是进化论能够被迅速接受的更深层次的思想基础。

二、民本思想：史学致用功能现代化的重要媒介

中国史学在长期发展过程中，形成了许多跨越时空的具有范式意义的优良传统。其中，带有原生意义的是通史致用传统，在整个古代史学中占据主导地位。正是因为具备明确的政治和社会目的，或资治、或鉴戒、或教化，官方修史才会逐渐走向制度化，私人撰史才会前仆后继，史家无不怀着强烈的使命感将修史视为名山事业，表现出极为浓厚的历史意识，而中国史学最引以为傲的连续性特点才得以形成。这一传统是一以贯之的，但亦因时代需求不同而或隐或显。近代以来，在西方文明的强势冲击下，史学的致用传统再度被激活，对内扭转了自身的考证风气，实现从"考史"向"著史"的转变；对外则发起对经学的冲击，实现从"通经致用"向"通史致用"的转变。可以说，鸦片战争以后中国史学领域所发生的一切新变化，都源自其致用属性，这本身就说明中国史学走向现代的动力并非单纯来自西学。致用的目标和内涵，则随着西方对中国侵略的加深，以及中国对西方理解的深入不断发生变化，进而带来史学的层层转变。以甲午战争失败为转折点，中国史学之前所承载的中心任务是重新认

识世界，侧重于编纂与译介外国史，传播新的知识；之后则是推动中国步入文明世界，着力于重建历史解释体系，传播新的价值。

梁启超等人之所以选择把史学作为学术现代化的突破口，除了在学科上容易与西方对接之外，最重要的原因正是传统史学具有相当突出的政治属性，恰好可以为传播新的文明理念而服务。我们会发现，《新史学》一文开篇并没有围绕进化史观重新解释历史，而是从功能角度重新定义史学。"于今日泰西通行诸学科中，为中国所固有者，惟史学。史学者，学问之最博大而最切要者也。国民之明镜也，爱国心之源泉也。今日欧洲民族主义所以发达，列国所以日进文明，史学之功居其半焉。"新史学对传统史学的批判，也首先集中于功能层面，指出旧史虽外貌发达，但陈陈相因，"未闻有能为史界开一新天地，而令兹学之功德普及于国民者"，现代史学不应成为君主的教化工具，而应服务于全体国民，激发国民的民族主义意识。（梁启超：《新史学》，《饮冰室合集》文集之九）一言以蔽之，史学由服务于君主转为服务于国民，由服务于传统王朝转为服务于近代国家，同时承载了政治民主和民族主义内外双重使命，塑造出"君史—民史""王朝史—国史"二元对立的叙述模式。这一功能的根本转变自然是来自于西学的刺激，但不能因此忽略对传统民本思想的继承和超越。

民本思想是传统儒家以伦理为底色建构理想政治体系的集中体现，其内涵十分丰富，但宗旨在于实现"天下为公"，核心则在于倡导"民贵君轻"。它反对的不是君主，而是专制，实质是通过调和君民关系来维护统治，归根结底仍是以君主为中心，与西方的民主思想既有相通之处，也存在根本区别。在双方碰撞的相当长时间内，中国传统的民本思想都占据主导地位，西方的民主思想只是被拿来丰富民本思想的新资源而已，或者说，后者的正当性只有被纳入前者的理论体系时才得以确认。戊戌变法期间，梁启超专门撰文考证中国古代早已产生过议院，就是最好的证明。直到戊戌变法失败以后，西方的民主政治学说才真正开始占据上风。"君史—民史"对立叙述模式的形成，显然离不开传统民本思想的滋养。尤其是，在史书中贯穿批判专制这一点上，从龚自珍到魏源，再到黄遵宪、梁启超等，有着相当清晰的演进脉络，他们都承继明末清初黄宗羲、顾炎武等人对专制主义的批判，再根据新的时代特点加以发挥。

龚自珍从道德层面批判专制主义的酷烈，并列举大量的实例，说明政治腐败的根源正在于君主专制，"天下无巨细，一束之于不可破之例"，"约束之，羁縻之"，结果等于把整个社会捆绑在独木之上，"俾四肢不可以屈伸，则虽甚痒且甚痛，而亦冥心息虑以置之"。他痛斥卫道意识和奴才思想，希望唤醒人们认识到君主专制对创造力的扼杀，呼吁废除"一切琐屑牵制之术"，"救今日束缚之病"！（龚自珍：《明良论四》，《龚自珍全集》）魏源揭露当时社会危机的各种表现，首先就是"堂陛玩愒""政令丛脞"，并且表达了他对民主政治的憧憬，提出"天子自视为众人中之一人"，"天下为天下人之天下"的论点。（魏源：《默觚下》，《魏源集》）显然，这是自先秦民本思想以来历代仁人志士进步思想的一种发展。这种由传统文化土壤中生长出来的民主意识，帮助魏源在时代剧变面前，有勇气承认中国的落后，开始注视和探求外部世界的广阔和资本主义的先进性，此即他发愤撰著《海国图志》的思想基础。龚、魏史学论著中批判专制、憧憬民主的言论，使刚刚萌生的现代史学呈现出异彩，并由此一发而不可收，对专制主义的堤坝发起越来越有力的冲击。黄遵宪在戊戌维新准备时期撰《日本国志》，书中揭露封建专制在社会地位、刑法治理、经济负担等方面对平民的残酷压制，而他批判的锋芒同样指向中国的专制制度。到维新高涨时期，康有为、梁启超主张实行君主立宪制，大力抨击专制政治的不合理。维新志士们把自己的事业视为黄宗羲、龚自珍思想的继承，他们将《明夷待访录》一书节抄、印刷、秘密散布，推动变法运动，还称赞龚自珍批判专制的言论导致了晚清思想解放。戊戌以后史家对"君史"展开猛烈批判，喊出"若二十四史，则只能谓之廿四家谱耳"的口号，至二十世纪初甚至演变成更为激烈的"中国无史"，实际都是为批判君主专制这一政治目标而服务。批判的态度之所以越来越激烈，是因为戊戌变法的失败让传统"君民共主"的政治理想几乎化为泡影。新史学家们随之借助西方民主学说，完成对"民"之内涵的重构，超越传统民本思想所推崇的"民之主"，转而倡导以民权为基础的"民作主"，亦即致力于实现从"臣民"向"国民"的身份转换。

　　如果说"民史"是"新史学"的内核，那么它的第一要义，在于为国民书写历史，第二要义，则是书写国民的历史。在史学早期现代化过程中，"国民"这一概念并非孤立存在，而是与国家、民族等一起被视为文明的象征。新史学家批判君主专制的背后还隐含着用现代国家取代传统王朝的宏大追求，所以"民史"在第二层内涵上约略等同于"国史""民族史""文明史""社会史"。正如邓实所言："夫民史之所有者何？则一群之进退也，一国之文野也，一种之存灭也，一社会之沿革也，一世界之变迁也。"（邓实：《史学通论》，《政艺通报》1902 年第 12 期）所谓民本，因为西方文明这一新参照系的出现而具有了"对外"的新含义，对内激烈批判君主专制的最终目标，乃在于通过重塑新民而建构国家意识，最终进入新的世界文明体系并争得应有的位置。这从梁启超等以文明史为蓝本建构新史学典范，却同时批判其中所包含的中国文明停滞论，并倡言应重写世界史等即可明白看出。而借助史学来强化民族认同，也并非全因"列国所以日进文明，史学之功居其半焉"，同样有传统的思想元素在发挥作用，即浙东学派所创史学存废与民族兴亡息息相关的观念。周予同评价章太炎的一段话，颇能道出二者之间的内在关联："浙东史学派有两个特点：其一，是严种族之别，以异族入主中原，为汉族奇耻；其二，是尊崇历史，以历史与民族的兴亡有密切的关系……章太炎当时就是高举着浙东史学派的这两把火炬，向青年们号召着煽动着。"（周予同：《康有为与章太炎》，《周予同经学史论著选集》增订本）清末以历史教科书为载体的重写国史运动中出现民族取向的差别（大中华观与大汉族主义），恰恰是中西学术互相碰撞的直接表现。事实上，史学地位的不断上升，本就是中国学术发展的大趋势，至近代在西学影响下则迎来大爆发，不仅完成对经学的超越，而且完成对自身的超越。

三、新综合体：史书体裁的传承与创新

史书体裁是历史编纂学的重要内容，它并非简单的形式和技术问题，与史学理论和方法一样，是中国史学不可或缺的组成部分。体裁恰当与否，会直接影响史家对历史进程的展示、对历史活动的安排以及对历史规律的总结等。中国史学在史书体裁方面有一项独特的自我更新传统，不仅善于创造新式体裁，而且擅长革新已有体裁，以满足新的时代要求。这一优良传统在中国史学现代化过程中，同样发挥了重要作用，早期表现为改造典志体以传播新的世界史地知识，后期则表现为创新纪事本末体以对接西方章节体。如果说典志体的改造仍属于旧学范畴，章节体的引入则是带有根本性的突破，常被视为现代史学的核心表征之一。以往有论者认为，章节体是从外国输入的，与中国传统体裁关系不大。事实上，中国史学发展本身提出的要求和业已达到的成就，乃是学习章节体的内在基础，即：对纪事本末体的重视和改造。

中国古代史书的主流体裁是纪传体，以人为主且内容丰富，但也存在无法清晰反映历史演进趋势的缺陷。因此，清人章学诚已提出新的改革方向，主张用纪事本末体的优点加以弥补："仍纪传之体而参本末之法。"他对纪事本末体的特点有中肯分析："因事命篇，不拘常格"，"文省于纪传，事豁于编年，决断去取，体圆用神"。（章学诚：《文史通义·书教下》）纪事本末体的优点，在于以事为主，又可灵活变化，能够充分彰显历史发展的阶段性。它符合以进化史观为理论主导的现代史学要求，因而受到新史学家的青睐，成为与西方

章节体进行融合的基础。梁启超明言："夫欲求史迹之原因结果以为鉴往知来之用，非以事为主不可。故纪事本末体，于吾侪之理想的新史最为相近，抑亦旧史界进化之极轨也。"（梁启超：《中国历史研究法》，《饮冰室合集》专集之七十三）这段话颇能折射出两大史体之间的对接关系。还有一个值得注意的现象，在清末重写国史运动中，新史学家在提及所撰史书体裁时，大都自称采用了纪事本末体。夏曾佑的《最新中学中国历史教科书》在当时产生很大影响，他在书中明确说："今略用纪事本末之例，而加以综核。"（夏曾佑：《中国古代史》）商务印书馆的推介广告，也称它兼采编年体和纪事本末体。在时人眼中，西方章节体实等同于中国纪事本末体。正如王舟瑶所说："今之西史，大都纪事本末体。"（王舟瑶：《京师大学堂中国通史讲义》）至二十世纪三、四十年代，史家仍有持此种观点者。钱穆就认为，西方史书"主要以事为主，以人为副，人物的活动，只附带于事变之演进中，此种历史体裁，略当于中国史书中之纪事本末体"。（钱穆：《历史与文化论丛》）周谷城在《中国通史·导论》中甚至批评章节体破坏了历史完整性，认为只有纪事本末体"破坏历史自身之完整处较少"，遂自创了新纪事本末体。这些都能证明：章节体既是在外国影响下出现，同时也是对本国原有形式中有生命力部分的发展。当然，章节体的进步性是显而易见的。它打破传统的王朝分期模式，便于采取社会变迁的历史分期标准，呈现整个历史发展的阶段性、连续性和总趋势；它可以容纳丰富的内容，而且结构十分灵活，既可以分门别类地展现政治、经济、文化等社会各方面情形，写清单个历史事件、历史现象的来龙去脉和前因后果，又能够在宏观上阐明彼此间的逻辑关系，构成牵一发动全身的史网；它打破原先较为单纯的叙事传统，而以分析研究作为基调，能够将史论结合发挥到极致，而且便于在特定的历史场景中再现人物，为人物定位。

正因为章节体具有上述特点，中国传统体裁的优点也常常被现代史家融入其中。萧一山的《清代通史》就带有明显的纪传体痕迹，尤其在史表运用方面独具匠心。这也提示我们，清末以来出现的很多章节体史书，其实在体裁上并不是单一的，往往带有浓厚的民族特色和风格。故此，对清末民初章节体的盛行，恰当地归纳应该是：以纪事本末体为接受中介，又把诸多传统体裁的精华吸纳其中，开启了章节体中国化的行程。这也是中国史学自十七世纪出现探索新综合体趋势以来的新突破。所谓新综合体，是指将多种体裁熔为一炉、互相搭配，旨在做到历史大势和社会情形的纵横兼顾。晚清《海国图志》《元史新编》《法国志略》以及官修《筹办夷务始末》等，都曾做过大胆尝试，在传统体裁之间进行整合。至二十世纪，新综合体的创造和发展蔚为大观，尤其在中国通史编纂中占据重要地位。除寓传统体裁的精华于章节体之中外，主要遵循两大路径：一是，仍纪传之体而参本末之法。最为耳熟能详的，莫过于章太炎与梁启超在中国通史体裁设计方面形成大体相近的思路，分别提出"表""典""记""考纪""别录"五体配合及"年表""载记""志略""传志"四体配合的设想，而"记"和"载记"的设置即是对纪事本末体优点的吸收。此外，金毓黻亦主张：

"新史宜立纪、表、志、传、录五体；录者，纪事本末之异名也。"（金毓黻：《静晤室日记》）二是，纪事本末体与典志体的大胆糅合。最先将这两大体裁糅合一处而编纂中国通史的是卫聚贤。他充分借鉴两大体裁的贯通和分类优点，编成一部《新中国史》，既从纵向上对中国历史演进大势作整体梳理，又以分类观念对中国的社会、生活、工具、民族、意识等作贯通叙述，认为："分类叙述，又患其彼此分离，不能发生相互的关系，故于《新中国史》首列一表，并有一类历史的概念以为贯串。"（卫聚贤：《中国史学史讲义》）不过，无论从框架还是规模上看，卫氏之作都显得极为简略。时隔近十年后，吕思勉以基本相同的编纂理念完成了影响巨大的《吕著中国通史》。以上不仅说明现代史书体裁的发展趋向多元和综合，并且也证明了中国传统史书体裁与西方传入的新史体之间存在共通性，其精华符合现代史学的要求。

四、文字表述：历史编纂审美传统的延续

自二十世纪初"新史学"的口号被喊出来以后，尽管各家对于科学的理解存在差别，但史学科学化几乎是所有现代史家的共同目标，中国史学的主体也由历史编纂渐次转变为历史研究。时人谓："今日中国的历史学是一个论文写作或专题研究的时代。"（贺昌群：《哀张荫麟先生》，《理想与文化》1942 年第 2 期）相应地，如果将叙事视为传统史学的主要特征之一，那么现代史学的发展方向则显然是对叙事的疏离。以问题意识为导向的史学专题化，以史料审查为依据的史学

精细化，以哲学探索为目标的史学规律化，以学科互涉为方法的史学多元化等，此类学术规范的形成，不仅在昭示着这一趋向，而且使得现代历史叙事在整体风格上与传统历史叙事大相径庭。然而，这并不意味着中国古代历史编纂的审美传统就此中断，它仍然在一定程度上得到延续，从而使近代历史编纂学彰显出浓厚的民族风格。

历来被视作良史重要标准的"善序事""资文采"传统，近代以来在史学科学化大潮下确有被边缘化的趋势，无法与历史事实的考证和历史规律的总结相媲美，史学与文学之间的边界也逐渐由模糊变得清晰。严复曾谓："我们中国论史，多尚文章故实，此实犯玩物丧志之弊……故当前说出时，或谓以历史为科学材料者，文章之美，必不及前，而纪述无文，即难行远云云。然此皆明于一方之论，不知史之可贵，在前事为后事之师。是故读史有术，在求因果，在能即异见同，抽出公例。"（严复：《政治讲义》，《严复集》）吕思勉则指出："史学和文学，系属两事。文学系空想的，主于感情；史学系真实的，主于理智。所以在人类思想未甚进步，主客观的分别不甚严密的时代，史学和文学的关系，总是很密切的，到客观观念渐次明了时，情形就不同了。"（吕思勉：《历史研究法》，《史学与史籍七种》）不过，从历史编纂学的视角来看，文字表述仍是至关重要的组成部分，会直接影响史书的编纂质量。因此，仍有不少史家对此加以强调。梁启超在《中国历史研究法补编》中重论史家四长时，就专门谈到文字表述问题，他认为：一要简洁，即"文章以说话少，含意多为最妙"；二要飞动，即"历史的文章，为的是作给人看，若不能感动人，其价值就减少了"。（梁启超：《中国历史研究法补编》，《饮冰室合集》专集之九十九）陆懋德也认为"善作史者，固可一方面能保存其事实，而在另一方面又能不失去其兴趣。如是既使历史可为科学的，而同时又可为美术的"；他明确主张"历史的著作实需要高等文学"，史家为文应做到"举重若轻，词浅义深，方显出'大手笔'之能事"。（陆懋德：《史学方法大纲》）金毓黻同样指出，不具有深厚文学素养的人难以做成良史，"史文翔实高简，非大手笔不能为……文以载事为职，事必资文以传，二者相需甚殷，不可偏废"；在文字表述要求上，他则总结为"一曰雅而能健，二曰举重若轻，三曰无格格不吐之病"。（金毓黻：《静晤室日记》）

　　不管是历史研究还是历史编纂，最终都需要通过文字来表达，两者在准确性这一点上并无二致。二十世纪以来的通史、断代史和专史编纂，基本都不再秉持"寓论断于叙事"的传统，而采取夹叙夹议的写作风格，也常常将考证过程置于叙事中。差别主要在于，历史表述该不该讲究文采，通过生动的文字来增强感染力，以引发读者的共鸣。上升到更广泛的理论层面，即为史学是科学还是艺术的性质之争。在这一问题上，立场最为明确，做出贡献最大的是张荫麟。他先后撰写了多篇文章，形成了系统的理论主张，旗帜鲜明地反对将史学单纯视为科学，而忽略其艺术性一面，认为史学既是科学，也是艺术。他主要援引西学来阐明上述观点，但也有对中国史学美学传统的继承和发扬，尤其高度评价了章学诚的史学艺术论。他将对史学之美的追求贯彻到历史编纂实践中，完成了一部广受赞誉的《中国史纲》，既践行了"史学是艺术"的宣言，也让章学诚所谓"圆而神"、梁启超所想望"活的历史"成为现实，堪称开创了通史编纂的新范式。

　　探讨中国传统史学向现代史学转变，既是科学地说明现代史学的产生所需要，同时对当前发展新史学、建设新文化也具有重要意义。史学工作者总要强调"我们不能割断历史"、"今天的中国是历史的中国的一个发展"，难道史学本身的历史联系反而可以割断吗？按照"移植""摒弃"一类说法，源远流长、高度发达的中国传统史学到现代就中断了，现代史学的来源只有向外国去找，这等于否定了历史学的基本原则，使自己处于进退失据、不能自圆其说的狼狈境地。客观事实是，现代史学的建构自始至终都贯穿着或隐或显的民族文化本位意识，不管是主张历史解释者，还是推崇历史考证者，都与传统史学一脉相承。现代史学是现代文化的重要组成部分，梳理清楚现代史学对传统史学的批判继承关系，也有助于我们反对文化虚无主义，坚持探索中国文化的独特发展道路。建设具有中国特色的马克思主义史学，同样必须从我国史学的优良传统中吸收营养。吸收外来文化要根据本民族的需要，有选择地进行，才能在民族文化中生根，才能为大众所乐于接受。

第十三讲

晚清『著史』的勃兴与民族危机的应对

自鸦片战争爆发至十九世纪末二十世纪初，是中西文化碰撞及经世思潮下历史编纂学突破传统格局的时期，最显著的特征，为世界意识和近代意识的滋生和强化。以"考史"反动面相出现的"著史"，成为发挥史学"重新认识世界"和"实现救亡图强"功能的主要媒介，世界史、当代史与边疆史编纂异军突起，有关历史变易、民族观念以及国家疆域等的新认识在一定程度上得到贯彻，而经过创新后的典制体则成为容纳新内容、传播新知识的流行体裁。此种交替与更迭虽未超越传统史学范畴，历史编纂学在形式上也沿用着旧有体裁，但时代条件的特殊变化赋予了历史编纂新的内容和意义，使其展露出不同于以往的学术特征，完成了"三大转向"：由中国转向世界；由古代转向现当代；

由内地转向边疆。

一、让中国了解世界：典制体的改造及其重要影响

中国史学发展到晚清时期，新的时代需要推动历史编纂学的前进，一批见识卓越的史家均重视对典制体的改造。这一现象实有其深刻的必然性。典制体史书有两大特点：一是内容包涵宏富，适于记载典章制度和社会各方面情状；二是篇目的设立极具灵活性，可根据需要增减、扩充，储备新知识，发表新见解。晚清民族危机深重，改造了的典制体恰能符合呼唤御侮图强和倡导了解外国、学习外国的迫切需要，因而大放异彩。除魏源《海国图志》外，徐继畬的《瀛寰志略》和黄遵宪的《日本国志》等，同样具有鲜明的时代特点和宝贵的创新价值。兹以《日本国志》为例。

《日本国志》是近代第一部有系统地记述外国当代史的著作，在当时就被誉为"奇作"。黄遵宪自 1879 年创稿，至1887 年完成，历时九年才实现了自己的心愿。担任过多年外交官，对国内外时局有真知灼见的黄遵宪，目睹中国处于风雨如磐的险恶环境中，一再遭受欧美列强的侵略掠夺，如今东邻日本又现称霸亚洲之势，沉睡的祖国何时才能猛醒？！黄遵宪将这满腔的"忧天热血"都倾注到此书之中。他及时地记述了日本明治维新的历史，作为自己祖国的千秋史鉴；日本的进步来自学习西方，因而他又尽力介绍欧美国家发展的取向；他借王夫之《黄书》相比，提醒人们《日本国志》同时也是一部政论，书中有他开列的医治祖国积弱的良方。

黄遵宪的编纂意图符合当时中国历史前进的要求，反映了时代的脉搏，因而这部史书在戊戌运动中直接产生了引人注目的社会效果。

《日本国志》编纂时间与所记史实的发展几乎相平行，黄遵宪却能做到对于明治维新这一复杂而且正在变动中的"活的历史"作出总结，把握住其"改从西法革故取新"这一核心问题，提供了一条中国确实应当效法的改革图强的道路。这是《日本国志》时代价值的首要所在。全书分为十二篇志（国统、邻交、天文、地理、职官、食货、兵、刑法、学术、礼俗、物产、工艺），按门类记载。黄遵宪创造性地运用志书的形式，有系统地记述了明治维新的由来，政治、经济、军事、文化教育各个领域中施行的新制度、新办法，以及获得的显著成效。为了以明治维新史作为中国的鉴戒，他突出地讲了以下几个方面：明治维新带来的根本历史变局；明治维新以来增强国力、使之由弱变强的制度、办法；教育、文化上"西学有蒸蒸日上之势"。

黄遵宪所定的另一编纂旨趣，是要努力溯源介绍西方资本主义制度、文化，如《自叙》所说："今所撰录……凡牵涉西法，尤其详备，期适用也。"他在日本五年，通过究心日本的"学习西法"，已对西方制度有所了解，又到美国三年余，对西方制度做直接的考察。他把这些熔铸入史，使本书又成为观察世界潮流的窗口，这是构成《日本国志》时代价值的又一重要内容。黄遵宪用"事变之亟，开辟未有"八个字概括当时世界形势急剧变化的特点，西方列强武器技术先进，到处侵略，横行无忌。针对国内守旧派以为"泰西之国"

不胜其渺茫辽远的无知状态，黄遵宪向他们发出猛喝：当今世界已经日益缩小！"自轮船铁路纵横于世，极五大洲之地，若不过弹丸黑子大，各国恃其船炮，又可以无所不达……日本桥头之水，直与英之伦敦、法之巴里（黎）相接，古所恃以为藩篱者，今则出入若庭径矣！"（黄遵宪：《地理志一》，《日本国志》卷十）这些话在当时说出来，实足以振聋发聩。黄遵宪企图唤醒人们：万里重洋不能阻隔，地势险要也不足凭借，侵略者随时会再度打上门来，不求自强就要亡国！

　　黄遵宪对西方国家产业蓬勃发展的情景和措施作了生动描述，并不是为了讴歌西方，而是为了取其法以求中国的富强，与当时国内民族资本的发展要求密切相联系。既然积弱的中国处在这样一个事变急剧、充满侵略危险的世界，既然西方国家在政治制度上居于先进、在产业上迅速发展，那么中国如何跟上世界潮流、谋求自立自强呢？黄遵宪认为，首先是中国人必须去掉头脑中以天朝上国自居的虚幻的世界，以清醒的态度面对现实的世界。这就要破除那些长期禁锢人们头脑的传统，树立有利于社会进步的新观念。书中主要论述的有以下几项：首先，抛弃"用夏变夷"的陈腐之见，采取"互相师法"的学习态度。其次，反对"喜谈空理"，提倡注重"实学"。再次，改变"讳言兴利"的陋规，讲求"理财之法"。在近代，由于社会矛盾的推动和中西文化的接触，一些长期阻碍中国社会前进的旧教条、旧传统不断受到了冲击，引起一系列价值观念的改变。这是近代具有思想启蒙意义的深刻变革，促使人们从长期封建蒙昧的桎梏中解放出来。黄遵宪是这场思想启蒙运动的积极参加者。他对中西文化的不同有亲身体验，因而能够打中"用夏变夷"一类陈规陋习的要害，输入近代社会所需要的"互相师法"等新的价值观念。这样做同样大有益于人们认识西方思想文化的潮流。

黄遵宪从多方面论述了欧美资本主义国家的进步和强盛，同时又反复告诫：这种进步和强盛对于弱小落后的东方国家来说，则又意味着侵略。他说："客船电线争骛纷起，机巧夺天工，智能欺鬼神，凡西人兵威宗教，几几乎弥纶地球而无所不至……余观亚细亚各国，印度覆矣，土耳其仆矣，安南、缅甸又倾蹙矣！"（黄遵宪：《兵志一》，《日本国志》卷二十一）它们丧失独立地位的悲惨命运正是中国的前车之鉴。这就告诉人们：西方国家的先进性和侵略性同时并存，资本主义的"民主"制虽是各国的大势所趋，却也出现了严重的"流弊"。这样，《日本国志》提供给人们的世界潮流的图画，也就具有更多的真实性。

《日本国志》突出的时代价值，还在于结合史实发表议论，直接提出救亡图强的主张。黄遵宪在诗中以王夫之《黄书》相比，即点明本书具有强烈的政论特色。他在书中大量地运用序、后论，以及正文和小注中夹叙夹议的形式，热烈地表达自己改革图强的进步要求。比如，黄遵宪尖锐地抨击封建专制的罪恶；褒彰了明治维新中爱国志士"一往无前""视死如归"的精神；论述了"联合"的力量；等等。然而，黄遵宪认为"有礼以区别之"是造成"泰西行事"能够"联合"的首要条件，则又明显地表现出他思想的局限。所谓"礼"，不是别的，即是中国儒家学说用以维系封建秩序的等级制度。按照他的意思，只讲"联合""平等"不行，同时还必须用"礼"来区分上下等级的差别。这种政治思想的矛盾，表明他在相信"民权之说""以为太平世在民主"以后，认识上出现了局部倒退。出现这种局部倒退，有内因也有外因。其内因是，黄遵宪与其他维新派人物一样，本来带有浓厚的封建性。其外因则是他赴美以后目睹美国两党争斗所引起。资本主义制度丑恶的一面已在他面前暴露出来，他又看不到消除这种丑恶的可能性，于是想倒退一步，从中国儒家的"礼"即等级制度中寻找补救的办法。这就使他陷入了矛盾：既羡慕西方民主制度，又想借等级制度来调和它；既认为民权是人类大同的必由之路，又害怕无差别的平等要启争召乱。但这是时代的局限，我们对此不能苛求。黄遵宪思想的主流，是确信欧美的制度、学说比封建的中国进步，确信明治维新的成功道路亟需中国借鉴仿效，确信中国必须变革、维新才能挽救危亡，这是他思想的卓越之处。惟其如此，他的著作才能从多方面反映出时代前进的要求。

在近代史学史上，《日本国志》是对鸦片战争以来爱国主义史学思潮的继承和发展。这一爱国史学思潮由龚自珍、魏源开创风气，特别是魏源撰《海国图志》，满怀爱国御侮的义愤，及时总结鸦片战争失败的经验；首倡"师夷长技以制夷"的思想，将当时所能见到的有关外国史地的中外记载"钩稽贯串"，大力唤醒国人开眼看世界，实有"创榛辟莽，前驱先路的功绩"。黄遵宪继承了魏源史学爱国的精神，向西方学习的进步思想，利用典制体广泛记载外国政治、经济情形的撰史方法。而《日本国志》在思想上明确要求发展资本主义，介绍日本、欧美的制度、文化，批判封建专制，则较魏源的思想大大向前发展了；在编纂上，由于黄遵宪多年担任驻日外交官，亲自了解、观察、访求，而直接获得大量资料，熔铸成篇，因而较之魏源的书更有系统性。

二、弘扬致用传统：晚清纪事本末体的编纂

纪事本末体作为传统四大史书体裁之一，具有"文省于纪传，事豁于编年，决断去取，体圆用神"的优点，既便于首尾完整地记载一件史事，又能够彰显整个历史的演进大势。鸦片战争伊始，中国遭遇来自西方文明的猛烈冲击，重大事变接踵而至，具有民族责任感的史家，多青睐于用纪事本末体加以记载，并根据时代变化对这一传统体裁进行改造、创新，如突出史论特色，灌注强烈的致用精神等，从而催生了一波编纂高潮，与承担介绍世界新知识的典制体，一齐构成晚清历史编纂学的基本格局。兹以《中西纪事》为例。

《中西纪事》记载了鸦片战争和第二次鸦片战争的史实。夏燮发愿撰著此书时，正当《江宁条约》刚刚签订不久。以后，他处在投降派得势、"防口綦严"的恶劣政治气氛下，冒着风险从事编纂和续订，前后经历二十三年，充分体现出他怀有的炽热爱国心和强烈的时代责任感。

夏燮编纂《中西纪事》，是直接受到魏源爱国思想的影响，他说，"是书草创未就，得见同年魏默深中翰（源）所撰《海国图志》，爱其采摭之博"；从道光二十三年（1843）起，他就为撰写此书作准备，"搜抄邸抄文报及新闻纸之可据者，录而存之"。（夏燮：《中西纪事·原叙》）夏燮在鸦片战争刚

刚过去这一时刻著书记述中英交涉经过、揭露投降派罪行，是在巨大政治压力下采取的勇敢行动。清朝在鸦片战争中失败，战后，统治集团为了维持其更加腐朽的统治，加上它实际上已经听命于侵略者的旨意行事，因而悍然摧残镇压一切爱国进步力量，破坏广东人民抗英斗争，逮捕、贬逐抗战派姚莹。而琦善、奕经这些民族败类重新被授职，一个个又神气起来，投降派首领穆彰阿、耆英权势更加炙手可热。并对思想舆论界实行钳制，致使京城的茶坊酒肆间，大书"免谈时事"。在这种情势下，欲撰著史书都不敢署名或不署真名，即是为了避祸。夏燮即在这个时刻苦心孤诣地从事著史工作，他为保留信史而具有的超人勇气，实在令人肃然起敬。

道光三十年（1850），道光帝死，咸丰帝登位，穆彰阿、耆英被革职。至此，夏燮把所藏资料整理而成初稿，并写了《中西纪事原叙》，但当时还未敢刊行，仍秘藏起来。咸丰九年（1859），他对初稿作了增订，"续据十年来所闻见者，合之前定之稿，分类记叙，厘为十六卷"，并写了《次叙》。在任临城训导之后，夏燮又辗转历任江西永新、永宁、宜黄知县。咸丰十年秋，他调入两江总督曾国藩幕。时英法联军进攻北京，咸丰帝逃避热河，夏燮曾随清军北上。"北京条约"签订后，他又将罢兵换约前后的奏咨稿案和军机粮台来往函件编为"庚申（1860年）续记"，再次作了增订。次年，他回江西供职，曾参预长江设关、西士传教等事。同治四年（1865），他再取"庚申"以后史实，作第三次增订，是为《中西纪事》定本，共二十四卷。成书之年距夏燮最初艰难收集资料着手撰写初稿，已历二十三年矣！刊刻此书时未敢直署真名，果然旋即被清政府某大吏禁毁。同治十年（1871），由雪中人（笔名）根据旧本重印，才得流行，作者既有强烈的爱国心，又有极其严肃的著述态度，诚如他所说"沥血叩心，忧危入告，不避文字之忌，故今悉据实书之，不敢诬也不敢讳也"。（夏燮：《庚申换约之役》，《中西纪事》卷十五）围绕《中西纪事》产生的曲折过程，即从一个侧面反映出近代爱国志士与投降势力之间的激烈斗争。

全书采用纪事本末体。前四卷《通番之始》《猾夏之渐》《互市档案》《漏卮本末》，写鸦片战争起因。从卷五《英人窥边请抚》到卷十一《五口衅端》，记鸦片战争经过。卷十七《长江设关》至卷二十一《江楚黜教》，记侵略者在长江沿岸的活动，卷二十二《剿抚异同》、二十三《管蠡一得》是作者综合史实，自抒己见。最后卷二十四附《海疆殉难》，按时间先后，记载各地殉难者事迹。所以这部倾注夏燮爱国义愤和炽热感情的书，是我国较早的近代史著作，也是近代第一部中外关系史专著。

夏燮发扬了魏源所创立的近代爱国主义史学传统，他在书中以鲜明的爱憎，歌颂爱国军民反侵略的正义斗争，愤怒揭露侵略者的凶残和投降派的卖国罪行。鸦片战争中长江之役、台湾抗英将领姚莹遭受诬陷的事件和广州人民入城斗争，是夏燮记述的重点。

他热烈赞扬陈化成英勇抗英、为国死难，愤怒揭露投降派牛鉴（两江总督）及其后台的叛卖行为。书中记述陈化成在吴淞口严守待敌，"不避风雨寒热，住居白单布帐房，与士卒同甘苦，已将五月……未尝离行营一步"。吴淞之役开始时，英船进犯，陈化成果敢地指挥开炮，击伤敌兵船三艘，毙敌三百余。本来我军占了上风，将士踊跃欢呼，士气更振。英兵船退却，绕出小山背。此时，牛鉴带着队伍来到教场，英军发现牛鉴乘坐轿子的目标，便向教场打炮。就在这关键时刻，身为两江总督的牛鉴竟临阵脱逃，"亟弃冠靴，杂军校而走"。我方阵势一乱，英军立即壮胆进攻："英夷遂由东炮台登岸，绕而西。时守备韦印福等守西炮台，力战不克，死之。军门（陈化成）见军无后援，顿足叹曰：'垂成之功，败于一旦。制使杀我矣！'遂中铅子，伤，喷血死。夷兵乘胜入宝山，牛督已自西门逸出。"英军攻入宝山，大肆掳掠，"驱本地壮丁为之搬运财物，下船之后悉虏之"。以后英军西进，攻京口，"以火箭射入城中，延烧近城房屋，火光烛天"，"杀旗民无算"。开门揖盗而造成惨酷的灾祸。夏燮以他的忠实记载，使陈化成这位鸦片战争时期的爱国将领彪炳于史册。读了陈化成平时不怕苦、战时不怕死、尽忠报国的事迹，读者无不为他的壮烈死难而顿足叹息，同时激起对牛鉴这样的民族败类的无比痛恨。夏燮愤怒地写道："关军门（天培）之死，琦相（善）实杀之；裕帅（谦）之死，余步云实杀之；陈军门之死，牛督实杀之。"

夏燮还谴责清朝当局屈服于侵略者旨意，诬陷抵抗派姚莹、达洪阿，构成近代史上一大冤案。书中围绕台湾军民抗英史实、诬陷的由来和制造冤案的幕后人物三个问题，逐层揭示，使事情的真相大白于天下。书中明确记载：道光二十一年（1841）及次年，英国侵略军兵船两次进犯台湾港口，遭到台湾兵备道姚莹、总兵达洪阿带领台湾军民奋力抵抗。九月，英兵船又有一次进犯，被击退。至"二十二年壬寅，春正月，夷舟三犯大安港。见我军防守严密，不得进。越日有三桅大船，拖带杉板，游奕于大安港外，遥见我军旗帜，掠舵北驶。于是镇、道等谋以计，诱入口内擒之。密饬所募渔船之粤人，与夷船上广东汉奸，操土音请任向导，诱之自土地公港进口，为暗礁所击，搁浅中流，官兵乡勇乘危邀击。遂俘其众，生擒白夷十八人，红夷一人，黑夷三十人"。夏燮以确凿的史实，证明姚莹、达洪阿的行动是鸦片战争时期爱国军民的壮举，是抗击侵略的正义斗争。然而不久却被颠倒黑白，两位战抗有功的将领横遭诬陷。《江宁条约》签订后，侵略者受到鼓励，气焰嚣张，他们编造谤言，诬称"台中两次俘获，均系遭风难夷，而镇、道乘危徼功……乃诡词诉于江浙闽粤四省之大吏，胁令上闻，欲以此抵镇、道罪"。而闽浙总督怡良等人遂屈服于侵略者的旨意参与诬构："一时诸大吏怵于夷威，虑兵端再起，各据夷人递词奏请。"侵略者编造的诬词竟成为清朝官员上奏的依据！于是造成骇人听闻的冤狱，清廷将姚莹、达洪阿二人革职逮问，枷解北京监狱。夏燮进而揭露冤案的酿成乃是投降派头面人物指使的，他们是更大的罪魁。夏燮以史家的责任感，为爱国者申了冤，他把历史的是非曲直昭示后世，也为近代史学增添了光彩。

尤其可贵的是，夏燮在书中热烈地赞扬人民群众的反侵略斗争。在卷六《粤东要抚》中，他记述三元里人民抗英斗争说："（侵略者）取路泥城、过萧关。三元里人民因其淫掠起愤，哗然争逐之。于是一时鸣金、揭竿而起者，联络一百有三乡，不戒而集。顷刻间男妇数千人，围之数重。"在卷十三《粤民义师》中，他首尾完整地记述广东人民用"团练"的自发武装组织，进行反对英人进广州城的斗争。夏燮还特意用两件事衬托这一胜利：一是写道光皇帝获报后，"方悟广东民情之可用"；二是因此役朝廷对徐广缙、叶名琛封爵嘉奖。夏燮则一再点明："然实粤民团练之师，先人而夺之也。"这是郑重宣告，真正建立功勋的是广东义民！书中又载，义民"团练局"于咸丰八年下令凡广东人在港办事或雇役者，一律限一月内辞退，给侵略者造成严重困难，"夷人为之大窘"。对待人民群众的抗英斗争采取什么态度，一直是近代史上十分尖锐的问题。夏燮在书中对民众斗争的力量有如此生动的表现，说明这位爱国史家与民众感情息息相通，同时他对人民抗英斗争的历史作用又有如此深刻的认识，这些都无愧为近代爱国主义传统在史学上的突出显示！

三、边疆历史地理著作及"经世文编"的兴盛

在经世思潮的推动下，史学研究领域发生了重大转向，可以概括为：由内地到边疆、由中国到世界、由古代到当代。其中，边疆（以西北为主）史地研究发挥了先导作用，犹如在传统史学湖泊中投入一颗巨石，激起层层波澜。齐思和曾谓："道光以后学术的新风气是谈富强，讲经世……在史学方面，由考订校勘转而趋于研求本朝的掌故，讲求边疆地理以谋筹边，研究外国史地以谋对外。"（齐思和：《近百年来中国史学的发展》，《燕京社会科学》1949 年第 2 期）

这一新的学术领域在嘉道年间受到学者注意，有其深刻的时代原因。清朝建立起空前版图的多民族国家，至此已一二百年，学者们以前的知识范围大致只限于中原内地，至此很有必要将视野扩大，系统地研究西北的地理沿革、民族关系的变迁。这是国内方面巩固统一国家的需要。清中叶以后，出现了来自沙俄和英国对我北部和西北地区的威胁，至鸦片战争后边疆危机更加突出。这是对外关系方面形势的推动。当然，关于边疆史地的研究在清前中期并非毫无基础，除官修地方志外，戍边、从军西征或巡视边防的大臣根据亲身见闻所撰的笔记杂录，以及辽金元史考证等亦会有所涉及，但并非专门研究，更未形成史学风气。嘉庆以后，祁韵士、徐松、龚自珍、魏源等开始注意研究边疆史地，张穆、何秋涛则在他们的基础上取得更为可观的成就。

最早注重研究边疆史地的学者是祁韵士和徐松。祁韵士早在任国史馆纂修官时，便对边疆问题有兴趣，撰有《蒙古王公表》。后因事充军伊犁，在此期间他对边疆地区有了亲身见闻，对边疆问题的重要性也有了亲身感受，先后著有《西陲总统事略》《藩部要略》。西陲系指新疆，藩部系指蒙古。徐松的成就是在他的基础上发展的。徐松也曾因事流放伊犁，出嘉峪关后，他沿途详细记下道里城郭，撰成《西域水道记》。又受将军松筠委托，在《西陲总统事略》的基础上，撰成《新疆识略》。

在道光年间和咸丰初年，龚自珍、沈垚、魏源、张穆、何秋涛等进一步关注这一新的学术领域。龚自珍曾修撰《蒙古图志》，规模颇大，书稿未完成而遭火灾烧毁。他任国史馆校对官时，参加重修《一统志》，曾上书总裁官，订正旧志中蒙古、新疆、青海地区有关部落居住、历史沿革、山川地理等方面的错漏，共十八项。更可贵的是，他善于利用边疆史地方面的渊博知识，来研究如何解决边疆地区所出现的问题，具有强烈的现实针对性。所撰《西域置行省议》《御试安边绥远疏》《上镇守吐鲁番领队大臣宝公书》《与人论青海事宜书》等名篇，都充分显示出他着眼于安定边防、巩固国家统一，来解决边疆问题的卓识。沈垚著有《六镇释》《西游记金山以东释》《新疆私议》等，对西北诸多地形进行了精确的考释，特别是旗帜鲜明地反对放弃边防的错误观点，通过梳理历代经营西域的史实，论证新疆对于维护国家统一的重大意义，并提出了很多建设性意见，如募民垦荒、发展水利、军屯民屯互相配合等。他所提出的"不守远必守近，而守近之费不减于远或更甚焉"（沈垚：《新疆私议》,《落帆楼文集》卷一），至今仍有借鉴意义。魏源所著《圣武记》，大量的篇幅有关边疆民族问题，而且很注重记载民族之间联系加强、中央与地方关系趋向密切的事实，用历史事实驳斥不利于国家统一的论调，谴责制造民族不和与边境事件的清廷不法官吏和少数民族统治者。清代边疆问题很复杂，而经过《圣武记》的整理记载，一些较重要的问题已初步有了一个大致清楚的蓝本。

在上述学者开创性工作的基础上，张穆和何秋涛分别著成了边疆史地的名作。张穆著成《蒙古游牧记》，"致力十年，稿凡屡易"，共十六卷，采用典制体。他著史明确以经世致用的观点为指导，《自序》中说，各省、州、县都有方志，足以"考镜古今"，独内外蒙古未有专书，"此穆《蒙古游牧记》所为作也"。该书的主要特色，即在于"通古今，稽史籍，明边防"。蒙古民族各部分散居住于极其广阔的地区，加上因游牧需要，在长期岁月中迁徙不定，因而部族、支系源流更加复杂。张穆经过多年潜心研究，认真进行考订、梳理，而达到对内外蒙古各部，所在盟、旗，及其迁徙源流变迁了然于胸，错综复杂的关系遂被整理成井然有序的记载。何秋涛则撰成《朔方备乘》，其编纂的直接动机，是因深感于俄罗斯与中国相接壤，边境绵长，延亘北部及东北、西北，且自康熙二十八年（1689）雅克萨之役以来，中俄双方直接交涉已达一百六七十年，而至今竟未有一部专书，一旦有事，何从取资参证？因此，这部著作强烈地贯串经世致用目的。《朔方备乘·凡例》开宗明义标出："是书备用之处有八：一是宣圣德以服远人；二曰述武功以著韬略；三曰明曲直以示威信；四曰志险要以昭边禁；五曰列中国镇戍以固封圉；六曰详遐荒地理以备出奇；七曰征前事以具法戒；八曰集夷务以烛情伪。"何秋涛特别强调他在两个方面要达到的目的：一是将广袤的中俄边境和北方边疆的山川形势、行政区划、市镇关卡，详细记载考订清楚，结束长期以来地理不明、正误不辨的荒忽渺茫状态，为边疆事务和抵御侵略需要提供切实有用的参考。二是详细记载中俄两国发生交涉以来的历史事件，钩稽考订各种资料，以明其中的是非曲直，总结历史的经验教训，证明正直的一方在中国，同时尽可能地提供有关中俄关系各个方面的资料。《朔方备乘》记载的重点，是中俄关系史上的重大事件。比如，中俄雅克萨之役的前因后果；土尔扈特部归国的始末；中俄贸易往来和文化联系等。可以说，《朔方备乘》成功地做到将"备用"的著述宗旨贯穿于全书各部分之中，同样是由"考史"向"经世致用"学风转变的代表性著作。

张穆、何秋涛的著作，成为嘉道之际边疆史地学这一新的学术领域兴起的标志。与他们时代相同的姚莹，其后的曹廷杰、李文田、丁谦都在这一领域撰写了有价值的著作。由嘉道年间导源的边疆史地学研究，因其适应时代与学术发展的需要，至晚清时终于蔚成风气。而且，随着西方侵略的加深，边疆史地研究日益呈现出注重实地考察、关注民族问题、与辽金元史相结合，以及强化世界视野、介绍西学知识等新的特点，既开拓出元史学和外国史地学等新的史学方向，又传达出传统史学向近代史学转变的重要信息。

与边疆史地学大约兴起于同时、同样作为经世学风复苏重要标志的"经世文编"热，亦表现出新旧交错的时代特点。所谓经世文编，是指把能够为治国理政提供经验的文章，按照一定体例编纂成书。它脱胎于古代的书、志，与政书类似。元代即已产生官修的《经世大典》，明代万历、天启年间，在经世思潮影响下，此类著作开始涌现，如《皇明经世要略》《明经世文编》等。至清代，经世文编体逐渐走向成熟。陆耀的《切问斋文钞》，完成了编纂体例从"以人为纲"到"以类相从"的转变。最具典型意义的，则是魏源编纂《皇朝经世文编》，确立了"以学术为纲领，以六政为框架"的新模式，成为扭转时代风气的标志性史著。

魏源是晚清经世史学和今文经学的主要代表人物，主张发挥学术研究的现实致用功能，强调针对种种社会弊病进行改革乃历史之必然。《皇朝经世文编》正是第一部集中体现魏源经世致用思想的著作，他在《叙》中专门论述了心与事、人与法、古与今、我与物等四大关系，从而赋予了经世传统新的内涵。围绕上述主旨，魏源确立了文章取舍的两大主要原则，即"审取"和"广存"。其核心意旨是，凡关涉国计民生、切中时弊者一律采入，而空洞玄虚、陈腐过时之论均予摈弃。根据这两项原则，全书共选辑清初至道光以前的论著、奏疏、官书、信札等共一千三百多篇，分为学术、治体、吏政、户政、礼政、兵政、刑政、工政八个部分。其中，兵政包括"海防"三卷，选有《防海》《论澳门形势状》等文，针对的是清朝政策"不防西夷"的弊病，说明魏源早已密切注视西方殖民者东来以后中国海防面临的新形势。《皇朝经世文编》一经面世即引起强烈反响，传播范围十分广泛，连相对偏僻、文风不盛的西北地区都有流传。

《皇朝经世文编》的巨大成功产生了典范效应，各种"续编"接踵而至、蔚成风气，被誉为晚清"六大世风"之一。随着中西文化的激烈碰撞，各种续编的经世文编，逐渐开始将重心向西学倾斜，不仅取材来源明显趋于多元化和丰富化，洋务派、维新派等知识精英议论时政之作被大量采入；而且所论内容超出传统社会的六政范畴，广泛载入了西方国家的风土人情、天文地理、军事科技、政治制度以及人文社科等。但是，由于中西学术体系存在重大差异，经世文编作者在采入西学内容时普遍遭遇了分科困境。而随着经世内涵发生从"资治"到"救国"的转变，原有"以经为鹄的"的界限渐次被打破，内容越来越倾向于实用性及其与时务的相关性。比如，葛士濬将西方算学纳入传统"学术"纲目；陈忠倚将儒行、文学、师友等子目删除，理由是"于富强之术，毫无补益"（陈忠倚：《皇朝经世文三编·例言》），转而增添医理、测算、格致、化学等目。编纂者所遭遇的困境以及主动做出的变通，预示了在中国重建学科体系的发展大势，同时也折射出近代士人在新旧知识体系更迭过程中对西学的态度变化。当初始接触、了解不多时，大都尝试将其纳入中国传统学术体系中，用固有的学术话语去对接西学；而在经历了从西学为用到中学不能为体的心理变化后，则开始全面、深入地了解西学，并倡导向西方学习，有的甚至走向了全盘西化的虚无主义。

晚清以后，"著史"以应对民族危机，在二十世纪初和抗日战争时期分别形成两次编纂高潮。第一次是在甲午战败以后，国人的经世致用目标不再停留在重新认识世界层面，转而探求以西方文明为参照系、带有综合性和整体性的国家崛起，以此挽救愈演愈烈的亡国危机并最终让中国跨入世界文明行列。与此相适应，历史编纂领域呈现出新的面貌。一方面，外国史编纂不再满足于简单的史地知识介绍，而是将目光聚焦到西方国家的整体盛衰上，侧重于革命史和亡国史编纂。另一方面，以文明史学为蓝本的"新史学"理念被系统贯彻到新型历史教科书的编纂中，掀起了一股声势浩大的重写中国史浪潮，为中华文明在世界文明体系中争得应有位置及最终崛起而服务。清末新史家一面以日本为中介引入西方文明史学而重写中国史，一面又对其中所包含的中国文明停滞论展开严厉批评。第二次是在抗日战争时期，"书生何以报国"成为摆在每一个知识分子面前的重大命题，中国史学在某种程度上出现合流趋势，无论是推崇历史考证者，还是推崇历史解释者，纷纷将视野聚焦到经世致用层面，主张通过历史知识传播来增强国人的民族文化认同、指明未来应走之路。结果是，"著史"再度成为时代潮流，不仅产生了为数众多、质量上乘、各具特色的通史著作，而且在编纂理论、方法和形式等方面达到新的高度，突破了早期风格较为单一、内容较为简略的局面，呈现竞相斗艳、欣欣向荣之势，进而构成这一时期中国史学发展的重要表征。

第十四讲

『考史』传统为新历史考证学奠定的学术基础

新历史考证学的形成和发展，是二十世纪中国学术史上应当浓墨重笔书写的重要篇章，此已成为当今学人普遍的共识。新历史考证学派名家辈出，成果丰硕，而且具有符合近代科学精神的治史方法和高明的史识，因而时至今日仍在学界中备受推崇，赞誉不衰。新历史考证学派大致形成于二十世纪二十年代，在短时间内相继产生了一批杰出的考证学者，他们具有渊博的学识和精深的造诣，以其出色业绩和旨趣风范引导着学术界，由此构成二十世纪中国史学发展的第一个高峰。促使这一局面的形成，无疑有着极为深刻的和多方面的原因。首先从学术渊源说，是乾嘉学者"考史"成就所产生的影响。新考证学家服膺乾嘉先辈们的治史成果和方法，发扬其精神，并且因缘际会，与二十世纪初年以来相继发现的大批新的史料，日益涌起的新的学术潮流，和强劲输入的西方新学理、新方法交相汇合，彼此激荡推动，从而揭开学术史上新的更加光彩夺目的一页。

一、考而后信：传统考史方法中科学因素的发扬

新历史考证学在"五四"前后走向兴盛，确是西方现代史学传入的直接结果，但从中国史学演进的内在路径考察，也与历久弥新的考证传统一脉相承。晚清史学虽在社会剧变下呈现经世趋向，崇尚致用和著史，但并不意味着考史传统中断，只是学术领域随时代而变。正如王国维所言："道咸以降……考史者兼辽、金、元，治地理者逮四裔，务为前人所不为，虽承乾嘉专门之学，然亦逆睹世变，有国初诸老经世之志。"（王国维：《沈乙庵先生七十寿序》，《王国维论学集》）梁启超亦指出："清朝正统学派——即考证学，当然也继续工作。但普通经学史学的考证，多已被前人做尽，因此他们要走偏锋，为局部的研究。其时最流行的有几种学问：一，金石学；二，元史及西北地理学；三，诸子学。"（梁启超：《中国近三百年学术史》，《饮冰室合集》专集之七十五）如果单就史学方法而言，考证甚至仍占据主流。即便是"新史学"对传统史学展开猛烈批判期间，梁启超仍对清儒的治学态度表示高度赞赏，并将其研究方法总结为实事求是、追根溯源、继长增高、广参互证、善用比较，认为"凡此诸端，皆近世各种科学所以成立之由，而本朝之汉学家皆备之，故曰其精神近于科学"，又谓"考据学之支离破碎，汩殁性灵，

此吾侪十年来所排斥不遗余力者也。虽然，平心论之，其研究之方法，实有不能不指为学界进化之一征兆者"。（梁启超：《论中国学术思想变迁之大势》，《饮冰室合集》文集之七）他既严词批评清儒陷入烦琐考据而束缚了学术思想的进步，又客观评价其方法的严密性和科学性。这是梁启超后来撰写《历史研究法》及《补编》详论史料审查及历史考证方法的雏形，也提示我们，新史学早期绝非不重视史料和考证，只是重心在于重建新史观以服务于政治，当破坏任务完成后则将重心转向方法论层面的建设。

"五四"以后的新历史考证学家同样对乾嘉学术赞赏有加，明确追溯其为现代历史考证的源头，尤其关注钱大昕的学术成就和治学方法。单从几位著名的新考证学大师有过的评论，就已经清楚地显示出来，他们都把二十世纪实证史学与十八世纪的杰出学者钱大昕的名字相联系。王国维称誉钱大昕是清朝三百年学术的三位"开创者"之一，他说："国初之学创于亭林（顾炎武），乾嘉之学创于东原（戴震），竹汀（钱大昕），道咸以降之学，乃二派之合，而稍偏至者，其开创仍当于二派中求之焉。"（王国维：《沈乙庵先生七十寿序》，《王国维论学集》）既然钱大昕开创的乾嘉学派直接影响了晚清学者，那么钱氏即是现代学术的源头之一。陈寅恪同样推崇钱大昕是清代考证学的杰出代表，他评价陈垣的考证学成就时说："近二十年来，国人内感民族文化之衰颓，外受世界思潮之激荡，其论史之作，渐能脱除清代经师之旧染，有以合于今日史学之真谛，而新会陈援庵先生之书，尤为中华学人所推服。盖先生之精思博识，吾国学者，自钱晓徵以来，未之有也。"（陈寅恪：《陈垣元西域人华化考序》，《金明馆丛稿二编》）陈垣更推尊钱氏是"清代考证家第一人"，明言自己学术的基础是效法钱氏的严密考证："从前专重考证，服膺嘉定钱氏；事变后，颇趋重实用，推尊昆山顾氏。"（陈垣：《致方豪》，《陈垣史学论著选》）可见，在新历史考证学家眼中，钱大昕治史所表现出的严谨态度和精审方法，是符合现代科学理性精神的。他们继承、发扬了钱氏丰富的考证成果和精良的治学方法，并结合新的史料开拓新的课题，取得卓越成就。此外，王国维所开创的现代"二重证据法"，实际也是对钱氏用金石文字与史籍互证方法的超越。

从某种程度上说，无论在治学精神、治学方法，还是在治学领域层面，新历史考证学都以清代历史考证学特别是乾嘉史学为起点，只是各家所承继的重点有所不同。郭沫若就曾评价王国维"承继了乾嘉学派的遗烈"，"严格地遵守着实事求是的轨则"。（郭沫若：《鲁迅与王国维》，《历史人物》）新历史考证学之所以超越了传统历史考证学，自然得益于对西方现代史学理论和方法的引入，即顾颉刚所谓"要到'五四'运动以后，西洋的科学的治史方法才真正输入，于是中国才有科学的史学可言"，但这一过程不是简单的以西代中，而是寻求中西史学的融通；"五四"以后，中国史学已经"由破坏的进步进展到建设的进步"，史家对传统史学不再持过激的批判态度，转而探求其中符合现代科学精神的内容。（顾颉刚：《当代中国史学·引论》）乾嘉史学所蕴含的实事求是、无征不信、广参互证，以及为学术而学术的求真精神等，无疑都符合新历史考证学家把史学建设为现代科学的要求。

胡适反复强调，"中国旧有的学术，只有清代的'朴学'确有'科学'的精神"。（胡适：《清代学者的治学方法》，《胡适文集》）就连不以考证见长的梁启超都倡言"我辈虽当一面尽量吸收外来之新文化，一面仍万不可妄自菲薄，蔑弃其遗产"，尝试全面总结清代学术成就，详尽归纳了乾嘉考证学者的治学方法，盛赞其符合现代科学精神："盖无论何人之言，决不肯漫然置信，必求其所以然之故；常从众人所不注意外寻得间隙，既得间，则层层逼拶，直到尽头处；苟终无足以起其信者，虽圣哲父师之言不信也。此种研究精神，实近世科学之所赖以成立。"（梁启超：《清代学术概论》，《饮冰室合集》专集之三十四）

　　除了科学方法之外，新历史考证学之所以"新"的另一重要标志，是摆脱了传统经学的束缚，将"《六经》皆史"发展为"《六经》皆史料"。在这一点上，他们同样在传统历史考证学中发掘出可以与西学相对接的思想资源。最典型的例证，当属顾颉刚等古史辨派对崔述学术方向的承继。崔述对历史考证的重要贡献，在于他以严密审查的态度对待两千年形成的古史传说，廓除了以往记载中大量的附会和谬误，开辟了探求可信的古史体系的道路。他把神圣的"经"作为史料看待，作为研究对象，讲出了先秦经书即是先秦的历史记载、经史不分的道理，脱去了经书神秘的色彩，并且尖锐地批评了儒生们尊古妄信、空谈义理的弊病，同时也反映了史学领域的扩大，尽量地把各种记载都置于史学考察的范围，显示出一种新价值观的取向。这些都使新历史考证学者感到叹服，由此启发了智慧，决心继续并向前推进他的考证事业。

顾颉刚编成《古史辨》第一册时在《自序》中明确说："我弄了几时的辨伪工作，很有许多是自以为创获的，但他的书里已经辨证得明明白白了，我真想不到有这样一部规模宏大而议论精锐的辨伪大著作已先我而存在。"（顾颉刚：《古史辨》第一册"自序"）以上，皆能证明新旧历史考证学之间的内在学术关联。

二、钱大昕：为新历史考证学的崛起打开广大法门

乾嘉史学对于二十世纪考证学者的巨大影响，首先可以钱大昕的学术成就和治学方法为代表。钱大昕著述宏富，治学领域宽广，于经学、音韵、文字、天文历算、版本目录均有高深造诣，尤以擅长历史考证著称。他治史具有严谨的态度和严密精审的方法，与近代科学方法和理性精神相符合，他的丰富的考证成果和精良的治学方法，为二十世纪考证学的崛起打开了广大法门。新历史考证学者结合许多重要新史料的发现，结合他们面临的新的课题加以发展，而大显身手。钱大昕严密精良的考证方法可以概括为以下四项，都为二十世纪学者奠定了基础，提供了极其有益的启示。

第一，实事求是，无征不信。

钱大昕治史，自觉地以"实事求是"为最高原则。他为"求真"而殚精竭虑，以数十年之精力，潜心于考辨史籍文字之错讹，地理、制度之误载，史实之歧异，目的即在恢复历史之"真"。基于"实事求是"的原则，他自觉地做到了一不为古人所蔽，二不为门户所蔽，三不为主观看法所蔽。

作为考证家，他自然重视最早出现的证据，认为古人的说法不应该轻易否定，故说："前之古人无此言，而后之古人言之，我从其前者而已矣。"（《潜研堂文集》卷一六《秦四十郡辨》）但是如果后人的说法有确凿的证据，能驳正前人的误见，则毫无疑问要采用后人的正确说法。这就避免了惠栋一派学者墨守"凡古必真"以定是非，而容易陷于胶固、褊狭、盲从的毛病。钱大昕又明确提出反对门户之见，反对主观臆测。他批评某些学者"性情偏僻，喜与前哲相龃龉，说经必诋郑、服，论学先薄程、朱，虽一孔之明非无可取，而其强词以求胜者，特出门户之私，未可谓善读书也"。（《潜研堂文集》卷二五《严久能娱亲雅言序》）并强调致力于考异正误的工作，目的在于存历史之真和事实之真。钱大昕在《廿二史考异》中汇集的考证成果，按条列出，形式上接近于琐碎。实则他所考之异，无论是校勘文字错讹，或订正史实、地理、典章制度记载的舛误，都是长期读书思考所得，引证大量材料而审慎得出的结论，在近于琐碎的形式下，寓含着渊博的学识和精良的方法，故被学者誉为碎金散玉，决千载之疑。

第二，广参互证，追根求源。

以纪、志、传互证，或诸史互证，或引正史之外笔记、小说等史料互证，追根穷源，务使史实真相，昭然若揭，这是钱大昕考史极受二十世纪以来学者所称道的又一特点。比如，《后汉书·光武帝纪》载：建武十三年，"省并西京十三国：广平属钜鹿，真定属常山，河间属信都，城阳属琅邪，泗水属广陵，淄川属高密，胶东属北海，六安属庐江，广阳属上谷"。此即为东汉初根据西汉末年"郡大国小"的情况，而对封域甚小的王国进行"省并"即撤销，将其属县归入邻近的郡国。但这段记载所列举的只有九国，与"十三"之数不符。千年之后，至钱大昕才考辨出致错的原因，他指出应改成："省并西京十（三）国：广平属钜鹿，真定属常山，河间属信都，城阳属琅邪，泗水属广陵，淄川（属）高密、胶东属北海，六安属庐江，广阳属上谷。"去掉"三""属"，即豁然贯通。钱氏成功地运用他广参互证、缜密分析、追根求源的考证方法，勘破千年之误，使问题真相大白。钱大昕又擅长于广泛搜集杂史、笔记、小说之外的材料与正史互证。汉初大封诸侯王，但是诸侯王之国都在《汉书·地理志》中仅记载了寥寥几处，余者阙如，读史者也感到茫然。钱氏则据《史记》有关的记、志、表、传各篇，以及《水经注》《元和郡县志》《太平寰宇记》等相互参证，考得楚王韩信都下邳，梁王彭越都定陶，济南王都东平陵，济川王都济阳等三十四个诸侯王国都所在地。

第三，义例法——逻辑方法的熟练运用。

推求义例以决疑难，是乾嘉考证学成熟的标志之一。乾嘉卓越学者重义例是共同的，戴震区分《水经注》经与注混淆问题，即是著名例子。钱氏有"读书当求义例所在"的名言。他考史自觉地运用义例法，即通过大量个别事例之分析、归纳，得出研究对象之规则；然后以掌握之义例，推而求之，解释史实，考订错误。换言之，义例法即是钱氏对于分析、归纳之逻辑方法的自觉运用，这也表明钱氏考史方法与近代科学方法相符合，故为近代学者所继承和发展。

钱氏精通西汉历史地理的考证，即赖于运用"义例法"。

他分析、归纳《地理志》，得出三项义例：（一）"《志》所载郡国，以元始二年户口为断。"由此，说明《志》所载西汉行政区划、建制是前后变动的，并非固定不变。凡武、昭以前所封侯国，而至西汉末国已除者，《志》均不载。（二）钱氏又拿《志》与《王子侯表》《外戚恩泽侯表》相对照，成帝绥和以后所封（按，共十四侯国），《志》均未载，这证明"《志》中所书侯国，盖终于成帝元延之末"。即，一篇《志》内，不同时期的行政区划状况并存。故不能认为《志》所反映是整齐划一的。（三）《汉书》武帝以前人物的传，所涉及的地点和区域建制，均据武帝以前之郡县。故同一《汉书》中，《志》与各传所载地名、行政区划并非完全一致，各反映了不同时期的地理、政区状况，必须具体而论，不能固执一端而认为此是彼非。钱氏为此写了《侯国考》，表明他以动态观点研究《汉志》，善于总结其"义例"，故对近代治历史地理者以深刻的启发。钱氏又重视总结古籍避讳的义例，被陈垣称誉为"以避讳解释疑难"而最突出者。陈垣因受其影响而著成《史讳举例》《校勘学释例》两书，在前书序言末行，陈垣特意写上："1928 年 2 月 16 日，钱竹汀先生诞生二百周年纪念日，新会陈垣。"表达对钱氏考证学成就的崇高敬意和继承钱氏学术的明确态度。

第四，以多种辅助学科作治史基础。

历史学的内容是记载以往社会丰富多彩的活动，史书记述的范围包罗万象，涉及诸多学科领域的问题。钱大昕学识渊博，对于文字、语言学、版本学、天算学、地理沿革学、经学等都很擅长，他熟练地运用诸多学科知识作辅助，是他能够正确地解决考史中大量疑难的关键。诚如当代学者所评论的："钱氏历史考据学之精审缜密，卓绝千古，即由于钱氏历史辅助知识之博雅也。"（杜维运：《清代史学与史家》）此项同样预示着近代学术发展的一种趋向。

比如，钱大昕十分重视地理沿革学知识对于研究历史的重要作用，曾形象地作比喻："读史而不谙舆地，譬犹瞽之无相也。"（《潜研堂文集》卷二十四，《东晋南北朝舆地表序》）历史是一幕活剧，而地理是演出的大舞台，这处大舞台的各处位置和名称不断演变，故若不懂地理沿革，则有如盲人出门不辨位置、东西，研史将无所适从。在乾隆时期，钱氏之精于地理沿革为学者所共同推崇，故有不少研治舆地之学的学者，如洪亮吉、徐仲圃等人，都经常向他请教，与之切磋，撰成著作请他写序。钱氏运用其精湛的学识和严密的考证往往能辨析疑难，辟千年之谬。钱氏在此方面考证精彩之处不胜枚举，前文已涉及到一些，现再举一成功的例证。《续汉志·郡国志四》载："乐安国，高帝西平昌置，为千乘。"这段文字与该志前后所载"平原郡，高帝置""北海国，景帝置"等体例显然不相符合。惟前人对此未予论及。钱氏以丰富的地理沿革知识和敏锐目光，对此作了详审的考证："案，文当云高帝置，不应有西平昌三字，其为衍字无疑。后读《宦者传》，彭恺为西平昌侯，注云，西平昌属平原郡。乃悟此三字当属上文平原郡，而平原郡九城当为十城。因此三字错入乐安注中，校书者遂改十为九，以合见存之数。"钱氏以志、传互证、考辨一个地名而改正两处错误，故被校勘学专家张森楷称为"精确"。

除了上述考证方法的严密精良之外，钱大昕对二十世纪新历史考证学家又一方面的重要影响，是运用新史料，以金石文字证史。钱氏考史不限于文献范围，而是注重发掘新的史料，引用大量金石文字与史籍相印证，扩大了史料范围，使他考史的视野更开阔，成果超过前人，而且因此开创了近代王国维"二重证据法"之先河。譬如，钱氏以碑刻文字考证年代和历史上的称谓。《元史·太祖纪》载乙亥（1275）张致叛于锦州。而钱氏据《史进道神道碑》考证，应为丙子（1276）。再如，钱氏以碑刻考证监本《北史·齐宗室诸王传》改"史君"为"使君"之误。他认为六朝人多称"刺史"为"史君"，举出家藏东魏兴和二年《敬显儁碑》为证："额题敬史君，字画分明。高淡为沧、定二州刺史，并在东魏时，《传》称史君，与石刻正合。监本改'史'为'使'，所谓少所见多所怪也。"（《廿二史考异》卷四十《神武诸子传》）

　　钱大昕生平又对《元史》领域下功夫最大，成就卓著，成为晚清和二十世纪蔚成大国的元史、蒙古史研究风气之直接先导。如果说，钱大昕运用金石文字考史，以现存碑刻实物与文献互相参证，启发了后来的研究者，提供了治学的新观念、新思路，那么，他在《元史》这一范围长期辛勤耕耘，发现了大量问题，则是为近代学者开辟了新的有发展前途的研究领域。故开拓蒙元史研究的新领域，是钱大昕对二十世纪新历史考证学第三方面的重要影响。段玉裁对钱大昕的学术曾有过中肯的评论："生平于元史用功最深。"而研治元史，难度是很大的。元朝是少数民族建立的王朝，其特有的语言、文字很难理解，人名、地名佶屈难记，常易混淆。元史的基本史料《元朝秘史》《元典章》连训诂学家都感到棘手，所以对《元史》的考订一向少有人问津。而《元史》由于修撰时间匆促，错误、缺漏很多，钱大昕就选择这一困难的领域深入钻研，抱着求真的目的，对《元史》的错误详加指摘考证。他有大量关于元史的考证成果：有考证《元史》中年代、人名、地名错误的；有考证其官制或史实错误的；有用其他正史、杂史与《元史》互证的；有纠摘《元史》其他严重舛误的。他的大量研究成果，表明元史是一个大有可为的研究领域。晚清及二十世纪的一批学者，除魏源、柯劭忞外，还有李文田、洪钧、沈曾植、屠寄、王国维、陈垣、陈寅恪，都闻风而起，长期致力于元史、蒙古史的研究，使之成为学术史上的新热点。

三、戴震和崔述对新历史考证学的影响

二十世纪考证学家一向服膺乾嘉学者从事分部门的深入研究、严密考证的方法。戴震作为乾嘉朴学中皖派代表人物，对近代新考证学家同样有很大影响。

戴氏治学领域甚广，尤精于名物制度、算学、音韵、文字、训诂、地理等项。他研究音韵学，将古韵分为九类二十五部，以入声韵独立，发明了阴阳对转的规律。他研究算学，从《永乐大典》中辑出已佚失的古算学经并加以校定。他研究《水经注》，这部书自南宋以来即经注互混，戴氏发现经文与注文混淆的规律，《经》文，每一水，云某水出某郡县，此下不更举水名；《注》则并及所纳群川，故须重举。

《经》云过某县者，统该一县而言；《注》则详言所迳委曲，故有一县而再三见者。按照他总结出来的规律，原先混淆的经文、注文可得一一改正，从而恢复《水经注》的原貌。他一生撰述甚多，除校订算经十种外，有《尧典注》《周南召南注》《仪礼正误》《毛郑诗考正》《考工记图》《孟子字义疏证》《方言疏证》《原善》《原象》《勾股割圆记》《声韵考》《声类表》《尔雅文字考》《屈原赋注》等。戴震治学不但领域广阔，而且造诣精到，尤为学者称誉者，是其论据缜密，识断精严，故许多人推崇他是清代朴学的高峰。王昶说："本朝之治经者众矣，要其先之以古训，析之以群言，究极乎天地人之故，端以东原为首。"（王昶：《戴东原先生墓志铭》，《戴震文集》）

戴氏治学重证据，善怀疑，凡立一说必广求大量材料作佐证，必贯通各种经典而无窒碍，然后才宣告成立，很符合近代科学理性之精神，因而使二十世纪学者深受启迪。他尊古而不泥古。考论古书，既重视古人的见解，而又不刻板地拘守成说，还必须自己用证据去验证，用头脑去思考，才能求得真知。故他说："信古而愚，愈于不知而作，但宜推求，勿为株守。"（戴震：《与王内翰凤喈书》，《戴震文集》）他又论述读古贤人书，不能只停留在记诵古贤人现成的说法上，而必须更深入地探求事物的"道"，即努力去获得真理性的认识。诵习古贤人之书不等于得到"道"，应该时时将"闻道"这一更高目标悬挂于前，才是治学之正途。他针对世人读前人之书往往满足于拘守成说的弊病，而强调"志乎闻道"和"深思自得"。

戴氏又有一名言：学者当"不以人蔽己，不以己自蔽"。（戴震：《答郑丈用牧书》，《戴震文集》）"不以人蔽己"是指不盲从，不迷信，勇于独自思考，根据事实作出自己的判断。"不以己自蔽"，指不沽名钓誉，不私智穿凿，不先入为主，务求以客观的态度，实事求是地进行分析，做到鉴空衡平。遇到确凿的证据证明自己原先的认识有误，则应敢于承认错误，放弃旧说。清代朴学以吴派、皖派并称，然吴派宗师惠栋治学以"专宗汉学""唯汉是从"，认为学说凡出于汉儒者，皆当遵守，其有敢怀疑、指斥者，则目为信道不笃，故易陷于胶固、盲从、褊狭的毛病。相比之下，更显示出戴震学风的特色。章太炎、梁启超论乾嘉朴学家中戴震一派治学方法高明于与惠栋一派之处，正是戴震不泥古而贵自得。戴氏从事典籍的训诂、校勘，每一问题必探求其渊源所自，务必得到对字义、词义的确凿了解，最后达到哲理上的把握。他说："经之至者道也，所以明道者其词也，所以成词者字也。由字以通其词，由词以通其道。""知一字之义，当贯群经，本六书，然后为定。"戴震又总结治经有三难："淹博难，识断难，精审难。"（戴震：《与是仲明论学书》，《戴震文集》）显然，此三项中，淹博是基础，识断是关键，达到精审则是目的。故他提出研究问题应达到"十分之见"，即务求达到确凿无疑、可示后人为法则的境界。

讨论乾嘉考证学对二十世纪学术的影响，还必须讲到崔述。崔述属于乾嘉别派，是河北大名学者，一生与主流派考证学者并无交往，周围的人也不理解他的学术。他的主要著作是《考信录》，内容包括《考信录提要》《补上古考信录》

《唐虞考信录》等。崔述主观上认为自己是治经，维护儒家经典的正确和至尊地位，考辨、驳斥战国、秦汉以后《传》《记》中的误载，而实际上，他做的却是考证上古史事的工作。

整个十九世纪中，崔述的学说在国内默默无闻，日本二十世纪初的学者那珂通世首先高度评价他考证上古历史的意义，他读到《东壁遗书》后，极赞"著者议论高明精确"。他将全书校订标点，于1903年在日本列入日本史学丛书出版。他还撰写《考信录解题》一文，在日本《史学杂志》发表，他论述崔述学说的内容和价值："中国学者拘守汉儒之训诂，耽于宋儒之空理，其弊固不待言。尚古之念既深，对于古书皆如宗教徒之崇拜经文……崔氏处于群迷之中，独能建树己说"，"识通古今，考据辨析高出于汉、宋诸儒之上"。那珂通世如此表彰和传布，遂使崔述学说与近代史学产生了密切的联系。刘师培于1907年东渡日本，是他带回了日本史学界表彰崔述的信息。他约于1910年撰写了《崔述传》，介绍崔述生平和《考信录》主要内容。刘师培不仅重视崔述考辨古史的结论，而且重视他治史的方法。此后，崔述的学说更引起胡适、钱玄同、顾颉刚、洪业等学者的极大研究兴趣，于是在1921—1936年期间，学术界先后校印《崔东壁遗书》，访问其故里，搜集其佚著，撰写其传记、年谱，并且直接导致了顾颉刚为代表的"古史辨"派探索可信的古史体系的研究热潮。胡适于1923年撰写《科学的古史家崔述》，认为："我深信中国新史学应该从崔述做起，用他的《考信录》做我们的出发点。"（《崔东壁遗书》附录）顾颉刚于1922年开始校点《崔东壁遗书》。他在1923年致友人信中说："崔述的《考信录》确是一部极伟大又极细密的著作"（顾颉刚：《与钱玄同先生论古史书》,《古史辨》第1册）,并决心发扬崔述的治史方法。

崔述对历史考证的重要贡献,在于他发扬了古代史学家司马迁的"考信"精神,以严密审查的态度对待两千年形成的古史传说,廓除了以往记载中大量的附会和谬误,开辟了探求可信的古史体系的道路。司马迁治史的基本态度是"考信",包括以各种文献记载互相参证,并与历史故迹和口碑史料印证而达到的"求实",和对无确切根据可加肯定或否定者予以"阙疑"两个方面。后代有不少史家、学者继承了司马迁的求实精神,或在撰史中据事直书,或在评论中辨伪纠误。然而,在上古史领域内,许多儒生却迷信远古传说,甚至杜撰材料,任意附会,使上古史在传说之外又增加了许多假造的说法。由于假托和杜撰太多,矛盾和纰漏也越来越暴露。这就为后代史家提出了这样的任务:考辨种种假托和附会,清理出可信的上古史轮廓。宋代的欧阳修、朱熹,明代的宋濂、胡应麟,清初姚际恒等人在辨伪上都有成绩。崔述则以毕生精力撰成有系统的巨著《考信录》,考辨古史范围更大,体例更严密,贡献尤为突出。

崔述对于因长期附会臆造而成为庞杂离奇的古史体系持明确的批判态度,他所提出的论点和所体现的价值观,给二十世纪的学者以极大的启示。他指斥晋代以后《帝王世纪》《皇王大纪》等所杜撰的古史为"邪说诐词",认为战国秦汉的《传》《记》中的记载也有许多是出于附会,因而互相矛盾而不可信，而肯定春秋以前典籍中的记载比较朴实可信，这些构成了《考信录》考辨古史的中心论点，对于长期辗转假托的古史说法是一次有力的廓除。围绕上述论点，崔述对于古代典籍中的记载作出详细考辨，在鉴别史料上提出了许多卓越见解。譬如，他认为"三代以上，经史不分，经即其史，史即今所谓经也"。他把神圣的"经"作为史料看待，作为研究对象，这跟同一时代的章学诚提出"《六经》皆史"是相呼应的。他讲出了先秦经书即是先秦的历史记载、经史不分的道理，脱去了"经书"神秘的色彩，并且尖锐地批评了儒生们尊古妄信、空谈义理的弊病。同时也反映了近代史学领域的扩大，尽量地把各种记载都置于史学考察的范围，显示出一种新价值观的取向。

特别值得提出的是，崔述不仅对伪造的古史体系采取严肃批判的态度，对于古代史实、制度、典籍等详加考辨，获得许多极有价值的成果，而且他还能上升到考史者应具有的态度、修养和进行严密考证的方法，从理论高度加以总结。此见于置《考信录》全书之首的《考信录提要》中。他所总结的"究其本末，辨其同异，分别其事实以去取之"的原则，便是他考辨古史方法之精髓。《考信录提要》中还强调必须遵守"名""实"相符的形式逻辑方法，反对"重名而不究实"的妄信态度；总结出辨文体、辨时代风气的辨伪通例；归纳了"逞博不知所择""少见者多误""以己度人"等造成谬误的原因；提倡"打破砂锅问到底""细细推求"的精神。所有这些，都使二十世纪前期的考证学者感到叹服，由此启发了智慧，并且决心继续他的考证事业向前推进。在二十世纪曾经有过很大声势的"古史辨"派，主要就是受到崔述古史辨伪学说的影响，加上接受了胡应麟、姚际恒等人辨伪思想，和近代康有为疑经思想的影响，而迅速兴起的。

中国现代史学的建设至少包含历史解释与历史考证两大路径。两者皆以科学史学相标榜，实际代表了对史学现代化的不同理解，亦即如何对史学进行恰如其分的学科定位。时间越往后，分野越凸显。很多人看来，传统史学的强项在考证，不在解释。陆懋德就曾以西学为标尺衡量中国史学时做出如下判断："西国言史学，共有考证及解释二种工作，考证所以决定事迹之虚实，解释所以说明事实变化之原因结果。吾国史学家重视考证而轻视解释，原不完备。"（陆懋德：《中国史学史》）随着史学史研究的不断发展，我们已经能够大致梳理出传统中国历史解释的发展脉络，但也必须承认，历史考证的积淀显然更为深厚，影响范围更为广泛，考史方法也更为成熟和系统。这一优秀的史学传统（以乾嘉史学为主），与外来的实证史学思潮相激荡，又恰逢新史观确立、新史料发现，遂催生出对现代史学影响至深至远的新历史考证学。

第十五讲

二十世纪史家探索史学民族风格的努力

如何形成和增强中国史学的民族风格，是关系史学发展的重大问题。要推动新时代中国史学达到新的高度，无疑应当在理论创新、方法创新、大力学习外国优秀史学成果等方面做艰苦的努力。与此同时，还应当在如何形成浓厚的民族风格上大力探索和创新。事实上，二十世纪一批出色史家正是在探索史学民族风格的道路上勇于创造，相继作出了宝贵的贡献。以往我们回顾二十世纪史学，主要关注于历史观和史学方法的进步，而对于史家在形成独特民族风格方面的努力却未曾着手进行系统、深入的总结。

一、世纪之初夏曾佑、章太炎、梁启超的探索

二十世纪初年，对推进史学近代化最有贡献的人物是夏曾佑、章太炎、梁启超三人，也恰恰是他们在撰著或构思中国通史的过程中，在内容上叙述社会进化、人群活动以及国家民族盛衰发展的因果关系，而在史书形式上吸收、发扬传统史学的长处并加以创造性的发展，因而成为二十世纪探索史学民族风格的最初尝试。

夏曾佑于 1902 年—1904 年著成《中国古代史》（原名《最新中学中国历史教科书》），以近代进化论和因果律为指导，把几千年中国历史系统地划分为上古之世、中古之世、近古之世三大时代，又有再细分为八个阶段，对于政治、军事、制度、生产、民族、社会风俗、学术文化各项，作了主线清楚而又切实饱满的论述，如对远古时代，即运用西方新学理，论述由渔猎社会—游牧社会—耕稼社会递次演进。当时，它一经问世，便使读者"有心开目朗之感"，"上下千古，了然在胸"。其原因，则在于与书中进步的观点和内容相配合，有比较恰当而新颖的编撰形式。

《中国古代史》在编纂上的特点，是借鉴于当时刚刚传入的外国史书分章叙述的方法，同时吸收了中国纪事本末体的优点，将二者糅合起来，达到创新的目的。全书按篇、章、节叙述，同时又含以大事为纲的特点。著者说，文字虽繁，以关乎皇室、关乎民族、关乎社会风俗三者为纲，属于此三项的大事则详。为了实现此"以大事为纲"的意图，在编纂方法上，他便将纪事本末体按事立篇、明其前因后果、起讫

自如、不拘常格的特点，糅合到从外国学来的分章节叙述的形式上。试以书中第二篇"中古史"第一章"极盛时代（秦汉）"为例。这一章前五十节中，绝大多数是按事件设立节目的。其中有专设一节叙述一事的，如"文帝黄老之治""景帝名法之治""武帝儒术之治""光武中兴""汉第一次通西域""汉第二次通西域""汉第三次通西域"；若一节容纳不下一个事件，则分上下两节叙述，如"天下叛秦""秦亡之后诸侯自相攻伐""楚汉相争""高祖之政"等即是；还有用连续六节叙述一事的，如"汉外戚之祸"（一至六）、"宦官外戚之冲突"（一至六）即是。

夏曾佑尝试的体裁形式，反映了历史编纂的一种新趋势。而这种体裁形式在二十世纪初出现和流行，有着极深刻的原因。一则，由于历史家学习了西方的新理论，着重要说明历史的进化和因果关系，自然也要借鉴外国新的编纂方法；二则，中国史学的发展也已提出突破旧的编纂形式的要求。早在十八世纪末，章学诚就主张用纪事本末体的优点去弥补纪传体的缺陷，以利于反映历史的大势。纪事本末体产生于封建社会后期，它具有因事命篇、灵活变化的优点，就成为二十世纪初史学家学习西方、从事体裁创新的基础。在大胆向外国学习有用东西的同时，又对本国原有形式加以改造和发展，吸收别人之长与发扬本民族的特点相结合，这就是夏曾佑体裁创新上取得成功的根本经验。

约略在同一时期或稍后，章太炎与梁启超都有撰著《中国通史》的计划，他们对编纂体裁的设计恰好形成大体相近的思路，要用一种新的综合体裁来撰写历史，以此代表了二十世纪探索史学民族形式的一种重要趋势。章太炎和梁启超的探索，与十八世纪末章学诚提出的改革史书编纂的主张前后呼应。章学诚总结了历史编纂的源流得失，提出了具有远见卓识的主张。他认为，司马迁所创的纪传体，本有"范围千古、牢笼百家""体圆用神"的优点，可是，后期的修史者却墨守成规，不知根据需要变通，其结果是，所编成的"正史"弊病百出，"斤斤如守科举之程式，不敢稍变；如治胥吏之簿书，繁不可删"。（章学诚：《文史通义·书教下》）此一缺陷正好从纪事本末体得到弥补。因而提出了"仍纪传之体而参本末之法"，作为改革史书编纂的方向。

　　章太炎于1900年计划写作《中国通史》，其著述宗旨有二：一是为了"扬榷大纲，令知古今进化之轨"，一是为了"振厉士气，令人观感"。前者要求以进化史观为指导，同时要写出历史演进的主线；后者提倡历史著作应对民众产生教育鼓舞作用，以激励士气。这些都与史学近代化的时代潮流相合拍。观点、内容变了，必然要求有新的编纂形式与之相适应。章太炎设想在纪传体的基础上，发展为表、典、记、考纪、别录五种体裁相互配合的形式。其《中国通史略例》明白指出，章学诚主张的兼采纪事本末的方法是"大势所趋"，应加以发展。他所列目录中的十篇"记"，就是吸取纪事本末体的优点设立的。他是这样重视吸取纪事本末体的优点，认为这样做为史书编纂解决了难题，这清楚地说明了章太炎的设想与章学诚的主张前后继承的关系。这十篇"记"要叙述有关"社会兴废、国力强弱"的重要事件，诸如秦的统一、唐代藩镇割据、农民起义、民族斗争、中外关系等等，这样来显示历史演进的大势。目录中的"典"是用以记典章制度，来源于"书志"。"考纪"和"别录"实则同是记人，差别只在"考纪"专记帝王（洪秀全是太平天国的"天王"）。两者来源于"本纪"和"列传"，但舍弃了"本纪"作为全书大纲的作用。"表"是用以列举次要的人物和纷繁的材料，来源自明。他说："有典则人文略备，推迹古近，足以臧往矣。若其振厉士气，令人观感，不能无待纪传，今为考纪、别录数篇。"（章太炎：《訄书·哀清史附中国通史略例》，《章太炎全集》）可见他在总体上吸取了纪传体综合的优点，而形成典、记等五体互相配合的编纂体制。

梁启超是推进中国史学近代化的关键人物，他是理论的倡导者，同时又是出色的实践者，故被称为"影响最广泛的史林泰斗"。（许冠三：《新史学九十年》）他所撰《新史学》《中国历史研究法》及其《补编》，是近代史学理论的奠基之作。梁氏洞悉传统史书体裁的源流发展，对于纪传体和纪事本末体的得失优绌尤有精到的见解，在编纂实践上，他极富创新精神，力图为反映历史演进的真相提供合理的载体。其进行中的《中国通史》（未完成）的体裁设计即充分显示出对历史编纂的创造才能。此项计划酝酿于1901—1902年，后因卷入政治漩涡而搁置多年，至1918年，他才屏弃百事，专致力于通史之作。现存部分文稿，有《太古及三代载记》《春秋载记》《战国载记》等。他所建构的体裁，见于他1918年致陈叔通信中所言，是以"载记""年表""志略""列传"四个部分互相配合。

拿梁启超的"四体"与章太炎之"五体"相比较，实有许多相通之处。梁设想中之"年表"即章之"表";梁之"载记",等于章之"记";梁之"志略",同于章之"典";梁之"传志",则包括了章之"考纪""别录"二项。而从总的原则和体制说两人的设想相当一致。在吸收纪传体与纪事本末体二者的优点以尝试创造新综合体这一点上,两人各自通过努力达到了共同的结论。有创新意义的是设置"载记"的作用,以承担叙述一个时期的主要事件和历史大势的任务。以《春秋载记》为例,此篇共有六章,先在总叙中说明各章内容安排和撰写意图,说:"先分述数大国国势梗概,次总述霸业消长,与各国交互错综之关系,次述文物制度之迹象,各分节目而时缀以论列,藉以揽知大势云尔。其宜专纪者,则归诸列传也。"(梁启超:《春秋载记》,《饮冰室合集》专集之四十五)

以下各章的写法是,既叙述史实,又结合评论历史事件或论述一个阶段的趋势。各个时期的"载记"联接起来,就是从纵的方面叙述历史演进的主线,与章太炎的十篇"记"相比较,有可能叙述得比较系统。再者,梁启超设想的体系是明确地以"载记"为主干,其他"年表""志略""传志"都与之相配合。这样安排也比章太炎前进了一大步。从总体上说,梁氏设计的"四体"是吸收纪传体之长处,又用近代的眼光进行重大改造。就"载记"的设置言,则是对纪事本末体的创造性发展。梁启超能这样做,是因为他既能看到纪事本末体的优点,又能看到其不足。他说:"纪事本末体是历史的正宗方法……过去的纪事本末体,有共同的毛病,就是范围太窄。我们所希望的纪事本末体,要从新把每朝种种事实作为集团，搜集资料，研究清楚。"（梁启超：《中国历史研究法补编》，《饮冰室合集》专集之九十九）他的"载记"就把范围扩大，力图说明事件之间的联系和历史大势。他用了纪事本末的方法而加以发展，不但跟袁枢的书相比大为不同，对照章学诚所曾设想过的办法也有了很大改进。

尽管章太炎拟议中的《中国通史》未正式撰写，梁启超的《中国通史》也只写出部分文稿而远未完成，但是，他们对于新的综合体裁的尝试，对于二十世纪的历史编纂的发展趋势却有深刻的意义，他们的努力反映出近代史家已有更科学的观点和更开阔的视野，要求史著既能写出历史演进大势，又能再现社会各方面的情状。至二十世纪末叶，罗尔纲以"叙述""纪""传记""志""表"五体配合撰成《太平天国史》，白寿彝先生创立"序说""综述""典志""传记"四体配合撰写《中国通史》，更把新综合体大大向前推进，谱写出二十世纪史学的重要篇章。

二、三十、四十年代吕思勉、萧一山、张荫麟的探索

二十世纪三十、四十年代，史学科学化继续获得多方面的进展，与此同时，在创造历史编纂的民族风格上也继续有所收获。在以进化论和因果律为指导的史家中，我们可以吕思勉、萧一山和张荫麟为例证。

《吕著中国通史》是吕思勉继《白话本国史》之后又一部通史著作，成书于 1939 年，分上下两册，由上海开明书店分别于 1940 年、1944 年出版。顾颉刚给予高度评价："吕先生

近著尚有《中国通史》二册，其体裁很是别致，上册分类专述文化现象，下册则按时代略述政治大事，叙述中兼有议论，纯从社会科学的立场上，批评中国的文化和制度，极多石破天惊之新理论。"（顾颉刚：《当代中国史学》）当大多数史家采用章节体编纂史书时，吕思勉却又在汲取前人编纂营养的基础上，大胆地进行了史书体裁的革新和尝试。《吕著中国通史》以上下两册的形式将中国历史分成两大板块，上册以专题形式分述社会制度、社会生活和学术宗教等文化现象，下册则按时代略述政治大事，上册十八章，下册三十六章，章下不设节。这一体裁的创新之处在于他吸收纪事本末体和典制体的优点而成功糅合于一体，以贯彻和体现著者力求反映历史的通贯性和社会的整体性的编纂思想，使读者既能对婚姻、族制、官制、兵制、学术等社会文化现象有一个全面而又贯通的了解，从而对中国社会形成整体认识，又能通过中国历史上的重大事件而把握历史发展的大势。

他将中国历史分为两大板块的创造灵感，在一定程度上受到马端临的启发。《文献通考·序》把历史上的事实，分为理乱兴亡和典章经制两大类，吕思勉认为，前者可称为动的史实，后者可称为静的史实，只是他又指出："史实确乎不外这两大类，但限其范围于政治以内，则未免太狭了。须知文化的范围，广大无边。"（吕思勉：《吕著中国通史·绪论》）因此，其通史著作从内容上讲已经远远超出马端临所论范围，但两大板块的灵感确导源于此。而且，早在编写《白话本国史》时他就指出，纪传体中的纪、传是记载前一类事实，志是记载后一类事实；而"编年体最便于'通览一时代的大势';纪事本末体,最便于'钩稽一事的始末';典章制度一类的事实,尤贵乎'观其会通'"。(吕思勉:《白话本国史·绪论》)所以,他的独创体裁是在充分吸收传统体裁优点,据其编纂主旨加以糅合创造而成。其目的是要反映历史演进大势和社会情状,因而他没有采取纪传的形式,而是将关键历史人物的事迹融合于历史大势的叙述中,而继承发挥纪事本末体的优势;同时,他又注意吸收编年体的通贯优点以克服纪事之间互不统属的弊端;再继承并发展典制体的特点以记载叙述各种文化现象的变迁。因此,他的这一体裁既有极强的通贯性,又有包举社会文化诸端的广阔性。

《清代通史》总计四百一十余万字,由萧一山凭一己之力、耗时四十余年而成,是中国第一部体系完整、规模宏大的"新式"清史,而上、中两卷完成时其仅二十二岁,并获梁启超、李大钊等八大史学名家为之作序,以私家著史而声名远隆于官修《清史稿》,堪称近代史学史、学术史上的一大奇闻。

《清代通史》是章节体在大型史书编纂中的首次成功运用,但同时又广泛吸收了传统体裁的优点,从而具有鲜明的民族特色。首先,纪事本末体与章节体之间存在共通性,都便于体现历史演进的大势,符合新史学的要求,章节体顺利传入中国的内在基础正在于此。萧一山对旧史体裁的优劣了然于胸,他说:"纪传之属,详于状个人,而疏于谈群治;编年之作,便于检日月,而难于寻终始。其间虽纪事本末一体,略有合于新史学之义,然其体创始于袁枢,特为便读《通鉴》者之寻览。即后之继此而作者,亦不能有深识别裁,以斟酌乎其中。故皆史实散漫，略无系统，可以为史料，不足以为史学。"（萧一山：《清代通史·导言》）因此，他高悬深识别裁和系统性的目标而在体裁上下尽功夫，一言以蔽之，即发挥章节体的优势，弥补纪事本末体记载范围狭窄、彼此互不统属的缺陷。全书在风格上已呈现由叙事向研究的转型趋势，但无论是篇目设置，抑或历史叙述，仍带有突出的纪事本末风格，将因"事"命篇、不为常格的方法运用得恰到好处。此外，他在有关社会、经济、生活等章节借鉴了典制体的长处，而于清代学术大致采取以人为纲的方式以及史表的设置则又是吸纳纪传体的优点。

尤为值得称道的，是萧一山在史表方面取得的突出成就。他认为"吾国史家，首推子长，而《史记》一书，功在十表"，对万季野"读史而不读表，非深于史者"深以为是。（萧一山：《清代通史》第五册"叙例"）故而，其不仅在正文三卷中使用了大量形式各异的图表，而且以独到的眼光创作了清史七表。七表之功，不仅仅在于多属首创，亦不惟驭繁就简，便览一代大势，更重要的是其将治史旨趣贯彻其中。七表之中，以《清代大事年表》为最要。此表记事起自明末，将明清帝王年号并列以示两朝之兴替，后则将太平天国年号与清帝王并列以示平等、重视。此表最具特色者，在于看似散漫的记事中，实则暗含萧一山政治、经济、文化三者均衡诠叙以及突出民族革命和中外关系之深意。读者仔细体察，即可发现萧一山绝非仅将每年重要大事简单罗列，而是政治上突出民族关系、民族革命，同时又十分注意记载官制、礼制、婚制等典制变革，清廷的农、工、商等经济政策变化，物价、交通、自然灾害等关乎人民生计的重要史迹，官方的文化政策及重要学人的活动等等。此外，全表的另一条主线则是中外关系的演进，其于历年纪事之间始终贯穿着中外政治、经济、文化交流尤其是西方列强对中国的侵略。总之，无论是清代社会本身的政治、经济、文化还是中外关系，皆能前后连贯，互相照应，自成体系。此一表即可称为一部极为精要的清代三百年简史，而其间突出地反映了著者记述一代全史的编纂主旨，强烈的经世思想、民族革命史观以及反抗外来侵略的民族自觉等。

张荫麟所著《中国史纲》之所以能成为享誉中外的名著，除因他具有高明的史识，对历史的运动和联系有深邃的眼光之外，还应归功于著者对史书体裁有创造性的、灵活的运用，和在历史的文字表述上发扬了传统史家文史兼通的传统，达到了很高的境界。故从史著的民族形式这一意义讲，张著《中国史纲》是这一阶段最值得注意的成功之作，尽管其篇幅只有十六万字。

张荫麟富有创造精神，在史著的结构和风格上有明确的追求，不愿落入俗套而力辟新境。自云："作者写此书时所悬鹄的如下：（1）融会前人研究结果和作者玩索所得，以故事的方式出之，不参入考证，不引用或采用前人叙述的成文，即原始文件的载录亦力求节省；（2）选择少数的节目为主题，给每一所选的节目以相当透彻的叙述，这些节目以外的大事，只概略地涉及以为背景；（3）社会的变迁，思想的贡献，和若干重大人物的性格，兼顾并详。"（张荫麟：《中国史纲·自序二》）他要着重叙述的是对历史发展最有重要影响的事项，即社会的变迁、学术思想的成就、重大人物的性格和活动。对这些要做到重点突出，内容上要予以透彻的分析，表述上则采用说故事的形式。总之，他的史著要写成富有思想性、生动的、能深入读者脑际、产生感奋力量并有独特风格的书，避免刻板乏味。

匠心独运、惨淡经营的结果，在体裁形式上，张荫麟做到了把纪事本末体按事立篇、便于写清楚历史事件的来龙去脉的优点，融汇到流行的章节体之中；并且，在必要时，又吸收了典志体以及传记体的优点。如，第一章"中国史黎明期的大势"共分四节，分别为："商代文化""夏商大事及以前之传说""周朝的兴起""周族与外族"。又如，第八章"秦汉之际"共分五节，分别为："陈胜之起灭""项羽与巨鹿之战""刘邦之起与关中之陷""项羽在关中""楚汉之战及其结局"。这些节目的大部分，明显地是按事设立，以突出重大事件在历史演进中的作用，让读者能明确掌握各"大事"的原因、经过、结局和影响。其中有关周代奴隶、庶民、都邑、商业等，又糅合了典志体的特点。同时，著者对其十分重视的学术思想的成就，也采取按事立目的办法。如，第六章"战国时代的思潮"共有六节，分别为："新知识阶级的兴起""墨子""墨子与墨家""孟子许行与周官""杨朱庄周惠施老子""邹衍荀卿韩非"。历史是事件和人物构成的，学术思想也是人创造的，吸收纪事本末体、典志体以至传记体的特点，糅合到章节体之中，对于历史编纂来说，实在是必然的和可行的。

在文字表述上，张荫麟有极高的才华和技巧，他把对历史的深刻观察和透彻分析，都融合到生动的叙述之中，因而一扫有的历史书叙述刻板、枯燥乏味的弊病，极具吸引力和感染力。书中这样叙述孔子的人格："他们所遇到的是怎样一位先生呢？这位先生衣冠总是整齐而合宜的；他的视盼，和蔼中带有严肃；他的举止，恭敬却又辩才无碍，间或点缀以轻微的诙谐。他所喜欢的性格是'刚毅木讷'，他所痛恶的是'巧言令色'。他永远是宁静舒适的。他一点也不骄矜；凡有所长的他都向请教。便是他和别人一起唱歌，别人若唱的好，他必请再唱一遍，然后自己和着。他的广博而深厚的同情到处流露。无论待怎样不称意的人，他总要'亲者不失其为亲，故者不失其为故'。"从精炼的叙述中，鲜明地刻画出孔子这位大思想家、大教育家好学不倦、多才多艺、和他谦和、刚毅而又富有同情心的性格、修养。

三、马克思主义史学家范文澜、翦伯赞的贡献

中国马克思主义史学自二十世纪三十、四十年代起由成长壮大到获得蓬勃发展，逐步成为中国史学的主流。马克思主义史家在实践中遵循着以唯物史观普遍原理与中国历史的具体实际相结合的方向前进，同时他们又自觉地承担把祖国优秀文化发扬光大的历史任务，继承、发展传统史学的有用形式和语言表达手法，呕心沥血地使自己的史著具有为中国老百姓所喜闻乐见的中国作风中国气派。范文澜和翦伯赞是他们中的杰出代表。

范文澜所著修订本《中国通史简编》是一部潜心研究

多年、反复修订而成的巨著，是二十世纪史坛上光彩耀目的"成一家之言"的名作。范文澜继承并大大发扬司马迁以来中国史学的优良传统，撰成了一部具有科学性，洋溢着时代气息，体现了各民族共同创造历史的成功的史著，同时在推进史学的民族化形式上也作出了重要贡献。范文澜对祖国文化有极深厚的素养，又精心研究过《文心雕龙》，对于文章作法和修辞技巧有高度的造诣；他在延安生活了多年，对于毛泽东所总结的科学的、进步的内容和民族化的形式这一新文化的方向有深刻的感受，并且自觉地出色地实行。

范文澜的史著有鲜明的观点和浓厚的理论色彩，是以对大量史实的准确把握和深入考辨为基础而升华出来的，全书蕴涵着丰富知识、消化了大量史料；而在章节结构和内容层次上又做到细针密线、妥善安排，因而章法分明、组织严密、布局合理。这显然是对传统史学重视体裁、体例运用的继承和发展。范著的章节结构从内容到标题，都是苦心经营、设计的，既能鲜明地揭示出历史演进的特点，又布局合理匀称，前后连贯照应。如第二编"汉族中央集权的封建统一国家的成立到经济基地扩展大帝国的出现——秦汉至隋统一"共六章。秦朝西汉各一章，标题是"专制主义的、中央集权的汉族统一国家成立时期——秦""国家统一巩固后对外扩展时期——西汉"。不把东汉和三国分开，而合设一章，为"继续向外发展并由统一走向分裂时期——东汉三国"。三国以后的历史更加复杂纷繁，书中不采取一般按西晋、东晋十六国、南北朝分述这样的格局，而是分设"短期统一与黄河流域又一次大破坏时期——西晋十六国""长江流域经济文化发展时期——东晋南朝"黄河流域各族大融化时期——北朝",作为之后的三章。这样的布局和标题,却更能从政治、经济、统一规模及曲折、民族关系几个主要方面,揭示出各个时期或朝代历史的特点,及其在中国历史发展长河中的地位,同时,也使长期分裂纷杂的一段历史,显得不那么乱了。

书中各个章节,都是精心构撰,文字简练,内容丰富,法度谨严。比如,第一编第四章(东周)第五节"各族的斗争与融合",分为三大层次。首先叙述"中国""夏""诸夏""华族""裔"和"夷"等名称的由来,和经过华族与居住在中国内部及四方的种族斗争,华夏文化扩大、各族不断融合的趋势。其次,叙述中原地区华族与其他族杂居的情况,以及南、东、北、西四方少数族的分布及其活动。再次,叙述华族凭藉优势的文化和政治力量,终于融合了四方诸族。最后得出结论,"东周时期华族逐渐巩固了在黄河流域的统治地位,为秦汉统一作初步的准备"。全节不足两千五百字,却包括了详审的材料,清楚地论述了各族如何分布,如何斗争和融合,甚至详及戎、狄与华族各国互相攻伐的次数,而且有深刻的分析,辩证地揭示出华夷关系不同层面的意义和中国各族逐步融合的趋势。

在历史的文字表述上,范文澜达到了炉火纯青的地步。他的史著的语言,既有厚重的历史感,又具隽永、优美、活泼、洗炼的特色。他写汉武帝,说:"汉武帝凭藉前期所积累的财富与汉景帝所完成的全国统一,再加上本人雄才大略的特性与在位五十四年的长久时间,对外用兵,扩张疆土,对内兴作,多所创建(主要是水利),把道家思想的无为政治,改变为以儒家学说为装饰的多欲政治。通过汉武帝，农民付出'海内虚耗，人口减半'的代价，造成军事、文化的极盛时期。西汉一朝各方面的代表人物如大经学家大政论家董仲舒，大史学家司马迁，大文学家司马相如，大军事家卫青、霍去病，大天文学家唐都、落下闳，大农学家赵过，大探险家张骞，以及民间诗人所创作经大音乐家李延年协律的乐府歌诗，集中出现在汉武帝时期。这是历史上非常灿烂的一个时期，汉武帝就是这个灿烂时期的总代表。"（范文澜：《中国通史简编》第二编）态度鲜明地、集中地、准确地对汉武帝的贡献和这一时期的历史地位作出评价，气势豪迈，评价准确，力透纸背。

书中论述各个时代思想文化的精彩语句也随处可见。他评价孔子和老子学说对于中国学术文化发展的巨大意义："儒道两家是封建统治阶级不可偏废的两种重要学说。儒家是一条明流，它拥护贵贱尊卑的等级制度，使统治者安富尊荣；道家是一条暗流，它阐明驾驭臣民的法术，使统治者加强权力。秦汉以后历朝君主，凡善于表面用儒，里面用道，所谓杂用王霸之道的国常兴盛，不善用的国常衰亡。儒经和道经也为历朝士人所必读，成为学术思想的主要泉源。因此，孔子和老子两大学派，一显一隐，灌溉着封建社会政治、文化的各个方面。"（范文澜：《中国通史简编》修订本）确实鞭辟入里，发人深思。范文澜的史著教育了几代人，他的通史著作和近代史著作长期受到广大读者的欢迎，除了具备有高度科学价值的内容之外，语言优美生动、极具吸引力也是非常重要的原因。

翦伯赞的史学著作，在文字表述上也很有特色。1942年11月，他在重庆撰写《中国史纲》第一册（即《先秦史》）即将脱稿时，郭沫若曾致函，请他写完之后带着稿子"到赖家桥来为我们朗读"，历史著作而能拿来朗诵，就因其文字生动。仅举两例。《先秦史》中描述原始社会由采集经济向采集狩猎经济过渡时的生活："据考古学家的报告，在周口店洞穴中，发现了大批古生物的化石，如披毛犀、毛象、剑齿虎、驯鹿、水牛、野马、野猪、灵猫、水獭及貂之属。在宁夏东部的遗址中，发现了披毛犀、鬣狗、鸵鸟、野马等的化石。这些古生物的发现，就指明了狩猎在当时人类生活中，已经占领了很重要的地位。并且，我们由此可以想象燧人氏时代的人群，已经再不是拘束于内海周围之可怜的采集者，而已变为英勇的猎人。他们拿着鹿角制成的匕首，或是有柄的投枪，在蒙古高原，在河北平原，在鄂尔多斯，在陕甘北部，到处展开了'烧山林，破增薮，焚沛泽'的大规模狩猎活动。到处的森林都烧起了熊熊大火，到处的猎人都发出了雄壮的呼声，于是在胜利的呼号中，大批的野兽被抬进了洞穴。同时，在内海的周围，在易水流域，在萨拉乌苏河，在黄河的沿岸，都布满了捞鱼的人群。此外，在这一带的山坡和原野也有成群的女子，进行采集。现在，在原始人的菜单上，已经不仅是球根、果实和螺蛤之类，而是添上了许多前所未有的山珍海味了。"再如，《秦汉史》（又称《中国史纲》第二册）中写农民起义军包围长安、王莽面临灭亡的情景："火势延烧得更大，已经烧进了皇宫。王莽的妃嫔和新选入宫的一百二十名淑女东逃西窜，群呼：'当奈何！'这时，王莽避火宣室前殿，穿着一件深青而发赤的衣服，带着皇帝的'玺'，手里拿着'虞帝匕首'，前面摆着一个'威斗'，旁边有一位天文郎替他转动斗柄，他就随着斗柄所指的方向而坐。为了替自己壮胆，他自言自语说：'天生德于予，汉兵其如予何！'"（翦伯赞：《先秦史》）

说明翦伯赞在二十世纪四十年代写成的这两部史著，在观点上是以唯物史观为指导，写法上是搜集了丰富的史料，忠实地对史料分析，并力求语言的优美、形象，其出色的段落宛如向读者展现出一幅幅生动的历史画面。作为他对历史的文字表述的理论概括，至六十年代初，他主编《中国史纲要》时，便向编写组提出如下要求："文章要写得生动一些。但我们不是写诗歌，可以全凭感情，也不是写剧本，可以虚构（写历史剧也不能随便虚构，历史剧中虚构的人物和故事，也必须是当时的历史条件下可能出现的）。我们是写历史教科书，既要生动，又要准确、严肃。""文章要剪裁，删除繁芜无用的辞句。句子要锤炼，去掉不必要的字眼。不论是文章的剪裁或句子的锤炼，都不要为了美词而害意。"（翦伯赞：《对处理若干历史问题的初步意见》，《光明日报》1961 年 12 月 22 日）编写组贯彻了他的这些要求，语言上做到准确而流畅，得到了普遍的好评。

诸多事实证明，中国史家在推进中国史学由传统向现代转变过程中，并非亦步亦趋地"跟着西方走"，而是在大力吸收西方史学先进理论的同时，努力探索中国史学的民族风格，创作出一大批带有浓厚中国风格、中国特色和中国气派的史著，尤其表现在史书体裁和文字表述方面。这种探索，表面上看，是缘于史家高度的历史使命感，实际上仍植根于中国史学内部。几千年积累形成的史学传统，会以各种或隐或显的方式规范着史家的史学行为。而从史家的角度来说，对史学传统的继承，有时是自觉的，有时是不自觉的。

第十六讲

马克思主义史家论史学遗产的批判继承

中华民族具有发达的历史意识，中国古代不仅有极其丰富多样的历史典籍，而且重视史学自身发展的自我检讨与总结，产生了《史通》《文史通义》这样的史评名著。二十世纪后期中国马克思主义史学家继承了这一优良传统，以唯物史观为指导，重视对中国传统史学和近代史学作理论上的总结。这种站在现代科学理性的高度上，史学认识自己、反思自己的工作，不仅对中国史学久远的发展道路和特点达到比以前远为深刻而系统的认识，而且对当代史学的发展有重要的借鉴和启迪意义。中国马克思主义史家对此的理论探讨内容甚为广泛，这里主要论述关于史学遗产的批判继承。

一、抗战时期中国共产党关于批判继承民族文化遗产理论的提出

中国是东方大国，当时又是一个经济文化落后的半殖民地半封建国家，中国在古代曾经创造了灿烂的文化，但又经历了两千多年的封建主义的统治，背负着沉重的历史包袱。在这样的国度从事彻底的反帝反封建革命和建设社会主义新制度的人们，应如何解决正确对待本民族文化遗产的问题，确是十分复杂的课题，其正确解决，不惟对于中国实现革命目标和建设新的社会制度有着极其重要的意义，同时对于世界上其他被压迫民族胜利地完成争取民族独立与解放的事业也有着普遍的意义。中国的革命者和文化界有识之士对此做了长达半个世纪的摸索，走过曲折的道路，先后两次经历了严重的挫折之后，方才得出具有科学价值的认识，正确的认识如此来之不易，因此就更应倍加珍惜。

中国共产党在其幼年时期，在政治路线上曾先后犯过三次"左"倾机会主义的错误，三次"左"倾路线的领导者在政治上、军事上和文化思想上的错误主张都是互相关联、互为表里的。"左"倾错误的连续发生有国际上的根源。中国共产党是在列宁领导的共产国际的直接指导下成立的，中国共产党"二大"做出决定加入共产国际。列宁在加入共产国际的条件上有明确规定，加入共产国际的各国党是共产国际领导下的一个支部，要无条件地接受共产国际的一切决议。列宁在《民族殖民地问题提纲（初稿）》中及以后共产国际的文件中一直强调：反对资产阶级的民族主义。这种思想对

中国共产党的影响是非常大的，它在某种程度上可谓不允许从本民族的利益出发考虑问题。政治斗争、军事斗争和文化工作必须具有本民族特性更无从谈起。从国内根源说，就是"左"倾机会主义路线领导人只会背诵经典著作的字句和共产国际的决议，根本不懂得中国国情，对中国事物的规律性和中国革命所应采取的正确方针、策略毫无正确的认识。在文化思想上，也必然粗暴地否定本民族的优秀历史传统。如，瞿秋白自1927年国民革命失败之后，写过专门的文章批判三民主义和孙中山，把二者彻底否定了。1932年出版的《红旗周报》第46期上有《第三党是国民党忠实拥护者》一文，关于三民主义，它这样说："三民主义就成了反动的旗帜，反革命的工具，地主资产阶级对民众统治的官场的政纲。""左"倾路线人物还否定了"五四"运动的进步意义，认为："五四"时期已经过去，现在是无产阶级革命时代，"'五四'埋葬在历史的坟墓里了"。这些"左"倾错误直到1935年才发生了变化，原因是国际形势发生了很大变化，共产国际的指导思想随之发生变化。1935年共产国际召开了"七大"，确定在法国这些国家建立人民战线，在殖民地和半殖民地的国家建立民族或革命统一战线。这是因为希特勒法西斯势力大大扩张，苏联和共产国际之下的各国党所在的国家受到了战争的威胁，因此，策略发生了变化，给各国共产党更多的自主权来维护本民族的利益。在这种情况下，中国共产党发表了《八一宣言》，提出建立民族统一战线，不久共产党召开了瓦窑堡会议，正式确立民族统一战线政策。1936年上半年，共产党人和一些进步文化人士发动了"新启蒙运动"。

毛泽东成为这一时期中国共产党人阐述批判继承民族文化遗产的出色代表。这首先是由于毛泽东对中国国情有深刻的了解，从"五四"运动和大革命时期开始，毛泽东走的就是一条深入工农民众、深入社会实际、力求将马克思主义普遍真理与中国革命具体实践相结合的道路。1927年领导秋收起义后，建立井冈山革命根据地，开辟了"工农武装割据"的道路，使中国革命的星星之火，形成燎原之势。1935年10月红军长征到达陕北以后，他代表中国共产党内的正确路线，对于"左"倾机会主义路线在政治上、军事上的冒险主义、关门主义、盲动主义做了深刻、系统的纠正。在文化上他谙熟文史，对传统文化的优秀遗产和民间文化营养有独特的、深刻的体会。上述两项原因相结合，才使毛泽东成为总结中国共产党的集体智慧，科学地阐述解决"马克思主义中国化"这个重大理论问题的杰出人物。

　　从1938年至1945年，毛泽东在其一系列重要著作中，对批判继承民族文化遗产和建立民族的、科学的、大众的新民主主义文化一再作了深刻的论述，对于统一当时革命队伍，对于正确对待民族文化遗产的态度产生了巨大的作用，对于史学工作者如何在批判继承的基础上进行创新具有极其宝贵的指导意义。毛泽东在1938年发表的《中国共产党在民族战争中的地位》一文中指出："学习我们的历史遗产，用马克思主义的方法给以批判的总结，是我们学习的另一任务。我们这个民族有数千年的历史，有它的特点，有它的许多珍贵品。对于这些，我们还是小学生。今天的中国是历史的中国的一个发展；我们是马克思主义的历史主义者，我们不应当割断历史。从孔夫子到孙中山，我们应当给以总结，承继这一份珍贵的遗产。这对于指导当前的伟大的运动，是有重要的帮助的。"针对"左"倾路线人物只会背诵马列主义词句、不懂中国国情、无视学习民族文化遗产的重要性的错误，毛泽东深刻地分析其危害性并提出根治的办法："马克思主义必须和我国的具体特点相结合并通过一定的民族形式才能实现。马克思列宁主义的伟大力量，就在于它是和各个国家具体的革命实践相联系的。对于中国共产党说来，就是要学会把马克思列宁主义的理论应用于中国的具体环境。成为伟大中华民族的一部分而和这个民族血肉相联的共产党员，离开中国特点来谈马克思主义只是抽象的空洞的马克思主义。因此，使马克思主义在中国具体化，使之在其每一表现中带着必须有的中国的特性，即是说，按照中国的特点去应用它，成为全党亟待了解并亟须解决的问题。洋八股必须废止，空洞抽象的调头必须少唱，教条主义必须休息，而代之以新鲜活泼的、为中国老百姓所喜闻乐见的中国作风和中国气派。把国际主义的内容和民族形式分离起来，是一点也不懂国际主义的人们的做法，我们则要把二者紧密结合起来。在这个问题上，我们队伍中存在着的一些严重的错误，是应该认真地克服的。"（《毛泽东选集》第二卷）

　　1940年毛泽东发表《新民主主义论》，明确提出新民主主义革命阶段在文化战线上的任务，就是建设民族的科学的大众的文化，他说，这种新民主主义文化，首先"是反对帝国主义压迫，主张中华民族的尊严和独立的"。对于外国的东西，决不能生吞活剥地毫无批判地吸收。"形式主义地吸收外国的东西，在中国过去是吃过大亏的。中国共产主义者对于马克思主义在中国的应用也是这样，必须将马克思主义的普遍真理和中国革命的具体实践完全地恰当地统一起来，就是说，和民族的特点相结合，经过一定的民族形式，才有用处，决不能主观地公式地应用它。公式的马克思主义者，只是对于马克思主义和中国革命开玩笑，在中国革命队伍中是没有他们的位置的。中国文化应有自己的形式，这就是民族形式。民族的形式，新民主主义的内容——这就是我们今天的新文化。"（《毛泽东选集》第二卷）学习外国进步的东西必须与发扬民族文化的优良遗产相结合，马克思主义不能教条主义地运用，对普遍原理的运用必须采取恰当的民族形式，使之为中国人民大众所欢迎和接受。这就是毛泽东总结自"五四"时期至抗战时期党内外文化工作经验教训而得出的重要结论。

张闻天也在《抗战以来中华民族的新文化运动与今后任务》中说："旧文化中也有反抗统治者、压迫者、剥削者，拥护被统治者、被压迫者、被剥削者，拥护真理与进步的民族的、民主的、科学的、大众的文化因素。旧文化中这种文化因素，即是过去我们的祖先留给我们的宝贵的遗产……对于这些文化因素，我们有从旧文化仓库中发掘出来，加以接收、改造与发展的责任。这就叫'批判的接收旧文化'。"同时，哲学家艾思奇在《共产主义者与道德》中指出："共产主义者必须而且已经在继承着和发扬着中国民族的优秀的传统，不论是一般文化方面的或单单道德方面的。"1942 年，毛泽东在《在延安文艺座谈会上的讲话》中进一步指出："我们必须继承一切优秀的文学艺术遗产，批判地吸收其中一切有益的东西。""我们决不可拒绝继承和借鉴古人和外国人，哪怕是封建阶级和资产阶级的东西。但是继承和借鉴决不可以变成替代自己的创造。"中共中央主要领导人和党的理论家根据中国当代政治斗争和文化斗争的经验而得出的一致认识，就成为抗战时期解放区以至新中国成立后文化工作的指导方针，这是中国现代创造性地运用马克思主义理论的历史上的大事。

二、马克思主义史家关于自觉地批判继承史学遗产的理论主张

按照"在批判继承文化遗产的基础上创新"这一指导思想发展，是新中国成立初期包括史学界在内的哲学社会科学界的共同特点，并且取得了可喜的成绩。老一辈马克思主义史学家在二十世纪五十年代都曾结合史学界所面临的任务，对运用批判继承文化遗产和贯彻"马克思主义的内容与民族的形式相结合"的原则作了重要的论述。他们所取得的理论成就包括如下两个方面：

一是，论述深入地研究和总结中国历史的特点对于发展和丰富马克思主义关于历史科学的理论具有重大意义，包括：认识历史发展的普遍性规律与中国历史特点二者的关系；认识中国历史上长期形成的多民族融合和统一的趋势所具有的重要意义；历史上志士仁人献身国家民族进步事业对于当代人们的重要教育意义等。

范文澜在延安撰著《中国通史简编》时，即提出说明中国历史的进程不仅要符合唯物史观创始人指出的人类社会所

共同经历的阶段，而且要全力总结出这种共同规律在中国历史上表现出来的特殊性，以此作为贯穿全书的指导思想。以后他对全书进行全面修订、改写，在修订本《中国通史简编》绪言中，进一步强调将探讨中国历史的客观进程和特点、继承历史遗产作为撰著中国通史的主要目标。他说："中国人民需要好的中国通史，这是因为中国各民族人民千辛万苦，流血流汗，一直在创造着自己的祖国，创造着自己的历史……今天人民革命胜利了，劳动人民真正当了自己祖国的家，对自己祖先创造历史的劳动和伟大，特别感到亲切与尊敬，要求知道创造的全部过程，为的继承历史遗产，从那里吸收珍贵的经验，作更伟大更美好的新创造。"这样明确地以继承祖国历史遗产、探求中国历史发展道路作为撰写中国通史的总目标，是以往通史著作所从来未见到的。

关于总结中国历史的特点对于丰富马克思主义历史理论的意义，侯外庐在二十世纪四十年代也有过深刻的论述，他说："我个人对这门科学探讨了十五年，在主要关键上都作过严密的思考，对每一个基础论点的断案，都提出自己的见解。"（侯外庐：《韧的追求》）他形成了一套独特的理论主张，认为，中国古代进入文明的途径与希腊、罗马不同。希腊、罗马是属于"古典的古代"，中国则属于"亚细亚的古代"。二者在本质上都是奴隶社会。按照这一基本观点，既是说：马克思主义所阐述的人类社会发展的共同规律，对于无论东方国家和西方国家都是适用的。但是不同的国家、民族，又有不同的途径。侯外庐指出："中国学人已经超出了仅仅于仿效西欧的语言之阶段了，他们自己会活用自己的语言而讲解自己的历史与思潮了。""他们在自己的土壤上无所顾虑地能够自己使用新的方法，掘发自己民族的文化传统了。"（侯外庐：《中国古代思想学说史》再版序言）这些话，反映了中国马克思主义史学家在推进唯物史观原理中国化过程中达到新阶段时的一种自信。

二是，要继承和发扬中国史学的优良遗产。中华民族具有发达的历史意识，史学是传统学术中蔚为大观的门类。中国有世代长期连续的历史记载，从先秦时期的《尚书》《春秋》《左传》《国语》开始，历代史家呕心沥血撰成各具价值的史著，记载了我们民族的活动，显示出史家的进步史识。继承、发扬民族文化的优秀遗产，以此为基础创造出具有马克思主义内容和反映出新的时代要求的新文化，当然其中包括要解决发扬中国史学的优良传统、创建新史学的任务。中国的马克思主义史学家认为：中国历史流传下来的丰富历史典籍，不能只作为一堆史料看待，而应当充分认识到它们的文化价值和思想价值，即是说，历代史学名著在历史观点上、历史编纂方法上和历史的文字表述技巧上，都为我们提供了宝贵的思想营养，值得我们继承和借鉴。马克思主义史学家对于批判继承史学遗产的认识，有一个发展的过程，经历了由阐发继承传统史学某一重要体裁的价值，和发扬古代优秀史家高明的叙事技巧的主张，到阐发从整体上对史学遗产进行总结和继承、发扬的理论。

前一阶段，可以翦伯赞、郑天挺、范文澜等为代表。翦伯赞于1944年著《论司马迁的历史学》一文，论述司马迁所创立的纪传体这一传统史学中最重要的体裁对今天史学研究的宝贵借鉴意义。他认为,《史记》是司马迁"成一家之言"的不朽巨著,其本纪、世家、表、书构成了一个"整然的体系"。"在司马迁的当时,他能开创这样一个历史方法,是值得赞叹的。因为在当时,所有的古史资料,都是一盘散沙,正像一些破砖乱瓦混在一堆,需要有一个分类归纳,而纪传体就是一个最好的方法。司马迁能够开创这样一个方法,并且用这个方法,'厥协《六经》异传,整齐百家杂语',把汉武以前的古史,归纳到一百多个历史人物的名下,'自成一家之言'。这如果不是有过人的史学天才,是不可能的。"翦伯赞认为,司马迁虽然是生活在二千年前的史学家,但从历史唯物主义的观点来看他所创立的纪传体史书体裁却显示出非常博大的眼光和周密的方法,因而堪称是古代的通史杰作。

阐发继承、发扬中国优秀史学遗产理论发展之第二阶段,是正面论述继承史学遗产的理论依据,以及有效地推进这一领域研究的有效方法,这就标志着马克思主义史家对于此问题的认识已达到系统化的阶段。白寿彝于1961年撰写了《谈史学遗产》(《白寿彝史学论集》)的长篇论文,体现出他从马克思主义对待文化遗产的基本原则与中国史学丰富的遗产相结合的高度,所作的深刻思考。这篇文章有三个特点。

第一个特点,提出研究史学遗产,是关系到当前史学发展和关系到马克思主义发展的迫切而意义重大的工作。总结过去是为了推动现在、指导未来。白寿彝说:"我们要研究史学遗产,既不同于那些要把遗产一脚踢开的割断历史的简单的想法,也跟那些颂古非今的死抱着遗产不放的国粹主义者毫无共同的地方。我们主张取其精华,弃其糟粕,改造我们的遗产，使它为社会主义史学服务。我们要继承优良传统，同时更敢于打破传统，创造出宏大深湛的新的史学规模。"具体而言，研究史学遗产可以更具体更深刻地理解史学作为一种社会意识形态在现实斗争中的作用。再者，研究史学遗产可以逐步摸索出来中国史学发展的规律。中国古代不同时期的史学往往显示出具有不同的特点，为何在不同时期有这样不同的特点，其中定有它们规律。中国史学史上还出现这样一个传统，在中国历史遇到一定显著变化以后，总有带总结性的历史名著出现，其中也应有值得探讨的规律性。

第二个特点，明确地将"取其精华，弃其糟粕"的原则贯彻到总结史学遗产的工作之中，提出从两个层面进行区分和别择的基本观点："史学遗产中也有优良传统和非优良传统的区别。对于这些优良传统，也要像对待过去文艺形式一样，我们也并不拒绝利用。"白寿彝认为，不能认为产生于封建时代的史著从思想内容上说都是陈腐、落后、反动的货色，而是必须看到其中精华与糟粕并存，要看到史学遗产中贯穿着反封建专制主义和拥护封建专制主义的斗争，时势创造历史说与英雄创造历史说的斗争，历史进化说与是古非今和历史循环说的斗争，而其前者正是我们所要珍视和继承的精华部分。在历史编纂学层面上，白寿彝认为，精华与糟粕的区别，主要表现在客观的求实态度与主观主义的褒贬作法的斗争，前者即应予以肯定和发扬。这表明马克思主义史学家创造性地把唯物史观和辩证法的原则运用到总结史学遗产上确实取得了很可喜的进展，对于研究者如何坚持实事求是的原则、对具体问题作具体分析，提供了极好的范例。

第三个特点，对于如何全面深入地开展批判继承史学遗产的工作，作了初步的规划。白寿彝说，对于史学遗产的研究工作要百花齐放。首先是开展史学基本观点领域内的研究。这里包括历史观的研究；关于历史观点在史学中地位的研究；关于史学工作的作用的研究。关于历史观点在史学工作中起指导、统帅作用，白寿彝举出自孟子、范晔、刘知幾至章学诚的论述："《孟子·离娄篇》：'其事则齐桓、晋文，其文则史。孔子曰：其义，则丘窃取之矣。'义，就是观点。范晔自序，强调观点对史文的作用，说：'以意为主，则其旨必见。以文传意，则其词不流。'……刘知幾以才学识为史家必具的三长，有类似于今人所说的文史哲的关系，而特别注意于'通识'的重要。章学诚继承刘知幾而加以发展，在《文史通义·说林》篇中申论'志识'在史学工作中的作用……这对于观点驾驭史料的作用，说得是很中肯的。"关于史料科学遗产的研究和历史编纂学遗产的研究，历史文学遗产的研究，也都是很浩巨的工作。此外还有"关于各个历史问题的前人已有成果的研究"和"对于史学家著作的研究"等。

三、马克思主义史家关于经世致用和历史文学传统的论述

我国古代有识史家有以天下为己任、关心国家民族命运的高尚情怀，史学经世致用的旨趣和功能是由孔子、司马迁创始的。孔子所修《春秋》的最大特点，是借助褒贬书法表达自己的政治理想和伦理观念。因而孟子论曰："孔子成《春

秋》而乱臣贼子惧。"(《孟子·滕文公下》)司马迁对孔子的事业十分景仰，认为《春秋》对政治具有最巨大的力量，称"拨乱世，反之正，莫近于《春秋》"。(《史记·太史公自序》)他本人自觉地继承孔子的精神，同样通过著史表达自己的社会理想，这就进一步奠定了中国史学直面社会、同现实生活紧密相关的优良传统。司马迁通过历史记载大力肯定汉代的功业，《史记》以很大的篇幅写当代史，赞扬汉朝功德，同时认真总结、汲取秦亡教训。对汉朝政治而言，司马迁肯定其光明面，又批评其阴暗面，这正是伟大史学家时代感和责任心的表现。他"述往事，思来者"，期望后来者实现他在书中提出的社会主张。由于孔子、司马迁在中国文化史上有崇高的地位和成功的史学实践，就为后代史家树立了典范，使其奠定的史学经世致用的优良传统在历代得到发扬光大。

马克思主义史学家对中国古代史学经世致用传统有深刻的论述。杨翼骧认为："在中国古代史学理论发展史上，史学的经世宗旨包括两大方面的内容，第一是直接用于现实政务的'资治'观念，第二是'明道'的观念，后一项内容给不为时用的学者提供仍可从事经世之学的广阔天地。"并强调说，以史鉴戒、以史惩劝和以史教化是内容交错、互相联结的思想环节，并将史学与政治、社会系于一起，使史学成为中国古代政治机构和社会生活的组成部分，这是中国古代无论治世、乱世，史学皆盛而不衰的重要原因。随着史学的发展，鉴戒、惩劝、教化等成为中国古代史学的必备属性，这样就不再是史官执掌"官书"以赞治，而是史书本身就应具有辅助政治的永久作用，于是产生了"资治"的范畴来概括史学的宗旨。同步发展的又有"明道"的观念。"这样，中国古代史学宗旨论就发展成为从鉴戒、惩劝、教化以至资治、明道，再总括为经世的三级范畴，这三个层次互相联结，形成了相当严密的思想网络，这是古代史学理论最核心的部分。"（杨翼骧：《论中国古代史学理论的思想体系》，《学忍堂文集》）

施丁著《中国史学经世思想的传统》，论述：孟子称"《春秋》，天子之事"，意谓孔子面对世道衰微，编修《春秋》，记善恶，辨是非，可以说是代天子行道，起到了"乱臣贼子惧"的作用。司马迁著《史记》，法孔子、继《春秋》，还曾明言以史为鉴，说："居今之世，志古之道，所以自镜。"《史记》略古详今，对当代人世政事，详尽记载，具体入微，或寓论断于序事，或直抒己见，甚至对"今上"汉武帝，也直书其事，评判其政。《史记》创设《河渠书》，即因治理黄河在汉代是极其重要的问题。班固著《汉书》，继承了《史记》这一传统，撰写《沟洫志》，详载贾让的治河之策，申明治河修渠乃"国之利害，故备论其事"。班固在《贾谊传》《晁错传》《董仲舒传》，都极重视载录他们"切于世事""切当世，施朝廷"的有用之文，同样彰明其著史经世致用之宗旨。至唐高祖李渊在《修五代史诏》中，明确要求修史的目的是"所以裁成义类，惩恶劝善，多识前古，贻鉴将来"。杜佑著《通典》，详载历代社会制度史，作为当世施政参考，故明言其著史目的为"征诸人事，将施有政"。司马光著《资治通鉴》，更注重记载历史上的人物善恶，政治得失，以资鉴戒，即如他在《进资治通鉴表》中所言："专取国家盛衰，系生民休戚，善可为法，恶可为戒者。"至明末清初杰出学者顾炎武、黄宗羲、王夫之，他们治史的共同特点是博古通今，关心时政，深入探讨古今变化及时政要害，议论到君主专制、制度改革、民族矛盾、学术变迁等重要问题。

历史文学，有两个意思。一个意思是指用历史题材写成的文学作品，如历史小说、历史剧本。另一个意思是指运用准确、生动、真实的文字记述真实的历史。这里讨论的历史文学，是指第二个意思。

中国古代曾经"文""史"不分。如《诗经》是最早的诗歌总集，但其中《周颂》《鲁颂》《商颂》《大雅》，都有不少的历史内容，《生民》《公刘》等篇章写了周初的历史，歌颂了后稷、公刘等英雄人物，被称为史诗式作品。《左传》一书，在史学上和文学上兼有很高的价值。两汉出现的历史巨著《史记》《汉书》，也是文学名著。同时，又出现诗赋名家枚乘、司马相如、扬雄等，历史与文学分为两途，至此已显然可见。但从史家发展的源流言，一个优秀的史家不仅要掌握准确、丰富的史实，而且要有很高的文字修养，善于用形象而优美的叙事形式把曲折复杂的史实表达出来，对读者产生巨大的感染力量，这就成为中国史学的一项优良传统。古代史家明确地以"善叙事理"作为成功史著的一项必备的要求，并且对史家在历史文学方面的成就有精当的评论。

马克思主义史学家充分重视阐发历史文学的优良传统，是基于对中国史学具有民族特色的成就进行科学的总结，同时也为推进和发展今天的史学提供宝贵的借鉴。历史工作者下大功夫收集史料、探索历史的客观进程，研究的成果要写成人们能够看懂、并且喜闻乐见的著作。我们所要表述的，不是机械，不是技术，而是生动丰富的人类史。要通过长期的艰苦努力，做到既有丰富的史料、深刻的理论分析，有合理的编纂形式，还必须在文字上善于表述，以"良史莫不工文"的标准要求自己。为了让更多的群众掌握科学的历史知识，发扬历史文学的优良传统比过去任何时候都显得更重要。白寿彝撰《谈历史文学——就〈谈史学遗产〉答客问之四》，提纲挈领地总结古代史家在历史文学方面的优良传统。他论述：古代优秀史家在写人物、写语言、记战争、表世态等方面，都有独到的地方，司马迁尤堪称典范。《史记》的《项羽本纪》《魏公子列传》《李斯列传》《淮阴侯列传》《郦生陆贾列传》《刘敬叔孙通列传》《魏其武安侯列传》《李将军列传》等，都写得特别的精彩，使读者如见其人，如闻其声。在《史记》以后的历代史书中，也不断地有些写得好的篇章，但像司马迁那样把历史的文字表述和高度的文学修养结合起来，是很难找的。文中又提出，在写语言、记战争方面，《左传》《史记》《资治通鉴》也都很突出。

郑天挺撰《中国的传记文》，同样对古代史家的记载人物的成功手法作了很好的总结。他总结中国古代优秀的史传作品达到了把人物的"个性、丰采、言谈、思想举止、神态，用文字式事迹衬托出来"。这些史家达到成功的根本原因，在于博采和矜审："他们写起传记异常审慎，异常小心，他们尽量征求异说，尽量采撷史料，但是他们绝不马虎、绝不苟且，对一切一切的事件都要辨别他的真伪，都要追寻他的真实性。

因为这样才能成'一家之言'，这样才能'取信一时，擅名千载'，这是他们最高的理想，也是他们自负的责任。"并分析古代优秀史著《左传》《史记》达到成功的三个条件。第一是"求真"。古代史反对不正确的"苟求异端，虚益新事"，反对漫无选择的"务多为美，聚博为功"，尤其反对"故造奇说，妄构史实"。所以对材料的来源要追求，对传说的真伪要辩正，对事实的先后要注意。第二是提倡"简要"，反对文字的烦芜，希望"文约而事丰"。有时候已经叙述了一个人的才行，就不要再罗列事迹；有时候已经叙述了一个人的才行，就不必再用抽象话语作笼统的赞美；有时候对于才行事迹全不说，而把当时的言语记下来，因为言语有关涉所以事实也就显露了。第三个条件是主张"用晦"。因要"尚简"，所以有许多事迹他们不明显地直说，而用旁的方法委婉地点出来，烘托出来。或者是只说大的方面、重要的方面，而将小的、轻的不说，使读者自己去体会。

四、马克思主义史家关于历史编纂的论述

我国传统史书体裁丰富多样。《四库全书总目》将之区分为正史、编年、纪事本末、别史、杂史、诏令奏议、传记、史钞、载记、时令、地理、职官、政书、目录、史评，共为十五类。梁启超在《新史学》中所作的分类略有不同，他分为正史、编年、纪事本末、政书、杂史、传记、地志、学史、史论、附庸，共十种；其中正史再分为官史、别史两类，如此细分，共得二十三类。马克思主义史学家认为，史书体裁

形式的丰富多样不止具有文献学、目录学的意义，更重要的是，它是一笔宝贵的文化遗产，具有多方面的思想价值。马克思主义史学家在历史编纂领域所作的理论探讨，包括历史编纂对史学发展的意义，史书体裁的发展，历史编纂改革的方向，史书编纂创新的途径等。对于这些问题的探讨，不仅丰富了具有民族形式的中国马克思主义史学理论的内容，而且对于今天新史学的发展产生了重要的启示和指导作用。

（一）论历史编纂与史学发展的关系

历史编纂是史学发展的载体。白寿彝论述说："史书的编纂，是史学成果最便于集中体现的所在，也是传播史学知识的重要途径。历史理论的运用，史料的掌握和处理，史实的组织和再现，都可以在这里见个高低。刘知幾所谓才、学、识，章学诚所谓史德，都可以在这里有所体现。"（白寿彝：《中国史学史》第一册）世世代代学者，无论其对历史演进的观察如何深刻、敏锐，对历史变化的观点如何之高明、正确，搜集的材料如何之丰赡、翔实，研究的成果如何之精当、宏富，表达如何之恰切、生动，都必须依赖历史编纂这一载体容纳和表现出来。同样，史学研究的多方面的成果也要依赖于此，才得以广泛行世和久远流传。因此，历代卓有建树的史学家，无不重视对历史编纂加以总结。历史编纂在过去学术长河中的发展，是依靠史家具有创新精神来推动的，从发展和创新的角度来探讨历史编纂问题，对于当前史学工作实有积极推进的意义。

关于历史编纂的理论探讨，可以区分为史体和史例二者。

史体，是指史书的体裁，如纪传体、编年体之类。史例，是指史书内部在组织形式上的安排，如专传、合传、杂传之类，项羽是否可列为纪，陈涉是否可列为世家之类。白寿彝提出，在体例问题上尤应注意两点。"一点是要注意到内容和形式间的关系。同一内容，可以有不同的表现形式，而在不同的表现形式中可能有一种比较更好的表现形式。在编纂史书时，当然以采用更好的形式为宜。又一点是，形式是为了体现内容，内容不当因迁就形式而对自身有所损害。同时，形式也应有自身的完整性，也应该适当地保持一个相当完整的形象。这二者之间是有矛盾的，但必须妥为处理。"（白寿彝：《中国史学史》第一册）编纂史书不讲求形式的恰当和体例的合理、严整，既不能"圆而神"，也不能"方以智"，这种情况并非罕见。结果必然是妨碍著者对所要记载内容的表达，对于读者则增加阅读的困难，或缺乏兴趣，因而不利于历史知识的传播。这些都须要通过理论上的探讨，以及在实践中摸索、总结，加以改进和提高。

（二）论史书体裁的发展

史书的体裁一向受到重视，主要是纪传体、编年体和纪事本末体。以往的看法，似乎这三种体裁之间有一条截然的鸿沟，它们的形式也好像是固定不变的。白寿彝提出："对于这三种史书体裁的看法，应该有一个新的看法。应该看到这三种体裁间的相互关系，看到它们的发展过程。"中国史学在其进程中先后形成的三种主要史书体裁，实际上反映了历史学家主要从某一角度认识和叙述历史。编年体以年代先后为其认识和叙述的角度，纪传体主要从人物的角度，纪事本末体则主要从事件的角度。时间、人物、事件，是历史发展的三个主要因素。历史学家选取某一角度观察和叙述历史各有方便之处，三种体裁的存在各有其合理性，也各有自己的长处。而因为写的是生动丰富的人类史，所以就不可能纯然运用一种体裁而不兼及其他记载的方式。纪传体史书，其中很大的部分是记人物，但不是一种单一的体裁，而是一种综合的体裁。纪传体史书里的本纪，基本上就是编年体。编年体史书，是按年月记事的，但里面也有纪事本末体。比如《左传》记晋文公在外流亡的经过，就是纪事本末体。纪事本末体史书，是把历史上的大事区别为若干子目，在某一个子目里把这件大事有首有尾地记下来，每一子目都独立成篇。但这种史书也必须按年月日来排比历史的事实，而且里边也不能不有传记性质的记述。这三种体裁的区别，只是就其主要的形式来说的，并不是互不相干的。因此，"这三种体裁也是不断发展的，并不是一成不变的"。（白寿彝：《谈史书的编纂》，《白寿彝史学论集》）

同样，纪传体和纪事本末体，也都经历了发展演变的过程。《史记》是贯通古今的通史体裁，班固的《汉书》则是断代史体裁。《史记》由本纪、表、志、世家、列传五体构成，《汉书》则取消世家，将有关人物的记载合并到列传之中。《史记》的"八书"包括礼书、乐书、律书、历书、天官书、封禅书、河渠书、平准书，《汉书》的"十志"，则将前四者两两合并为礼乐志、律历志，而天官书等四篇分别改为天文志、郊祀志、沟洫志、食货志，又新设立刑法志、五行志、地理志、艺文志。以后"正史"中的典志篇目每因反映时代的特点而有变更，《后汉书》以下，多设有百官志，《魏书》因佛教在北魏盛行，设立《释老志》，《旧唐书》以下因实行科举取士，官员选举制度改变，因而多设《选举志》。纪事本末体这一体裁创于南宋袁枢，系设立事目，内容抄《资治通鉴》而成。清初谷应泰撰《明史纪事本末》，其史料来源系纂修者采撷而得，它的成书比《明史》早了八十余年。其后，因受清代考证学风大盛的影响，高士奇撰《左传纪事本末》，增加了"补逸""考异""辨误""考证"等内容。清末李有棠撰《辽史纪事本末》《清史纪事本末》，重视考证的特点更为突出，搜集《辽史》《金史》以外史料多达数百种，"考异"内容占了全书之大半。

（三）论历史编纂的创新

我国史家在史书编纂上的创新精神，不但反映在史书体裁的发展，同时还突出地反映在史家对历史编纂在理论上进行总结和开拓。步入二十世纪以后，从章学诚到章炳麟、梁启超的探索证明，保留、发挥纪传体诸体配合、容量广阔的特点，同时加以改造，吸收纪事本末体因事命篇、不拘常格、便于叙述历史大势的优点——这一共同努力的方向，是学术史发展客观进程所显示的内在逻辑，作这样的设想，既继承、发扬了传统史学的优良遗产，又反映了时代的要求，提高了历史编纂的品位，堪称意义重大！章炳麟和梁启超是推动学术近代化潮流的出色人物，作为史学家，他们对客观历史进程的深度和广度有新的认识，他们的设想和实践无疑具有深刻的近代内涵。

以后，罗尔纲用马克思主义指导太平天国史研究，又对"新综合体"作了很有意义的探索。他自二十世纪四十年代末起，即经历了由继承纪传体到自觉地进行改造的艰巨过程，至八十年代中期，又受到学术界新的研究成果的启发，因而确定用一种"多种体裁结合而成的综合体裁"，撰写成四卷本的《太平天国史》。全书系以叙论、纪年、表、志、列传五部分组成。"叙论"是对太平天国的时代背景，革命运动的分期，革命的性质和成就，失败的原因，及对中国近代史的影响等，作综合的论述。"纪年"，是以纲目体裁，按年代先后，对史事进行简洁的、有组织的记述；相应取消"本纪"，将洪秀全事迹移归传内，剔除了纪传体以君主纲纪天下的封建性。用"表"标明复杂繁赜的史事，共二十一"表"。用"志"记典章制度，有上帝教、天朝田亩制度、资政新篇、政权、政体、食货、官爵、兵、刑律、礼制等，共二十篇"志"。"传"记人物，共四十七篇。

新时期以来，马克思主义史家继承传统史书体裁，并根据社会主义时代的要求进行改造、创新，成就斐然。比如，戴逸、李文海主编有《清通鉴》，宁可主编有《中华五千年纪事本末》。影响最大的，是白寿彝主编的《中国通史》。1989年，《中国通史》导论卷出版，书中专设了论历史编纂一章，阐述史书体裁的继承、改造和创新，阐明"我们应该发展综合运用的优良传统，多体裁配合、多层次地反映历史"这一总的著述宗旨。他构想通史著作应采用序说、综述、典志、传记四个部分互相配合的新的综合体裁。以"序说"置于全卷之首，开宗明义。"综述"，是各卷的主干部分，要写出历史发展的总相。"典志"的任务，是对历史现象进行剖视。"传记"，既要写出人物的历史作用，还要写出他们身上所反映的时代特点。序说、综述、典志、传记，四种体裁互相配合，就能够多层次地反映历史的进程，既反映了历史的规律性，又反映了历史的丰富性。恰当地运用这种综合体裁，还需要在"通"字上下功夫。吸收司马迁、杜佑"通古今之变"的长处，还要吸收郑樵、马端临"会通"各种知识和文献的长处；而更重要的是，在马克思主义指导下进行工作。(《中国通史》导论卷)白寿彝关于新综合体的构想，是在自觉继承中国史学遗产基础上气魄宏大的创造，具有鲜明的时代特点。

二十世纪中国史学发展的正反两方面的经验教训说明，繁荣中国历史学，必须把坚持唯物史观与发扬中国史学民族特色结合起来。史学创新与对中国传统史学思想的吸收是不能分开的。传统史学在经过一定的"扬弃"后，作为民族文化的因子融入到新史学中。传统史学的积极因素促进了新时代史学的发展，显示了中国史学近代化的民族特色。中国史学的借鉴思想，富有辩证法的历史通变思想，论历史兴衰的民本思想，史学经世思想，都是我们应该十分珍视的史学思想；史家在史论中关心民族的命运和历史的前途，也是宝贵的优良传统。中国传统历史编纂学中的丰厚遗产，是我们在新的历史形势下创造新史书体裁的思想资料。要之，我国是一个有着悠久史学传统的国家，我们的先人留下了大量的优秀史学遗产，它们是二十一世纪中国历史学枝叶繁茂的肥沃土壤。我们要在唯物史观的指导下，对传统史学有更加理性的认识，自觉地吸收传统史学的营养，建立不愧于时代要求的具有民族特点的新史学。

第十七讲

中国史学的海外传播与回响

　　作为中华文明的重要载体，中国史学具有突出的原生性与完整性，对亚洲周边国家产生巨大而持久的影响。从官修制度的形成到史书体裁的多样化，再到史学观念的贯彻等，朝鲜和日本等国家都以中国史学为典范，在学习模仿的基础上，根据国情加以调适，从而形成自己的突破和特色，并凸显出浓厚的民族自觉意识。这一格局随着西方近代工业文明的崛起而被改变，亚洲史学开始以西方为师，中国史学也开启了近代化转型之路。但是，这并不意味着中国史学不再对外产生影响。一方面，中国传统史书仍被大量翻译成外文，继续在海外塑造着中国史学的形象；另一方面，中国近代史学著作也走出国门，在世界上产生一定的影响力。

一、中国史学在朝鲜的传播与回响

作为朝贡体系的圆心，中国史学对整个东亚都产生巨大影响，尤以朝鲜为最。由于史料欠缺，目前尚无法精确中国史籍东传的时间，但至迟在公元前二世纪中国于朝鲜半岛设置郡县时，已流布甚广。此后，隋唐、宋元以及明清时期都出现过史书规模性东传的高潮，这与印刷术发展和儒家文化传播相伴随。况且，在李朝世宗之前，朝鲜并没有形成自己的文字，而是使用汉文编纂历史。因此，朝鲜史学的形成和发展，自始至终都被打上深深的中国印记，甚至可以说是中国史学的一个分支。

在朝鲜乃至整个东亚传播的中国史籍中，最具代表性、影响最为深远的，无疑首推司马迁编纂的《史记》。汉武帝征服朝鲜、设置三郡后，《史记》开始在朝鲜半岛传播，并逐渐被奉为经典，不仅受到统治者青睐，而且属于科举考试的重要内容，为士大夫必读之书，渗透于朝鲜政治文化的各个方面。朝鲜史家无不将《史记》奉为圭臬，盛赞司马迁的开创之功。李晬光曾有一段经典论述："史之兴，自汉代始……司马迁大集群书为《史记》，上下数千载，亦云备矣。然而议论惑驳而不纯，取其纯而舍其驳可也。而后世史记，皆宗迁法，大同而少异。其创法立制，纂承《六经》，取三代之余烬，为百代之准绳。若迁者，可为史氏之良者也。"（［朝］李晬光：《经书部二·诸史》，《芝峰类说》）这一论述充分说明，朝鲜史家对司马迁《史记》在中国史学史上的典范地位有相当深刻的认识。事实上，《史记》也是朝鲜史学的思想源头，号称朝鲜半岛两大正史的《三国史记》和《高丽史》，无论在编纂思想、体裁体例，抑或历史文学、叙事结构等方面，几乎都直接效法《史记》而成。兹以《三国史记》为例。

《三国史记》是朝鲜半岛第一部较为完备的官修纪传体断代史，由高丽时期著名文士金富轼奉仁宗之命于 1145 年编纂而成，系统叙述了新罗、高句丽和百济三国的历史。关于此书的编纂缘起，金富轼在《进三国史记表》中指出："古之列国，亦各置史官以记事……惟此海东三国，历年长久，宜其事实，著在方策……至于吾邦之事，却茫然不知其始末，甚可叹也……宜得三长之才，克成一家之史，贻之万世，炳若日星。"（〔朝〕金富轼，孙文范校勘：《三国史记·进三国史记表》）其中最值得注意的是"至于吾邦之事，却茫然不知其始末，甚可叹也"一句，道出了朝鲜编纂《三国史记》的真正意图在于：借助史学建构自身的民族意识和文化认同。当然，在相当长的时期内，实现上述目标的途径，在于全面模仿、借鉴中国史学和文化。无论《三国史记》还是之后的《高丽史》，都秉承中国"国亡史存"的史学传统，通过修前朝史论证新朝执政的合法性与正统性，并总结经验教训。应该说，这是朝鲜史学最基本的特征。就史书体裁而论，《三国史记》是除中国之外最早模仿《史记》编纂而成的四体齐备的综合体史书，但由于此前朝鲜官修史书制度不完备，可供参考的史料极为有限，因此该书内容十分简略，大量史料直接节录于中国典籍，并采用了诸多带有传说性质的逸事。尤其是，《三国史记》各体之间孤立存在，而非互相说明、互相补充，具体的体例安排亦流于表面化。本纪篇幅占全书六成以上，主线不明；表中缺事，无法起到贯穿史事、撮举史要的作用；志缺刑法、艺文、食货等重要篇章，且流于简单地罗列史实，没有以贯通意识分析制度的演变及其与社会的互动等；列传一笔带过，有的则分类混乱，且与本纪存在较多重复。凡此说明，《三国史记》尚处于简单模仿阶段，没有真正参透中国正史体裁的内在机理，可谓只具其形，未得其意。在编纂思想方面，《三国史记》同样深受《史记》影响，以儒学统摄全书，尤其表现在排斥神异、褒贬人物、正统观念等方面。尽管不够完善，《三国史记》仍在朝鲜史学史上占有极为重要的地位，为其后世修史树立了典范，具有开拓性意义。此后，朝鲜的纪传体史书编纂日益成熟，陆续出现《高丽史》《宋史筌》等史学名著，传承有序，自成脉络。

编年体传入朝鲜的时间与纪传体大致相当，也颇为统治者所重视。高丽时期，编年体获得进一步发展，编成《千秋金镜录》《世代编年节要》《古今录》等史书，初步形成较为完备的实录编纂机制。

朝鲜自高丽仁宗时期即仿宋制设立史馆编纂实录，编成"七代实录"，可惜毁于战火，但这一官方修史传统被后继的朝鲜王朝继承下来并发扬光大。流传于世的《朝鲜王朝实录》共一千八百九十三卷，字数约五千万，记载朝鲜太祖到哲宗二十五位国王，长达四百七十二年（1392—1863）的历史。朝鲜王朝的史书编纂主体是国家，而实录正是最为重要的国史记录形式。其编纂与中国实录之间，既存在明显的继承，又有一定程度上的突破。

为了保证实录所需要的原始资料，朝鲜王朝自太宗时期就在中央和地方建立起了一套较为完备且行之有效的史料收集制度，尤其是模仿中国唐宋编纂《时政记》。相较而言，朝鲜对《时政记》的编纂更为重视，建立了更为完备的官修制度，也取得了更为显著的成绩。中国的《时政记》编纂确立于唐朝，是从起居注制度中分离出来，弥补起居注之缺的一项临时性修史制度，由宰相负责，至宋朝虽改为常设，但仍然没有专门机构，由中书省和枢密院负责，而且内容方面未有大的改变，仍以君王为中心。朝鲜则由艺文、春秋馆负责编纂《时政记》，将史官分组，各司其职，并将此作为考察史官的重要依据，监督甚严。最特殊的地方在于，朝鲜编纂《时政记》不以君王为中心，却以制度为中心，记载范围相当广泛，而且每条史实后面都附有史官的评论，即使君主的行为也不例外。评论是否得体，同样作为考察史官的重要标准。凡此可见，朝鲜官方修史制度在模仿的基础上形成了自己特色，甚至在某些层面超越了中国。

中国的实录编纂以《明实录》为巅峰，而反映朝鲜实录编纂最高水平的《朝鲜王朝实录》同样产生于这一时期。《明实录》传入朝鲜的时间较晚，因此《朝鲜王朝实录》的编纂并未参考该书。两者都是在继承中国唐宋实录编纂经验基础上的再创造，并且在某些方面存在惊人的相似性，可谓两国史学交流史上的一段佳话。首先，两书都延续了编年体这一体裁，以事系日，以日系月，以月系时，以时系年，按照时间顺序将纷纭复杂的历史事件合理地融入其中。两书都以月为单位分卷，《朝鲜王朝实录》由于史事较少的缘故，多采取数月一卷的体例。其次，两书都巧妙地融合了纪传体的优点，一方面将人物传记按照编年顺序附于中间，遵循先叙官阶、字号和生平，再附论赞，杂以褒贬的编纂手法；一方面又囊括了典章制度等内容。两书都摆脱了以君王为中心的固有模式，大大扩充了记载范围。但须指出的是，《明实录》采取编年附志的方法，将经济、文化等内容按时间顺序分别嵌入，略嫌杂乱，而《朝鲜王朝实录》则将这些内容单独列出，分门别类地加以叙述。这是对中国传统体裁的明显创新和突破，也是朝鲜实录体编纂的最大特色。

李朝时期纲目体史书的大量出现，也是朝鲜史学史上非常值得关注的现象。以《编年纲目》为代表的纲目体史书也开始问世。至李朝时期，在程朱理学的影响下，编年体呈现繁荣局面。无论本国史编纂，还是明亡以后的中国史编纂，朝鲜史家大都倾向于采用编年体或纲目体。其中，纲目体史书编纂的兴盛，最能彰显这一时期朝鲜历史编纂学的时代与民族特色。

朱子学传入朝鲜后，逐渐上升为官学，占据指导思想地位，《资治通鉴纲目》也成为朝鲜儒士最推崇的史书，被称作继孔子《春秋》之后的又一部义理巨著。李氏朝鲜时期，活字印刷技术逐渐普及，在朝廷的推动下，《资治通鉴纲目》被多次翻印。为了让大众更好地理解，朝廷还主持编纂了《纲目通鉴训义》《纲目讲义》等书。因此，朝鲜纲目体史书大都直接模仿《通鉴纲目》。《通鉴纲目》之所以在朝鲜引发纲目体史书编纂热潮，主要是因为其极力突出尊王攘夷的正统思想，而这是长期作为藩属国的朝鲜最为关注的问题，尤其满足了它在明亡后以"小中华"自居的文化正统需求。这一编纂思想在体例上得到贯彻，朝鲜纲目体史书大致模仿朱熹的统系分类法，如凡例最繁细的《宋元华东史合编纲目》就分为"正统"和"无统"两大类，其下再分为列国、篡贼、建国、僭国、不成君、远方小国等六小类。此外，朝鲜纲目体史书贯穿着对中国及朝鲜历代王朝正统地位的探讨，并着力突出朝鲜自身的民族觉醒意识，这与《三国史记》《高丽史》等纪传体编纂目的并无二致。事实上，李朝时期形成的编纂中国宋、明史热潮，本身就是正统思想的最直接体现。

此外，朝鲜史学在李朝时期迎来繁荣，还表现在典制体史书的出现，如《增补文献备考》《经国大典》《文献考略》《华东通典》《东国通志》《文献节要》《文献撮要》等政书类，《东国舆地胜览》《东国舆地志》《大东地志》等地理类，以及《通文馆志》等外交类，虽整体数量不多，但亦能侧面折射出中国史学对朝鲜影响之深。比如，《增补文献备考》经朝鲜英祖、正祖、高宗三代众多史官合力编纂而成，记载箕子朝鲜至光武时期的典章制度，共二百五十卷，在体裁上模仿马端临《文献通考》，采取文、献、考相结合的形式：先列"文"，顶格排列；次列"献"，低一格排列；最后低两格列"考"。眉目清秀，井井有条。在编纂主旨上，同样倡导"会通"，谓："我东掌故之书令宪则有《大典》，舆地则有《胜览》，礼乐则有《五礼仪乐学规范》，然皆各为一书，苟求其会通集成如杜氏《通典》、马氏《通考》之类则概乎。"（〔朝〕金致仁等编：《增补文献备考·正祖朝御题增订文献备考标记》）

二、中国史学在日本的传播与回响

日本古代史学深受中国影响，无论编纂思想，还是体裁体例，都没有超出中国传统史学的范畴。但是，日本历史具有特殊性，其古代史学亦凸显出自身特色。比如，日本虽深受中国正统论史观影响，但因为没有王朝更迭，其内涵指向皇系之正统，而非"天命"之正统。具体到古代史学而言，也同样与日本国情相适应，并非简单地模仿中国。

儒学东传尤其是汉字在日本普及以后，原本占据主导地位的口传历史逐渐被历史典籍所取代。据《古事记》《日本书纪》等记载，产生于宫廷的《帝纪》《旧辞》，是日本最早的史书，记载历代帝室皇族的事迹和传说。但这两部史书尚停留在历史记载层次，不能称之为严格意义上的历史编纂，既没有明确的纪年，也没有书写的章法。公元 620 年，圣德天子主持编纂了一部《天皇记及国记连半造国造百八十部并公民等本纪》，是日本官修史书的首次尝试。此书虽遭焚毁，但从书名及有关圣德天子的相关记载中至少可以推测出三点：明确了历史纪年；划定了书写对象；凸显了民族意识。它不仅是日本古代史学初步形成的标志，而且明显带有中国古代史学的痕迹。这是日本向统一时代过渡，学习隋朝政治体制，推进中央集权的必然结果。当时日本处于圣德太子、苏我氏共同执政时期，双方都想抢夺修史权，让利于自己的政治主张载入史册，即获得正统地位。苏我氏辖下拥有众多掌握汉文的大陆移民，因此承担了具体的修史工作，后在败亡时将所有修史成果付之一炬。修史与权力紧密结合在一起，这在亚洲史学史上是有典型意义的。随着日本的统一进程，修史的重要性越来越被强调。"壬申之乱"后，凭借武力登上王位的天武王亟需树立政权合法性，更将修史视为重中之重，最终确立了带有本国特色的官方修史制度，起始标志是《古事记》和《日本书纪》的编纂。正统世系及朝廷历史确立起来以后，后续的编纂日益趋于制度化，出现《续日本纪》《日本后纪》《续日本后纪》《文德天皇实录》《三代实录》等，与《日本书纪》一道并称为"六国史"，意味着日本官方修史制度的最终确立。而它的模仿对象，正是中国唐朝的官方修史。

这一时期的日本官方修史，从编纂机制到人员构成再到所编史书，几乎都与唐修正史十分相像。自《日本书纪》开始，朝廷集合才识兼备的官员、学者，设立专门的修史机构——"撰国史所"（职位分为：总裁、别当、大外记、司役等），这种形式一直被延续下来，而修史总裁一职主要有藤原家担任。在体裁体例方面，严格来说，六国史既不属于纯粹的编年体，也不属于纯粹的纪传体，而兼采二者之长。记述历代天皇事迹时，基本按照年代顺序加以编年；具体到每一代天皇世系、资质、经历、子女、都邑等问题的叙述，类似于纪传体的本纪；在贵族和朝臣死亡之年月附记其一生事迹，类似于纪传体的列传。这种将纪传体嵌入编年体而成的新体裁，恰恰反映出日本历史编纂并非简单模仿，而是根据本国国情加以改造和创新。日本官方修史不仅以《史记》等中国正史为范本，而且很多地方直接抄录中国史书。比如，《日本书纪》为拉长日本国史而延长各王的在位历史，缺少的部分直接用中国史书的记载来填补。其引用的中国史书，从

《汉书》到《隋书》，几乎随处可见。除了抄录、套用中国历代正史的文字表述外，《日本书纪》等在书写本国历史时，也将中国史书中所包含的儒家正统观念、华夷观念、王权观念、君臣观念等加以移植和运用。

日本历史编纂的主流体裁是编年体，六国史大都以编年体为主干，兼收纪传体之长。在官修史书衰落时期，掌权的武家、幕府以及私家修史也多采用编年体，如《日本纪略》《本朝世纪》《扶桑略记》《吾妻镜》等；即使是平安中期的《荣花物语》等带有突出文学色彩的史著也同样如此，足见编年体在日本之风行。在整个日本史学史上，最具典型意义的当推编年体通史——《本朝通鉴》。它的出现，既与日本官方修史的复苏密切相关，又是中国史书《资治通鉴》及《资治通鉴纲目》传入的结果。

德川幕府对于史学致用功能有清醒认识，从成立之初就十分重视修史，将其视为宣扬正统、教化武士、稳定局势的重要手段之一。比如，通过梳理武士谱系增强凝聚力，通过编纂史书强化礼教秩序等。指导思想，则为中国的程朱理学。早在镰仓幕府时期，《资治通鉴》就被日本当局重视，作为经筵进讲之书。至江户时代，研习、讲论《资治通鉴》及《资治通鉴纲目》蔚成风气，深刻影响了历史编纂学的基本走向和格局。这一时期，幕府官修及指令学官所编纂的史书，如《武德大成记》《武德编年集成》《德川实纪》《续德川实纪》等，大都以它们为典范。林罗山、林春斋父子编纂的《本朝通鉴》，亦是这一史学风气下的产物。

林罗山师从日本朱子学开山祖藤原惺窝，是幕府官学的

"大学头"（相当于首席学官）。他一生不仅参与了大量史书的编修，而且组织了集体修史的机构——忍冈圣堂，晚年则倾注于《本朝编年录》的编纂。其目的，是以《春秋》《资治通鉴》《资治通鉴纲目》等中国史书为典范，编成一部日本通史，发挥史学的资治和垂训功能，为幕府统治提供借鉴。1670 年，《本朝通鉴》正、续篇编成，共三百一十卷，记载从神代传说至后阳成天皇时期即德川幕府之前的历史，历时三十六年完成，是以林家为首的修史之士克服书稿被焚和史料不足等种种困难而取得的重要成果，也是幕府全力支持下的第一部官修正史，整个过程折射出实权幕府与正统朝廷之间的微妙关系。本书最突出的特点，在于对中国古代"春秋笔法"的效仿和变通。《本朝通鉴》的编纂工作虽由幕府主导，但仍奉朝廷为正统，重点叙述律令、祭祀等国家大事。对于中世武家战争的史实，反倒采取克制态度；《附录》对于战国时代的分裂，更给予严厉的批评。这说明它十分重视皇统延续，反映出强烈的大一统意识，因而对织田信长、丰臣秀吉等给予肯定评价。不过，除《附录》外，它叙述历史事件和人物活动时，往往采取寓褒贬于铺陈之中的"善恶自见"笔法。

中国的纪传体和编年体史书大致同时传入日本，但由于后者更易掌握，加上修史机制和史料的不完善，日本官、私修史都选择将纪传体某些特点融入编年体的书写模式，直至体例完备的纪传体通史《大日本史》出现，这一格局才被打破。《大日本史》的编纂，既是日本幕藩体制的产物，又与中国史书《史记》的影响密不可分，标志着日本史学进入新的阶段。

《大日本史》由水户藩藩主德川光圀发起编纂，设立专门修史机构彰考馆，历时长达二百五十年，整整跨越两个时代，共三百九十七卷，堪称日本史学史上的一部奇作。德川光圀之所以立志编纂此书，是因为年少时曾受《史记·伯夷传》激发。《大日本史叙》称："先人十八岁读《伯夷传》，蹶然有慕其高义，抚卷叹曰：'不有载籍，虞夏之文，不可得而见。不由史笔，何以俾后之人。'有所观感，于是乎慨焉，立修史之志。上根据实录，下采摭私史，遍搜名山之逸典，博索百家之秘记。缀缉数十年，勒成一书。"（〔日〕德川纲条：《大日本史序》，载德川光圀、安积觉著：《大日本史》）彰考往来、劝恶扬善的编纂主旨贯穿本书始终。田中犀在《开彰考馆记》中指出，以具有连续性的中国史学作为参照，立志编纂一部能够与司马迁《史记》、班固《汉书》等"记治乱、陈善恶"的良史相比肩之作。这既是效仿，又暗含赶超之意，同样彰显出日本修史的民族意识。

《大日本史》在编纂思想上的最大特点，体现为对儒家正统论的继承和弘扬。首先，它虽由德川光圀个人发起编纂，却是在地方藩主支持下、凝聚了数十位藩士和史臣心血的集体修史成果，期间曾发生命名之争。最初修史之时，德川光圀主张等全部编纂工作完成后上呈朝廷，由朝廷确定名称，以体现尊皇的名分观。后来，德川纲条将书名确定为《大日本史》。以藩主身份给史书冠以国号，显然有违正统思想。1797年，曾撰写《正名论》强调天皇和朝廷权威的藤田幽谷，以坚持德川光圀遗愿的名义，力主修改书名。在他看来，未得朝廷授权而私自冠以国号，是扰乱君臣秩序之举，理应受到严厉批判。耐人寻味的是，他常常将中国史书作为比较对象。这说明日本史家对中国史书所蕴含的儒家正统思想有比较深刻的理解，故而能在对比之后，结合本国国情提出新的修史原则。其次，日本历史虽无王朝更迭，却有皇室内争，甚至出现持续半个多世纪的南北朝对立局面，孰为正统遂成为修史者无法回避的问题。《大日本史》的本纪共七十二卷，明确奉南朝为正统，将南朝诸代天皇列入本纪，但同时将北朝君主的历史附入后小松天皇本纪，以示同属天皇血脉。《大日本史》坚持奉南朝为正统，是以象征天皇权威的神器所归为判断准绳，这是日本神道思想渗透下形成的"神器正统论"，它与中国儒学"名分正统论"一起，共同构成日本的正统论思想体系。除南北朝问题外，《大日本史》的另一大突破，在于将壬申之乱中失去君位的大友皇子列入本纪。这是《大日本史》的一大创举，影响十分深远，成为此后史家的共识。

《大日本史》在体裁上的最大特色，则是抛弃日本流行的编年体，转而采用内涵和外延都更为丰富的纪传体。除本纪的特殊笔法外，其他部分也有独特之处。比如，列传的书写不仅贯彻了中国儒家劝善惩恶的道德史观，而且以《新唐书》藩镇列传为参照，专门设置了将军传，从而与日本中世以后出现的公武二元政治格局相适应。它将幕府政治视为霸业，而非王道，因此没有像《本朝通鉴》那样一味给以褒扬。这种思想，后来成为倒幕维新运动的重要理论依据。特别是，《大日本史》还为包括中国在内的周边国家立传，甚至将其名称改为"诸藩列传",充分说明其民族意识的增强。再如,《大日本史》将日本特有的民族宗教神道置于十志之首,十志分别为"神祇志""氏族志""职官""国郡""食货""礼乐""兵""刑法""阴阳""佛事"。每志都设有总序,其下细类则设有小序,梳理历代沿革,提纲挈领。换言之,每一志就相当于一部专史,其对社会典制的重视,远远超过此前史书。可见,相比朝鲜史家来说,《大日本史》的编纂者对于纪传体显然有更深刻的理解,而且略略表现出重典制、轻纪传的倾向,亦即编纂中心发生了转移。

三、近代以后中国史学的海外传播及其影响

步入近代以后,亚洲史学普遍开启了以西方为师的历程,但中国史学的海外影响仍在延续,主要表现在两个方面:一是,传统史书继续被翻译成外文;二是,近代史学著作走出国门。被翻译成外文的中国传统史书,以官修纪传体史书居多,包含英文、德文、法文、俄文、西班牙文等多个语种。比如,英文本有庄延龄和格若恩威德选译的《新唐书》;德文本有皮菲麦尔选译的《史记》《汉书》《后汉书》《晋书》《宋书》《南齐书》《北齐书》《隋书》《新唐书》;法文本有爱沙畹选译的《史记》《三国志》、罗斯尼选译的《三国志》以及杜莱马瑞选译的《明史》;俄文本有利波菲索夫选译的《明史》;西班牙文本有塞格选译的《三国志》等。编年体史书也在西方国家得以刊刻并产生影响,如里雅阁将《竹书纪年》《春秋》《左传》翻译成英文;毕欧将《竹书纪年》翻译成法

文；比丘林将《资治通鉴纲目》翻译成俄文等。

西方学者不仅翻译中国传统史书，而且介绍和研究中国传统史学。早在十八世纪中期，伏尔泰就曾对中国传统史学作出评论："如果说有些历史具有确实可靠性，那就是中国人的历史。正如我们在另一个地方曾经说过的：中国人把天上的历史同地上的历史结合起来了……其他民族虚构寓意神话，而中国人则手中拿着毛笔和测天仪撰写他们的历史，其朴实无华，在亚洲其他地方尚无先例。"（［法］伏尔泰著，梁守锵译：《风俗论·导论》）这是对中国古代历史意识的浓厚、历史记载的准确性和"求真"史学传统的高度褒扬，充分反映出中国传统史学在西方的良好印象。而且，中国史学的价值观念也确实在西方史学走出神学时代过程中发挥了作用。步入十九世纪以后，随着西方国家的强势崛起和"欧洲中心主义"思想的传播，中国在西方的形象发生了重大变化，从"理想国"变成了"停滞不前"。西方学者对中国史学的批评也越来越多，认为中国史学缺乏反省和批判精神，黑格尔就是其中的典型代表。但即便如此，黑格尔仍高度评价了中国古代在历史记载及其准确性方面所取得的成就。他说："中国'历史作家'的层出不穷、继续不断，实在是任何民族所比不上的。"（［德］黑格尔著，王造时译：《历史哲学》）不管是赞誉还是批评，西方学者的评价都有一定的夸大和不实之处，说明他们并不真正了解中国史学。但有一点可以肯定，他们在总结世界史学发展时，无法绕开中国史学，也必须承认中国史学对世界史学和人类文明发展所作出的贡献。

晚清时期，来华外人逐渐增多，他们对明末清初来华外人所介绍的中国情况感到不满意，认为严重脱离了中国社会现实，主张根据中国典籍来重写中国历史。因此，他们以报刊、著作等形式向外国人介绍中国的历史文化典籍，并作出新的判断和评价。其中，也包含着对中国传统史书和史家的译介。1832年，美国传教士裨治文创办了一份英文报刊，名为《中国丛报》。此后二十年间，《中国丛报》刊载了大量有关中国历史、文化及现状的文章，成为西方世界重新认识中国的重要媒介。这些文章提及的中国古代史家和史著，主要有司马迁父子和《史记》、陈寿和《三国志》、司马光和《资治通鉴》、马端临和《文献通考》等。虽然大多是一般性介绍，内容也不详尽，但有些文章已带有研究性质，反映出西方学者对中国史学有了进一步认识。比如，柯立芝就纠正了此前钱德明神父误把《史记》各部分当做独立著作的错误，并高度评价了司马迁所创立的这一综合性体裁，认为它为后世历史编纂树立了典范。而且，她还把司马迁称为"中国史学的奠基人""中国的希罗多德"。此外，有些文章也对中国纪年方式、纪年内容和纪年特点等做了介绍。

经过几十年的积累后，一部具有标志意义的汉学著作诞生了，它就是沙畹所撰法文本《史记》译注。沙畹在巴黎高等师范学校求学期间，受校长乔治·佩罗影响开始接触中国文化。毕业后，他本想研究中国哲学，但欧洲汉学名家高第建议他研究中国史学，从二十四史中挑选一部译注，因为中国哲学在西方已有理雅各翻译的《中国经典》。1889年，沙畹到达中国，并于第二年在《北京东方学会学报》发表了《史记·封禅书》译注附长篇引论。至1893年离开中国时，他完成了《史记》全文的翻译初稿。回到法国后，他继续《史记》的翻译工作，并得到清朝驻法公使参赞唐在复的帮助。自1895 至 1905 年，沙畹译注的《史记》前四十七篇先后在巴黎出版，共五卷六册，前两卷还获得儒莲奖。但很可惜，由于种种原因，剩余的翻译出版并未实现。沙畹译注《史记》的最大特点，在于注释十分详尽，不仅疏解文中比较难读的字句，而且做了大量文字校正、史实考证、史源比勘以及史料补充工作。以《孔子世家》为例。他逐一指出了司马迁撰写此篇的史料来源，又广泛征引了清代学者的考证成果，足见其用力之深。除正文及注释外，法文本《史记》第一卷还有一篇《引论》。沙畹在《引论》中，详细考证了司马谈和司马迁的生平、《史记》撰写的时代背景、《史记》的取材与编纂、《史记》的刊布与传播等。这些显然已经远远超出一般性介绍的范畴，而属于严肃的学术研究，充分说明随着西方汉学的兴起，中国传统史学经典名著的海外影响越来越大。

　　鸦片战争以后，中国涌现出一些具有近代意识的史家，他们所编纂的著作同样传播到国外并产生重要影响。其中，以魏源《海国图志》和徐继畬《瀛寰志略》为典型。《海国图志》对日本、朝鲜影响非常大，同时也受到西方学者的关注。1851 年，《海国图志》由中国商船亥二号带入日本长崎，因书中包含介绍基督教的内容而被查禁。1852 年，子二号船带入一部。1854 年，寅一号船带入十五部。此后，《海国图志》被批准在日本售卖。因供不应求，日本人开始大量翻刻，版本达二十多种。所翻刻内容是有选择性的，侧重于有关英、美、法、俄等西方国家的情形，以及其他世界知识。日本金泽、福井、出石、田边、神户、淀、延冈、武雄、伊势等多地学馆，都曾把《海国图志》作为教材。而且，《海国图志》深刻影响了日本的维新思想家，进而推动了明治维新。当时，佐久间象山、吉田松阴、安井息轩、横井小楠、桥本左内等人都争读《海国图志》。井上清在《日本现代史》中明确说："幕府末期的日本学者文化人等，经由中国输入的文献所学到的西洋情形与一般近代化，并不比经过荷兰所学到的有何逊色。例如横井小楠的思想起了革命，倾向开国主义，其契机是读了中国的《海国图志》。"（［日］井上清：《日本现代史》）《海国图志》还引来西方学者的关注。郭实腊将该书部分内容摘译给英国当局，并在《中国丛报》上撰文评论。威妥玛则将《海国图志》中有关日本的部分翻译成英文，发表在《中国丛报》上。《瀛寰志略》同样介绍了大量世界知识，因此也受到日本、朝鲜等国家新思想家的青睐。在他们的语境中，《瀛寰志略》和《海国图志》常常并列在一起。《瀛寰志略》于1859年传入日本，很快就被翻刻、译注，对日本人民了解世界各国情况、进行维新改革起了积极影响。盐谷宕阴认为，当时介绍世界史地知识的诸多书籍中，"《海国图志》《瀛寰志略》为核实"。（朴文一、金龟春主编：《中国古代文化对朝鲜和日本的影响》）《瀛寰志略》问世不久，就被"赴京使行"官员带入朝鲜，并很快传播开来。朝鲜《承政院日记》记载来自中国的洋务书籍，即"洋务思想系清国学者的著书"，将《海国图志》和《瀛寰志略》分列前两位。《瀛寰志略》同样获得在华传教士的关注。卫三畏在《中国丛报》上发表了一篇评论文章，认为书中虽然有很多错误，但将会极大地改变中国人的傲慢。

上述事实再度证明，中国传统史学是中国文化的重要载体，西方国家欲了解中华文明，就绕不开中国传统史学。此后，随着汉学研究的兴起，西方对中国传统史学的了解日益深入。而经历了文化冲击的中国新史学家，也在继承中国史学优良传统基础上，广泛吸收西方史学和学术的精华，致力于推动中国史学的现代化，希望能赶超西方。

与古代中国史学的世界影响力相较，近代中国史学似乎稍显黯淡。正因如此，新史学家们才奋起直追，并积极引进西方史学理论和方法，从而使中国史学的面貌焕然一新。但应注意，这种引进并非抛弃中国的史学传统，也不是亦步亦趋"跟着西方走"，而是在融合中西基础上实现对西方的超越。梁启超等以日本为中介借鉴"文明史学"时，就明确批评了其中包含的西方中心论，尝试为中国文化在人类文明体系中争得应有的位置。"五四"前后兴起的新历史考证学更将中国的考证传统发扬光大，许多史家如陈寅恪、傅斯年、陈垣等都坚持民族文化本位，努力在吸收西方史学长处基础上与其一较高低。社会史论战之后声势不断壮大的马克思主义史学，同样强调将唯物史观与中国历史实际相结合，取得了一系列具有中国特色的理论成果。凡此皆可证明，中国史学要提高在世界范围内的话语权，必须在坚持中华文化主体性的同时，广泛汲取外国学界的营养，形成既符合世界学术规范又具有中国风格、中国气派的成果。

第十八讲

历史编纂：中国史学优于西方史学

中国古代历史编纂学在亚洲形成辐射效应，对朝鲜、日本以及越南等都产生原发性影响，但与西方历史编纂学并未产生交集，双方以平行姿态发展，形成各具特色的编纂传统。正如杜维运所言："世界两大系统的中西史学，是中西不同文化下的产品，相去绝远，各自独立发展两千余年，不通声息。"（杜维运：《中西古代史学比较》）乍看起来，似无比较之必要，实则不然，只有通过比较，才能对以历史编纂学为主体的中国古代史学的世界地位给以恰当评价，才不会陷入"西方中心论"下的盲目自卑。甚至可以说，无论从宏观还是微观视角加以考察，历史编纂学恰恰是中国古代史学优于西方之处。

一、中西古代历史编纂学演进路径的根本差异

在文字产生以前，中西方史学都曾存在一个人神混杂的传说时代，采取口耳相传、结绳记事等方法保存历史，这在世界范围内是具有普遍意义的。文字产生以后，中西方对历史的认识和记载方法逐渐产生差异，分别沿着不同的路径发展，形成了风格迥异的历史编纂学。如果要在中西古代历史编纂学之间寻找一个最根本的区别，当为修史主导权问题。中国以制度化的官方修史为主导，形成官、私双轨发展的基本格局，而西方始终以私家修史为主导，体现官方意志的史著并不多见。这是比较中西古代历史编纂学的基本前提，编纂思想、编纂方法等的差异皆由此衍生而来。

历史典籍的丰富性和历史记载的连续性，是中国古代史学傲视群雄以及中华文明绵延不绝的重要保证。李约瑟曾评价称："中国是全世界最伟大的有编纂历史传统的国家之一。"（［英］李约瑟：《中国科学技术史》）这一巨大成就的取得，显然与官方修史制度化密不可分。而先秦时期私人撰史的产生预示了中国史学将沿着两大途径发展：一是史官制度将更加发展和逐步完善，官修史书将产生更具规模的著作；二是才识过人之士将依靠官方史料为主、再加搜集其他史料，撰成体现本人历史见解之作。两者如车之两轮，鸟之双翼，相辅相成，共同汇成中国古代史学浑浩流转、波澜壮阔的长河。西方的古代历史编纂学，不仅产生于民间，而且基本未能形成明显的官、私互动的双轨体系。希罗多德的《希波战争史》一般被视为西方史学正式形成的标志，从取材到撰写整个编

纂过程完全属于私人行为，此后的修昔底德、色诺芬、李维、塔西佗等史学名家，虽具有较高的社会地位，但并不负有官方使命。当然，西方史学家与官方存在密切关系者不在少数，而且中世纪也曾出现过官方修史活动，如加洛林王朝的年代记编纂，《王室法兰克年代记》就颇具典型意义。

《王室法兰克年代记》由王室礼拜堂修士集体编纂，以编年体形式记载了加洛林王朝自公元 741 年至 829 年的皇家大事，内容上侧重宫廷政治，兼述教会事迹、自然灾害等。该书宣扬类似中国古代官修史书中的"正统论"，亦着力论证新王朝的政治合法性。此次鼎革易代，实为权臣矮子丕平借助教会这一超越世俗权威的力量，用武力逼迫墨洛温君主退位。"尽管新王登基仍需在程序上得到全体法兰克人的批准，但这种批准只是一种流于形式的过场……这种形式上的选举与中国古代魏晋南北朝时期以禅让之名，行夺权之实的所谓禅让别无二致。"（朱君杙、王晋新：《加洛林时代历史文献的政治倾向性》，《中南大学学报》2013 年第 5 期）但书中将墨洛温王朝末代君主希尔德里克三世称为"非法僭居王位"，把矮子丕平登位写成法兰克人公推的结果："在苏瓦松，按照法兰克人的传统惯例，丕平被推选为国王，并由享有圣徒声誉的大主教卜尼法斯亲自为其施敷油圣礼，而后，在法兰克人的拥戴下，丕平登上了王位。"（朱君杙：《管窥〈王室法兰克年代记〉的官方属性》，《古代文明》2015 年第 9 卷第 1 期）他如夸大战争成果、贬低教会地位等，都说明这是一部为查理曼歌功颂德的史书，政治动机彻底压倒了历史编纂学中的"求真"精神。

官方修史活动的出现，与君主制度的高度发达相契合，如此方有稳固的经济基础和专门的官僚机构作支撑。中国古代官方修史之所以能够保持连续性，正得益于此。反观西方，无论是希腊的城邦制，还是罗马的共和制，抑或中世纪以贵族分权为特点的君主制，对国家机器的掌控都无法与中国相比肩。《王室法兰克年代记》的编纂，更多是查理大帝本人醉心文化事业的产物。其目的虽是弘扬教义，但促成了"欧洲第一次觉醒"（"加洛林文艺复兴"）。他对历史抱有浓厚兴趣，致力于保存各类记录。因此，当时出现数量众多、类型繁复的史书，包括年代记、帝王传记、教宗传记以及编年史等。但是，王室礼拜堂并非专门的修史机构，而是王室的服务机构。这一时期并未形成专门的史官和史馆，西方古代官方修史也未能走向专业化。中国虽至三国时期方出现专司其职的史官（此前亦身兼数职），独立修史机构的建立也迟至唐代，但大致保持稳定，并随着时代前进不断走向健全。相较之下，西方加洛林王朝的官方修史可谓昙花一现。王朝分裂后，西方世界再也没有出现过类似查理曼帝国的"大一统"王朝，亦没有出现过类似查理曼那般热心文化的帝王。尽管英国西撒斯国王阿尔弗烈德统治时期也曾出现过带有官修性质的宫廷编年史《盎格鲁-撒克逊编年史》，十三世纪在德、英、西班牙等国家甚至出现专为皇室服务的专职史官，但始终未能建立起像中国那样历代延续又规模完备的史官制度，因为西方中世纪缺乏在政治、经济、文化、疆域等各个层面长时期前后相承的中央集权统一王朝，即所谓"正统王朝"。换句话说，西方官方修史所发挥的作用，远逊于私家修史，双方之间也缺乏互动。

"中国和文艺复兴之后的欧洲高层知识界的第一次接触和对话"（［荷］许理和：《17—18世纪耶稣会研究》,《国际汉学》1999年第4期），发生在明清之际。大量西方传教士渡海而来，不仅带来了异域文化，而且对中国的官方修史传统产生一定影响。他们所带来的实地勘测技术，被广泛应用于官方所编纂的史地著作。从方法论层面来说，中国传统历史编纂学侧重于对文献的搜集和利用，在实地考察方面较为欠缺。西方传教士将近代地理学知识尤其是测绘地图工具及方法带到中国后，立刻引起清廷的重视，掀起一场大规模的疆域勘测工作。《皇舆全览图》《皇舆图》《皇舆西域图志》等的编纂，皆是新技术的产物，目的明确而又组织严密，显示出近代科学精神。此后，将实地勘察与文献辨析相结合，成为清代官方编纂史地类著作的通行做法。如，朝廷设馆编纂《河源纪略》，就在实地考察的基础上，将"所有两汉迄今，自正史以及各家河源辩证诸书……通行校阅，订是正讹"。（庆桂等：《国朝宫史续编》）实事求是地说，西学的传入为中国古代历史编纂学注入了科学精神，也在一定程度上扩大了编纂范围。

但是，这种影响尚局限于"用"的层面，在"体"的层面即文化本位问题上，官方修史则用"西学中源""华夏中心"说等理论将自己层层包裹起来。清修《明史》耗时近百年，对于明代中西文化交往多有记载，但却认为西方科技源出于中国。以文明中心自居的优越心态，也极大限制了清人的世界意识。官修《清朝文献通考》在谈到中国与世界的关系时说："大地东西七万二千里，南北如之。中土居大地之中，瀛海四环，其缘边滨海而居者，是谓之裔，海外诸国亦谓之裔。裔之为言边也。"（嵇璜等：《清朝文献通考》卷二百九十三）与同时代西方知识界相较，中国的世界观念已显得相当落伍。

总之，系统化、制度化和组织化的官方修史，是中国古代史书繁富、历史记载保持连续性的根本保证，也是中西方古代历史编纂学的本质区别。

二、中西古代历史编纂理论的同与异

从某种程度上说，中西方古代史学都是以历史编纂学为主体的。史家无不以强烈的使命感记载历史、编纂成书，使之流传后世，这正是历史意识的集中体现。"史书的编纂，是史学成果最便于集中体现的所在，也是传播史学知识的重要的途径。历史理论的运用，史料的掌握和处理，史实的组织和再现，都可以在这里见个高低。"（白寿彝：《中国史学史》第一册）由于处在不同的社会环境，并保持独立发展，中西方在历史编纂原则和编纂目的等理论方面，既有诸多反映史学本质的共性，又存在体现民族风格的重大差异。

书写谁的历史，是历史编纂学首先要面对的问题。中国先秦、秦汉时期和西方希腊、罗马时代，都完成了从神本位到人本位的转换，亦即以书写人事为主，从宗教和神话以外去探寻历史的本来面目，历史编纂遂由天上降落到人间，可视之为人本主义或理性主义。中国史学自记载进阶到编纂伊始，就在"殷鉴"意识的主导下，以关注人间历史为本分，后则秉承着孔子"不语怪力乱神"的原则，尽力祛除附加在历史之上的神秘成分，高举王道和人事大旗。白寿彝先生曾这样评价《春秋》在历史编纂学方面的转折意义："把历史跟神话和宗教分开，这是《春秋经》的一个重大贡献。"（白寿彝：《中国史学史》第一册）战国时期的《左传》更进一步提出了"天道远、人道迩""民，神之主也"等编纂理念，明确将人的地位置于神之上。至司马迁编纂《史记》，则采取纪传体全面而立体地反映社会各阶层人的生活和历史；班固所撰《汉书》虽有浓重的天命和灾异色彩，但关于人的记载仍占主要篇幅。应该说，天命观虽贯穿中国古代历史编纂学始终，也不乏甚嚣尘上之时代，但整体并非真正的主导意识，"天人合一"方是终极目标。西方古代历史编纂学亦经历了大致相似的转变过程，希罗多德的《历史》在充斥着"热情的、宗教的、神秘的、出世的"倾向的希腊，表现出"欢愉的、经验的、理性的"倾向（［英］罗素著，何兆武译：《西方哲学史》上卷），将历史内涵界定为人的活动，在追寻历史现象背后的原因时，也开辟了"神意"之外的人事之路；修昔底德则重新理顺了神谕和战争的关系，认为是战争导致迷信心态，而非神谕主导战争，明确反对用上天征兆来解释历史。这一人本倾向在此后的史学家那里越来越明显，他们在分析国内矛盾、国家冲突以及人物成败时，无不将人的因素置于首位，直至进入教会垄断历史编纂的中世纪。

至于在人事范围内的书写重心，无论中西，都以帝王、大臣或英雄等地位显赫之人为中心，关于普通人的历史书写即民史书写，长期处于边缘位置。但双方存在一个重大差异，即中国古代历史编纂学的记载范围，要远远超过西方。一是，在纵向时间范畴，西方史家更多关注近现代历史，未能形成类似中国的"通史"家风。杜维运指出："荟萃丰富的旧文献，写成一部贯串古今的信史，对西方古代史学家而言，是难以胜任的。"（杜维运：《中西古代史学比较》）西方古代史家的历史编纂视野，大多局限于一个世纪之内，未能撰成贯串千年以上的大通史，直至十九世纪以后，方倡导通史编纂。反观中国史家，不仅所撰近现代史动辄超过两三百年（如《春秋》《左传》），而且对编纂通史抱有极大热情。据现有史料来看，亡佚的《世本》已具有通史雏形，而司马迁《史记》的时间跨度长达近三千年，堪称世界历史编纂学史上的一大奇观，也为此后中国的通史编纂奠定深厚基础，形成一种历久弥新的史学传统，影响直至今日。

二是，在横向空间范畴，西方史家以政治史和军事史为书写主体，尤其擅长对战争的描述，其他方面涉及较少，没有出现像司马迁《史记》那样带有社会全史性质的著作。司马迁创造的纪传体，虽以人物为主，实则属于综合体裁，涉及地理、经济、政治、军事、文化、社会等各个层面，每项都可独立成一部专史，真正做到了"范围百家，牢笼千古"，而且所记载内容的详尽程度，令人赞叹。比如，在人物编纂方面，除王公大臣外，还将儒林、循吏、游侠、佞幸、滑稽等形形色色的社会人物纳入列传，实已具民史雏形，而《平准书》言经济，《历书》言天文，《河渠书》言地理等，确能称得上包罗万象。《汉书》同样继承了这一特色，《艺文志》

可视为学术史,《食货志》可视为经济史,《地理志》可视为地域史等。其中,《汉书·地理志》竟一一记载全国各地的户口数字,详实程度远超同时期西方史书。这显然得益于中国史料存储的制度化和连续性,也再次从侧面印证了官方修史制度是中西方历史编纂学的根本区别。

历史的第一要素是时间,当某个行为发生后,瞬间就进入历史时空。时间不可逆,历史学也就具有不可复制性。研究者无法回到历史现场,是历史学与其他很多学科的重大区别。史家只能根据实物的或文献的史料,用某种特定的史观对过去加以重新建构。故而,历史编纂学的第一要义,即为搜集、整理以及鉴别史料,目的在于为世人呈现真实的历史。中国古代对史料保存极为重视,数量宏福,并且涉及社会方方面面。这本是中国史学优于西方之处,却反被说成只知道保存史料,而缺乏批判精神。1969 年英国史学家浦朗穆就在《过去的死亡》一书中指出:"中国史学的发展,永远没有突破通往真历史的最后障碍 —— 希望窥探往事的真相⋯⋯中国人追逐博学,然永远没有发展批判史学。"这一结论,与真正的中国史学显然存在相当大的隔膜,带有浓重的西方中心论倾向。事实上,中国古代史学虽然带有浓重的"殷鉴"色彩和官方属性,但很早就具备了"直笔"意识和"求真"观念。编纂一部能够流芳百世的"信史",是绝大多数中国史家的毕生追求。即便是在体制内的史官,也具有相当的独立性,遵循秉笔直书的编纂精神。对此集权下的特殊现象,梁启超曾给予高度评价,明确指出:"现在人喜欢讲司法独立,从前人喜欢讲史官独立⋯⋯国家法律尊重史官独立,或社会意识维持史官尊严……这种好制度不知从何时起，但从《春秋》以后，一般人暗中都很尊重这无形的纪律。"（梁启超：《中国历史研究法补编》，《饮冰室合集》专集之九十九）

西方古典史家同样很早就注意历史编纂的真实性，初步具备了记事求真意识。希罗多德就称自己的史著为"研究的结果"，对于所收集的全部史料，认真进行"观察、判断和探索"，常常在历史叙述末尾处注明"不能明确判断"或"我都不相信"之类的话语，从而"赋予史学以庄严高贵的风格"。（希罗多德：《历史》）至修昔底德编纂《伯罗奔尼撒战争史》时，传说和神话的成分占比已经相当小，可谓真正确立了求真理念。随着西方古代历史编纂学的进一步发展，求真理念逐渐成为史学批判的首要标准。但需要指出的是，尽管中西方古代史家都具备基本的求真理念，双方之间仍存在很大区别。西方缺乏官方的史料保存制度，史家更多根据实地采访"目击者"而获得的口述史料，这与中国多依赖史官记载的文献史料不同。史料的欠缺，在某种程度上限制了西方古典史家对历史真实的追求，如希罗多德在明知神谕、口传等不可信的情况下，仍不得不采取"有闻必录"的方式，尤其进入中世纪以后，神权主导一切，严重破坏了历史编纂的真实性。反观中国，古代史家可供参考、鉴别的史料很多，其间虽不可避免受到权力的干涉，但历代传承的直书精神，史官的相对独立，以及王朝更迭的政治现实，都让历史编纂的真实程度大幅提高。平心而论，在这一点上，中国显然要优于西方。杜维运指出："（希腊、罗马）虚构演说词变成一种传统，而史学流于修辞学的一支。史学家可以自出机杼，想象

史事当时可能发生的情况而予以创造，在中国这是极端不可思议的。"（杜维运：《中西古代史学比较》）

此外，在历史编纂目的和功能方面，中西方也存在较大差异。前者因官方修史占据主导地位，故兼具政治和社会属性，倡导"殷鉴"和"教化"；后者则以私人撰史为主流，更多在社会文化机制中为世人提供经验，始终没有被纳入国家权力体系。相较而言，中国古代历史编纂学确实带有服务于政治的倾向，尤其是断代史编纂，凸显出王朝更迭之际的文化"道统"和政治"正统"意识，以至于被某些西方史家称之为"由官吏而写，为官吏而写"。只是，西方史家常常故意夸大政治属性的弊端，无视中国官方修史自身的监督机制和私家修史的批判精神，无视中国史书中所蕴含的人本主义和理性光辉。至于黑格尔批评中国古代史书只知整理史料，缺乏反省态度和精神追求，属于"原始的史学"，则显然是对贯穿中国古代史书始终的历史哲学和史学批评的忽略。

三、中西古代历史编纂方法的同与异

无论历史理论达到何种高度，抑或历史内容丰富到何种程度，最终都必须借助某种体裁表现出来。史书的内容和形式是辩证统一的关系，内在的结构和体例的安排，决定了史书所能容纳内容的深度和广度。换言之，史书体裁不是单纯的技术问题，历史学家确定何种表现形式，实则体现出他对历史如何理解，以及打算如何恰当反映历史。体裁的变化往往意味着历史事实的重组，所呈现历史结构或历史面貌亦随

之迥然而异。梁启超就曾明确指出："善钞书者可以成创作。"（梁启超：《中国历史研究法》，《饮冰室合集》专集之七十三）

中国史学历来有重视体裁的优良传统，并随着时代发展不断创造出新的编纂形式，先后产生了编年、纪传和纪事本末等几种主要体裁。中国史家在历史编纂上的创造精神，又体现于不同时期史家对同一体裁的运用，并非一成不变，而是因时制宜，加以发展，重视加进新内容。而且，除三大主要体裁外，中国古代史家还创造出典制体、纲目体、学案体等重要体裁，并随时代演进不断进行创新，同时又特别注重史书内部的组织结构和叙事方法，在体例上追求严整精当、有序合理、协调和谐，使全书成为联系紧密的有机整体。这种审美要求，与中国古代思想家强调"和"的观念大有关系。"和"是中国古代哲学的极高境界，也是古人的高度智慧，要求达到和谐、协调，事物之间既保持本身的特点、而又彼此融洽相处，将这种智慧用到史书体例上，就是经过精心组织、安排，使全书各大部件之间、篇章之间、相关的重要内容之间形成一种统一、协调的关系。这是几千年传承下来的中国历史编纂学的一项重要特点，同时它又反映了中华民族独特的审美要求。相较而言，西方古代历史编纂学虽然在体裁自身的严密度以及发展的连续性等方面，都无法与中国古代历史编纂学相媲美，也未能形成专门探讨体裁体例的著作或文章。但是，西方古代同样创造出丰富多样的历史编纂形式，并且因没有官方权力牵绊而多了些许自由和灵动，可谓别具一格。

纪年、人物、事件，是构成历史叙述的三大要素。与中国相似，西方古代史书亦形成分别以三者为中心的体裁。被视为西方古典史学形成标志的希罗多德《历史》，在内容上虽包罗万象，开西方社会文化史编纂先河，有类于中国古代纪传体中的"志"，但其编纂主线乃围绕希波战争这一重大历史事件展开，且每卷都是相对独立的专题，带有明显的纪事本末风格。此后，自修昔底德编纂《伯罗奔尼撒战争史》成功，史家著史大都以政治军事大事为中心，虽主题明确，但范围狭窄，有别于中国古代以与朝代更迭相配而行的纪传体为主流体裁。当然，纪事本末作为一种方法，在中西古代历史编纂学史上都产生很早，在其他体裁史书中也被广泛应用，但形成一种正式体裁，则相对较晚，中国以南宋袁枢编纂《通鉴纪事本末》为标志，西方则以阿庇安编纂《罗马史》为标志。《罗马史》共二十四卷，叙述自王政时代至图拉真皇帝时期约九百年历史，它没有按照历史发展的年代顺序来写，而是按照不同民族和重大事件分门别类，每卷自成体系，分别叙述各自的历史进程和前因后果。对此，阿庇安曾明确指出："我把每个国家有关的那部分历史分别叙述，略去其他国家中所同时发生的事情，留到其他适当的地方再去叙述。似乎用不着把每件事情的年代都记下来，但是我将随时提到那些最重要的事件发生的年代。""这些历史彼此前后的次序是按照罗马人跟每个民族发生战争时间的次序。""国外战争是按照各民族分卷，国内战争是按照主要司令官分卷。"（阿庇安著，谢德风译：《罗马史》）需要指出的是，不同时期、不同史家的历史叙事，在风格上常常有较大差别。比如，希罗多德的叙事更像一种面对大众的演讲，主线明确，但旁支迭出，修昔底德的叙事则集中于战争分析。

无论在中国还是西方，按年记事都是一种十分古老的传统。古埃及的法老、古巴比伦的君王、古罗马的执政官等，都曾持续保持这一记事形式。事实上，也只有具备了明确的纪年，才能称得上历史编纂学。当时罗马人用执政官的名字来表示年代，每个执政官的名下都记有其任职期间发生的重大事件，把这些年度词条编辑起来就构成了一部简短的编年体史作。众所周知，古希腊、罗马时代的历史编纂多以重大战争为中心，但因战争持续时间很长，大都采取编年叙事方法展现战争全貌。比如，修昔底德的《伯罗奔尼撒战争史》就是"按照事实发展程序，以夏冬相递嬗的编年体撰写，将这段历史一直写到斯巴达人和他们的同盟者把雅典帝国毁灭，把长城和庇里犹斯占领时为止"。（修昔底德著，谢德风译：《伯罗奔尼撒战争史》）值得注意的是，公元三世纪后期，一种带有基督教色彩，旨在摆脱循环史观，倡导线性史观的编年体世界史开始兴起，并盛行于中世纪的西欧，其创立的标志是阿非利加纳编纂《阿非利加纳编年史》，首次尝试将已知世界历史全部纳入一个年表。而且，它也经历了类似中国古代编年体由简到繁的演变轨迹，从最初简单的年代列表，逐渐发展为内容繁复的历史著作。比如，尤西比乌斯的《编年史》以表格来组织叙事，将文字置于表格中间，严重限制了叙事的规模。至公元五世纪，普洛斯柏摒弃表格，根据需要铺陈内容，从而使叙事更为完整、丰富。此外，作为中世纪修道院文化产物的年代记，也大致经历了类似由简到繁的蜕变过程。

一切历史，皆为人的活动。因此，传记在中西方历史编纂学史上都占有重要地位。但是，不同的文明演进路径导致双方在这一体裁上存在重大差别。古希腊、罗马的原始氏族血缘组织被新兴的工商业和海外贸易活动逐渐打破，原始宗教中的祖先崇拜被大大削弱，而自然崇拜和英雄崇拜占据主导地位，这与中国完整保留宗法社会迥然不同。受自然崇拜的理性主义影响，古希腊历史意识首先侧重于事件的因果关系，故最先出现的史学名著《希腊波斯战争史》《伯罗奔尼撒战争史》等都以叙述事件过程并分析原因为特色，涉及到人物也侧重心理描写，而非彰显功绩。同时，英雄崇拜又使传记与叙事并行不悖，可谓自成一家，独立发展。中国古代没有将个人与社会对立起来，儒家文化旨在建构一套以父子关系为轴心的理想社会，认为个人的价值只能体现在家族、宗族、社会和国家等复合体之中。故而，中国古代的传记从整体上看属于国史一部分，不像西方那样独立成篇。这也导致传记风格的不同，西方传记书写的目的在于彰显人格力量，侧重于性格、情感和心理的描写，缺乏历史元素；中国传记书写则是为了殷鉴前世、垂训后世，张扬知其不可而为之的入世精神，侧重于将人生价值与历史进程紧密结合起来，亦即叙事与传记的结合（寓论断于叙事）。正因为"记事和编年这两体已在太史公《史记》以人物为中心的列传体之内包融了"（钱穆：《中国史学名著》），满足中国王朝体制的纪传体，才会成为"正史"，延续两千多年。此外，古希腊时代的传记往往倾向于歌功颂德，掺杂了很多想象和夸大的成分，关于亚历山大的传奇书写就很典型。

必须指出的是，纪年、人物、事件是不可分割的，任何一种体裁只是叙述中心的差别，都不是绝对的单一体裁。西方的历史编纂同样带有这种"综合体"倾向，比如加洛林时代弗莱库尔夫编纂的《编年史》，就将纪事本末和编年两种体裁加以融合，除了一些他认为必不可少的年代得以保留外，其余的均被删除，而在他之前的年代记和编年史作者往往单纯地把历史事件串连起来，并没有将它们组合成一篇连贯而又生动的叙述文。再如塔西佗的《编年史》，克服了以往记流水账的弊端，不仅精心挑选史实，而且以带有整体性的事件为中心。除了三种主要体裁外，西方古代史家同样创造了丰富多样的编纂形式，诸如经济、风俗等类似专门史的编纂，以及反映区域面貌的地方志等。而且，西方古代历史编纂学因整体上属于私家性质，并没有形成官方主导下的严密体例，也没有暗含褒贬的春秋笔法，但亦十分注重编纂技巧和历史文学，甚至出现了专门的史学批评著作，强调史书的"秩序之美"和"文字表述之美"。塔西佗就采用将首都与行省、内地与边疆、罗马人与外省人交替叙述的编排方式，在书写人物时，则将行为叙述和性格刻画结合在一起，从而使历史人物个性突出、真实生动。另外，大量使用演说辞，无疑是西方古代历史叙述的一大特色，修昔底德《伯罗奔尼撒战争史》竟出现一百四十一篇演说辞，占全书的四分之一。至于对战争场面的刻画和分析，西方古代史家亦丝毫不落下风。

历史编纂学的学科属性，决定了中西方在史料的收集、鉴别和取舍，书写对象和体裁形式的确定，历史观念的灌注以及历史叙事的技巧等方面，都存在诸多共性。但是，不同的文明演进路径又让双方呈现不同的面貌，可谓平行发展，各具特色。整体而言，中国古代历史编纂学要优于西方，表现在不断完善的官方修史机制、历史书写的连续性、史书数量的宏富、体裁体例的多样性、灵活性以及通史传统的形成等方面。西方古代历史编纂学的优点，则在于来自官方的权力干涉较少，史家的个人意志得到最大程度的自由表达，洋溢着灵动的气息。

参考文献

一、古代典籍

《诗经》,《十三经注疏本》,中华书局 1980 年版。

《尚书》,《十三经注疏本》,中华书局 1980 年版。

《周易》,《十三经注疏本》,中华书局 1980 年版。

《左传》,《十三经注疏本》,中华书局 1980 年版。

《国语》,徐元诰《国语集解》本,中华书局 2002 年版。

《春秋穀梁传》,《十三经注疏本》,中华书局 1980 年版。

《春秋公羊传》,《十三经注疏本》,中华书局 1980 年版。

《论语》,《十三经注疏本》,中华书局 1980 年版。

司马迁:《史记》,中华书局 1959 年版。

班固:《汉书》,中华书局 1962 年版。

范晔:《后汉书》,中华书局 1965 年版。

刘勰著,刘永济校释:《文心雕龙校释》,中华书局 1962 年版。

李百药:《北齐书》,中华书局 1972 年版。

令狐德棻等:《周书》,中华书局 1971 年版。

李延寿:《北史》,中华书局 1974 年版。

刘知幾著，浦起龙释：《史通通释》，上海古籍出版社1982年版。

杜佑：《通典》，中华书局1988年版。

刘昫等：《旧唐书》，中华书局1975年版。

司马光：《资治通鉴》，中华书局1956年版。

马端临：《文献通考》，中华书局2011年版。

宋濂等：《元史》，中华书局1976年版。

徐与乔：《经史辨体》，清康熙十七年（1678）敦化堂刻本。

王鸣盛：《十七史商榷》，中国书店1987年版。

赵翼著，王树民校证：《廿二史劄记》，中华书局1984年版。

钱大昕：《廿二史考异》，上海古籍出版社2004年版。

黄宗羲：《明儒学案》，中华书局1985年版。

王夫之：《读通鉴论》，中华书局1975年版。

庆桂等：《国朝宫史续编》，北京古籍出版社1994年版。

崔述：《考信录》，商务印书馆1937年版。

章学诚：《章氏遗书》，文物出版社1985年版。

章学诚著，仓修良编：《文史通义新编》，上海古籍出版社1993年版。

二、人物文集

韩愈：《韩昌黎全集》，世界书局1935年版。

苏洵：《苏老泉先生全集》，清康熙间刻本。

朱熹：《晦庵先生朱文公文集》，《四部丛刊初编》本，商务印书馆 1936 年版。

全祖望撰，黄云眉选注：《鲒埼亭文集选注》，中华书局 1982 年版。

戴震：《戴震文集》，中华书局 1980 年版。

崔述：《崔东壁遗书》，上海古籍出版社 1983 年版。

沈垚：《落帆楼文集》，吴兴嘉业堂 1918 年刊本。

龚自珍：《龚自珍全集》，上海人民出版社 1975 年版。

魏源：《魏源集》，中华书局 1976 年版。

王韬：《弢园文录外编》，中华书局 1959 年版。

严复：《严复集》，中华书局 1986 年版。

黄遵宪：《黄遵宪全集》，中华书局 2005 年版。

张之洞：《张文襄公诗集》，集益书局石印本 1917 年版。

梁启超：《饮冰室合集》，中华书局 1989 年版。

章太炎：《章太炎全集》，上海人民出版社 1984 年版。

王国维：《王国维论学集》，中国社会科学出版社 1997 年版。

陈寅恪：《金明馆丛稿二编》，上海古籍出版社 1980 年版。

陈垣：《陈垣史学论著选》，上海人民出版社 1981 版。

周予同著，朱维铮编：《周予同经学史论著选集（增订版）》，上海人民出版社 1996 年版。

欧阳哲生编：《胡适文集》，北京大学出版社 1998 年版。

吕思勉：《吕思勉文集》，上海古籍出版社 2009 年版。

翦伯赞：《翦伯赞史学论文选集》，人民出版社 1980 年版。

杨翼骧：《学忍堂文集》，中华书局 2002 年版。

白寿彝：《白寿彝史学论集》，北京师范大学出版社 1994 年版。

白寿彝：《白寿彝文集》，河南大学出版社 2008 年版。

陈其泰：《史学萃编》，华夏出版社 2018 年版。

三、近人及今人著作

魏源：《圣武记》，中华书局 1984 年版。

魏源：《海国图志》，岳麓书社 1998 年版。

徐继畲：《瀛寰志略》，上海书店出版社 2001 年版。

何秋涛：《朔方备乘》，光绪京师刻本。

黄遵宪：《人境庐诗草》，上海古籍出版社 1993 年版。

夏燮：《中西纪事》，光绪二十三年（1897）慎江书社石印本。

朱寿朋：《光绪朝东华录》，中华书局 1958 年版。

嵇璜等：《清朝文献通考》，贯吾斋光绪二十八年（1902）印本。

叶昌炽：《缘督庐日记》，上虞罗氏蟫隐庐 1934 年刊本。

康有为：《论语注》，中华书局 1984 年版。

王舟瑶：《京师大学堂中国通史讲义》，商务印书馆 1904 年版。

夏曾佑：《中国古代史》，河北教育出版社 2000 年版。

陆懋德：《史学方法大纲》，独立出版社 1945 年版。

卫聚贤：《中国史学史讲义》，上海持志学院 1932 年内部刻本。

范文澜：《中国通史简编》修订本，人民出版社 1965 年版。

钱穆：《历史与文化论丛》，中国台北东大图书有限公司 1985 年版。

钱穆：《中国史学名著》，生活·读书·新知三联书店 2000 年版。

周谷城：《中国通史》，开明书店 1939 年版。

萧一山：《清代通史》，华东师范大学出版社 2006 年版。

金毓黻：《静晤室日记》，辽沈书社 1993 年版。

顾颉刚：《当代中国史学》，辽宁教育出版社 1998 年版。

顾颉刚：《古史辨》第一册，上海古籍出版社 1982 年版。

张荫麟：《中国史纲》，辽宁教育出版社 1998 年版。

郭沫若：《历史人物》，人民出版社 1959 年版。

翦伯赞：《先秦史》，北京大学出版社 1990 年版。

翦伯赞：《中国史纲要》，人民出版社 1979 年版。

周一良：《魏晋南北朝史论集》，北京大学出版社 1997 年版。

刘家和：《古代中国与世界》，武汉出版社 1995 年版。

白寿彝：《中国史学史》第一册，上海人民出版社 1986 年版。

白寿彝主编：《中国通史》第一卷，上海人民出版社 1989 年版。

高国抗、杨燕起主编：《中国近代史学史概要》，广东高等教育出版社 1994 年版。

陈其泰主编：《中国历史编纂学史》，国家图书馆出版社

2018 年版。

瞿林东：《中国史学史纲》，北京出版社 1999 年版。

许冠三：《新史学九十年》，香港中文大学出版社 1986年版。

杜维运：《清代史学与史家》，中华书局 1988 年版。

杜维运：《中西古代史学比较》，中国台湾东大图书公司2012 年版。

四、国外著作

［古希腊］修昔底德著，谢德风译：《伯罗奔尼撒战争史》，商务印书馆 1997 年版。

［古罗马］阿庇安著，谢德风译：《罗马史》，商务印书馆 1979 年版。

［德］黑格尔著，王造时译：《历史哲学》，生活·读书·新知三联书店 1956 年版。

［法］弗朗斯瓦·魁奈著，谈敏译：《中华帝国的专制制度》，商务印书馆 1992 年版。

［英］李约瑟：《中国科学技术史》，中华书局香港分局1975 年版。

［英］罗素著，何兆武译：《西方哲学史》，商务印书馆1990 年版。

［朝］金富轼等著，孙文范校勘：《三国史记》，吉林文史出版社 2003 年版。

［朝］郑麟趾等著，孙晓等校勘：《高丽史》，西南师范大学出版社、人民出版社 2014 年版。

〔朝〕徐居正、李克墩、郑孝恒等:《东国通鉴》,景仁文化社 1974 年版。

〔朝〕林象德:《东史会纲》,亚细亚文化社 1974 年版。

〔日〕安万侣著,邹友恒、吕元明译:《古事记》,人民文学出版社 1979 年版。

〔日〕坂本太郎著,沈仁安、林铁森译:《日本的修史与史学》,北京大学出版社 1991 年版。

〔日〕林罗山著,京都史迹会编:《林罗山文集》,平安考古学会 1918 年版。

〔日〕林罗山、林春斋编,林升校、大槻东阳训解:《本朝通鉴》,东京博文馆 1875 年版。

〔日〕德川光圀、安积觉著:《大日本史》,吉川弘文馆 1912 年版。

后记

以最好的精神产品回报社会

　　中华民族的先民在很早的年代就具有发达的历史意识，从西周初年到春秋战国先后产生的《尚书》《春秋》《左传》《国语》《春秋公羊传》等重要典籍，就是一批具有珍贵价值的文化遗产。这些典籍体裁形式各有特点，记载内容丰富多样，有政治军事大事，有古代传说，有先秦的制度，有历史人物的活动，有贤士大夫的嘉言善语。其中蕴涵着高明的史识和深邃的哲理，所以流传久远，先秦时期也成为中国史学发展的重要奠基时期。至两汉，产生了《史记》《汉书》这两部杰作，是中国史学并峙的两座高峰，也成为历代史家著史的楷模。从此，中国历史记载保持着长期连续不断的传统，对于中华民族的繁衍发展、中国国家统一的巩固加强产生了无比巨大的作用，举世罕有其匹。历代史家的著作彪炳千秋，谱写的名篇琳琅满目，世代传颂。到了近代，西方史学传入中国，又有许多优秀的史家勇于建造起中西方文化交流的桥梁，使几千年的中国史学传统焕发出新的光彩。中国的史学精华丰富而瑰丽，生命力久远而强盛，集中写一本书，展示其永恒的魅力，激发今天中华儿女建设现代文明的创造力，并使之走向世界，是我们多年以来热切期盼的事情。

我研究中国史学已有四十多年，写成的著作约有四百多万字，如果以其中的一半为比较有价值的来计算，那其字数也非常浩大。对此要加以浓缩并做适当的补充，写成一部著作，这个工作量是很大的。亟须找到一位学者做我的合作撰著人，他应该具备两个条件：一是热爱学术，尤其对史学传统怀有真挚的感情，又能有敏锐的眼光，发现问题、分析问题，加以恰当的诠释；二是应该有很好的功力，对于可信的知识能够恰当地组织运用，有好的文字功夫，又具有宽阔的视野，能站在今天时代的高度把握整体，一起合作构建框架体系，形成大纲细目，很好地加以组织、论述。贵在得人，所幸刘永祥副教授就是这样很合适的人选。他与我密切合作，撰著书稿的工作成效卓著，遇到问题我们很快就能找到解决的办法。经过坚韧的努力，全书终于告成。永祥是我的学生，他于2009年考入北京师范大学史学所史学史专业攻读博士学位。在读三年，一心向学，心无旁骛，在五家C刊发表了五篇论文，毕业论文得到了答辩委员会专家的一致好评，获得了教育部学术新人奖（同他同年考上的还有张峰博士，也于在读期间在五家C刊发表了五篇论文，毕业论文同样得到答辩专家一致好评，获得了中央高校基本科研业务费专项资金资助。两人同居一室，互相鼓励，共同取得优异的成绩，很受师生的好评）。永祥毕业后，到中国海洋大学马克思主义学院任教，在课程任务繁重的情况下，仍然抓紧做好科研工作，在重要的学术刊物上发表了多篇文章，撰著《中国历史编纂学史·近代时期 中外比较背景下的考察》，获得北京市优秀学术成果二等奖，最近又获得了教育部全国高校优秀成果二等奖。他还撰写了通俗读物《世相：变革中的晚清》，参加中国海洋大学青年教师教学比赛获得了第一名。他博士期间打下的基础以及毕业后的历练，使他具备着上述合作撰写书稿的条件，贯穿在其中的就是勇于进取的精神——矢志学术、坚实努力、创造佳绩。

面对中国几千年的优良文化遗产，我们充满自豪之情。撰写这部书，我们对自己的要求是达到四个目标：新、博、深、通。我们是站在当今时代来回顾总结中国史学的精华，必须用新的视角、新的认识、新的话语来撰写这部书。以著名的"前四史"的成就为例。

《史记》运用了多维历史视野，实现了"立体式著史"。先秦史书主要是编年体裁，基本上以年代先后记载历史，而《史记》则发展为多维历史视野，除了以年代先后记载事件外，还有人物活动的视角，有社会情状、典章制度的视角。这是司马迁以高度的哲学智慧探索历史学本原达到的很高的认识，所以才能写出一部主线鲜明、重大历史事件记载非常清楚，而又组织非常有条理、内容生动饱满的社会全史。近些年学者所极其称道的"宏大叙事""全景式著史"，迄今为止恐怕只有在《史记》书中有最好的体现。《史记》"本纪"记载重大事件，同时兼具帝王的性格、活动，"列传"全部记载历史人物，"世家"其中也有不少记载人物的成分，所以《史记》是以记载人物为中心，突出地体现了"人"是历史的创造者。这是社会历史进程特别是战国期间贤臣勇将登上历史舞台中心的新局面，推动史家的认识达到了新高度。《史记》歌颂农民起义领袖，为平民阶层出身的人物立传，包括游侠、货殖、医者、滑稽、卜筮等，所以梁启超称司马迁为"平民史家"，这在古代史家当中是非常杰出不凡的。《史记》重视社会历史进程的记载，认为社会生产有自身的规律，不以人的意志为转移，国家政教不应该干预，人民大众致富是天生的愿望，所有这些，其论点都部分地接近于唯物史观的基本原理，这是中国史学在西汉时期"天才的闪光"。《史记》有极高的史识，有丰富的内容，有高度的组织技巧，达到了二者的完美统一。《史记》五种体裁的排列顺序有深刻的学问，以本纪为中心，其他体裁围绕本纪而立，交相辉映。司马迁对全书各个体裁，以及每种体裁内部各卷的编排都极费匠心，做到了组织结构精密，而且在全书完成以后又为每一篇撰写了著述的主旨，向读者传达他著史的苦心，这在古今中外史学当中是独一无二的。《史记》是一部伟大的历史著作，又是伟大的文学著作，为中国史书文史兼通树立了典范。

《汉书》继承了《史记》的纪传体裁而又有新的创造，"断汉为史"，以一代皇朝兴亡为起讫，解决了《史记》著成以后一百年间学者只会片断续写而作品大多不能传世的著史难题，创立了新的著史格局，使得连续记载历史真正成为可能。以后正史二十二部，包括二十世纪初的《清史稿》都是运用《汉书》的体裁，班固所奠定的格局后代沿用不改。《汉书》有极高的历史见识，全书反映了西汉的强盛，歌颂了社会的进步，写出了国家统一向前发展、民族关系紧密融合的趋势，并且以政治决策的成败、社会经济发展状况等来论社会的兴衰。在两汉之际迷信之说弥漫朝野的情况下，发展了《春秋》《史记》以来重人文、重理性的文化优良传统，在神学、迷信浊流当中，《汉书》不愧是中流砥柱。《汉书》"十志"完善了司马迁创立的书志体，他把有史以来的典章制度同社会情状都记载在内，达到了完善的地步，为唐代杜佑《通典》的产生奠定了基础，为近代各门学科史的发展开创了先河。《汉书》发展了《史记》人物传记的成就，把中国史学历史叙事推向新的高峰，写成一批历代传颂的人物传记。《元后传》借元后一生行事来概述西汉后期因外戚势力膨胀而迅速衰亡的历史趋势，《王莽传》把王莽一生的活动同新朝的历史大事结合成一篇，解决了历史编纂无法处理新朝一代史事的难题。班固的成就很为后代史家所重视，梁启超在二十世纪初建议《清史》应写一篇《西太后传》，把西太后个人活动与清朝如何走向灭亡二者相结合，这就是明证。

《三国志》和《后汉书》继承了《史记》《汉书》的传统，又各有特色。《三国志》把三国的史事分立记载，但又把它置于全国统一的大格局之下，显示了史家向往统一、维护统一的崇高目的；三国史事分立，而又细针密缝、组织精密。《后汉书》的著史旨趣是"激浊扬清"，"振其金石，抽其芬芳"，而且在传记设立的合传、类传中极具匠心，显示了同一类型人物的共同特点，反映了时代的面貌。

对于"前四史"我们站在新的时代高度创造性阐释，就能总结出如此绚丽多彩的成就，如果展现全部中国史学几千年的长卷，那我们得到的将是何等光华璀璨，蔚为大观，美不胜收！我们要严格贯彻历史主义原则，忠实于历史，又要以发展的眼光，阐释古代史学的精华，勇于创新，大力推进研究工作，所以在上面做了必要的举证。后面其他三项，意思明显，可以少费笔墨。博，就是多角度、多层面来认识和分析，把中国史学各方面的特色和成就都展现出来，包括修史制度、史学思想、实录精神、史书体裁、文史结合、名山事业，以及传统史学向近代史学的过渡、近代史学发扬民族特色、中西史学的比较等，都应该展现在我们的书中。深，就是要深入分析，深刻地阐释，不停留在字面上，必须"于细微处见精神"，从中发掘论述史学著作、史学传统当中体现的中国智慧、中国精神。通，首先是贯通古今，贯彻"通古今之变"的精神，把传统史学同近代史学相贯通；第二层是史学与社会条件，各有特点的时代文化、思想等相贯通；第三层是做到中国史学与外国史学相贯通。所有这些史学精华和灿烂成就，我们都要把它浓缩集中地体现，真正做到让书写在典籍中的文字活起来，让那些超越时空、跨越国度，具有永恒价值、永久魅力的精神发扬起来。上述四个目标是我们的主观预期，究竟做得如何还须由读者评定。书中传统史学的部分，永祥用很大的心力做了整理；近代史学、中西史学比较背景下的考察这两个领域是永祥所专擅，有关的书稿基本上是由他独力撰成。就全书的贡献而言，永祥副教授无疑应占据全书之一半。

先师白寿彝先生一生严谨治学，影响最为巨大的是他在最后二十年付出全部心血主编《中国通史》十二卷（二十二册），成就巨大，被誉为"二十世纪中国史学压轴之作"。而白先生又十分重视撰写面向大众的著作，让学术走出狭小的天地，让有用的知识为更多的人所阅读、所掌握。他还说，历史知识可以武装人们的头脑，让大家认识历史前途，形成众志成城。他还讲，通俗不等于庸俗，更不等于低俗，一个专家有了专门的知识，要把它通俗地表达出来，更需要有多一层的技巧，多一层的本领。"我们写书、写文章，不要把眼光局限于专业工作者的范围。我们要突破这个小圈子，要把历史知识交给更多的人，交给广大的群众，要以此为工具，提高我们民族的文化水平，武装人们的头脑，为社会主义祖国的历史前途贡献自己的力量。""让更多人能阅读的作品倒是更须下功夫的作品，是否粗俗要看作品的质量，与读者的多少并无关系。"（《白寿彝史学论集》上，第407、370页）白先生的论述至今仍有深刻的启示意义，当代学者应担负起时代的责任，大力弘扬中华优秀传统文化，以最好的精神产品回报社会。当前，举国上下重视文化传承发展的气氛十分浓厚，面临大好形势，我们更要把中国史学的精华用雅俗共赏的手法总结、展现出来，让其为更多的人们所理解、所掌握，激发创造力量，使优秀的传统文化更好地助力中华民族现代文明的建设，增强我们的文化自信，并且使中国的优良文化传统走向世界。

本书出版承蒙研究出版社给予大力支持，特致谢忱！

陈其泰

2024年3月15日